"十四五"时期国家重点出版物出版专项规划项目

★ 转型时代的中国财经战略论丛 ◢

本书获得山东省高等学校青创人才引育计划"政府规制与公共政策"研究创新团队
和山东省自然科学基金面上项目"山东省数字经济赋能高质量发展的机理
与实现路径研究"（ZR2021MG004）的支持。

数字经济赋能高质量发展的机理分析与实现路径

Mechanism Analysis and Implementation Path of
Digital Economy Empowering High Quality Development

姜 琪 著

中国财经出版传媒集团

经济科学出版社
Economic Science Press

图书在版编目（CIP）数据

数字经济赋能高质量发展的机理分析与实现路径/
姜琪著 . -- 北京：经济科学出版社，2023.4
（转型时代的中国财经战略论丛）
ISBN 978 - 7 - 5218 - 4696 - 6

Ⅰ. ①数… Ⅱ. ①姜… Ⅲ. ①信息经济 - 经济发展 -
研究 - 中国 Ⅳ. ①F492

中国国家版本馆 CIP 数据核字（2023）第 065186 号

责任编辑：于　源　陈　晨
责任校对：靳玉环
责任印制：范　艳

数字经济赋能高质量发展的机理分析与实现路径
姜　琪　著
经济科学出版社出版、发行　新华书店经销
社址：北京市海淀区阜成路甲 28 号　邮编：100142
总编部电话：010 - 88191217　发行部电话：010 - 88191522
网址：www. esp. com. cn
电子邮箱：esp@ esp. com. cn
天猫网店：经济科学出版社旗舰店
网址：http://jjkxcbs. tmall. com
北京季蜂印刷有限公司印装
710×1000　16 开　19.75 印张　314000 字
2023 年 4 月第 1 版　2023 年 4 月第 1 次印刷
ISBN 978 - 7 - 5218 - 4696 - 6　定价：85.00 元
（图书出现印装问题，本社负责调换。电话：010 - 88191510）
（版权所有　侵权必究　打击盗版　举报热线：010 - 88191661
QQ：2242791300　营销中心电话：010 - 88191537
电子邮箱：dbts@ esp. com. cn）

总　序

　　"转型时代的中国财经战略论丛"是山东财经大学与经济科学出版社在"十三五"系列学术著作的基础上，在"十四五"期间继续合作推出的系列学术著作，属于"'十四五'时期国家重点出版物出版专项规划项目"。

　　自2016年起，山东财经大学就开始资助该系列学术著作的出版，至今已走过6个春秋，期间共资助出版了122部学术著作。这些著作的选题绝大部分隶属于经济学和管理学范畴，同时也涉及法学、艺术学、文学、教育学和理学等领域，有力地推动了我校经济学、管理学和其他学科门类的发展，促进了我校科学研究事业的进一步繁荣发展。

　　山东财经大学是财政部、教育部和山东省人民政府共同建设的高校，2011年由原山东经济学院和原山东财政学院合并筹建，2012年正式揭牌成立。学校现有专任教师1690人，其中教授261人、副教授625人。专任教师中具有博士学位的982人，其中入选青年长江学者3人、国家"万人计划"等国家级人才11人、全国五一劳动奖章获得者1人、"泰山学者"工程等省级人才28人，入选教育部教学指导委员会委员8人、全国优秀教师16人、省级教学名师20人。近年来，学校紧紧围绕建设全国一流财经特色名校的战略目标，以稳规模、优结构、提质量、强特色为主线，不断深化改革创新，整体学科实力跻身全国财经高校前列，经管类学科竞争力居省属高校首位。学校现拥有一级学科博士点4个，一级学科硕士点11个，硕士专业学位类别20个，博士后科研流动站1个。在全国第四轮学科评估中，应用经济学、工商管理获B＋，管理科学与工程、公共管理获B－，B＋以上学科数位居省属高校前三甲，学科实力进入全国财经高校前十。2016年以来，学校聚焦内涵式发展，全面实施了科研强校战略，取得了可喜成绩。获批国家级课题项目241项，教育部及其他省部级课题项目390项，承担各级各类横向课题445项；教师共发表高水平学术论文3700余篇，出版著作323部。同时，新增了山东省重点实验室、山东省重点新型智库、山东省社科理论重点研究基地、山东省协同创新中心、山东省工程技术研究中心、山东省两化融合促进中心等科研平台。学校的发展为教师从事科学研究提供了广阔的平台，创造了更加良好的学术生态。

"十四五"时期是我国由全面建成小康社会向基本实现社会主义现代化迈进的关键时期，也是我校合校以来第二个十年的跃升发展期。今年党的二十大的胜利召开为学校高质量发展指明了新的方向，建校70周年暨合并建校10周年校庆也为学校内涵式发展注入了新的活力。作为"十四五"时期国家重点出版物出版专项规划项目，"转型时代的中国财经战略论丛"将继续坚持以马克思列宁主义、毛泽东思想、邓小平理论、"三个代表"重要思想、科学发展观、习近平新时代中国特色社会主义思想为指导，结合《中共中央关于制定国民经济和社会发展第十四个五年规划和二〇三五年远景目标的建议》以及党的二十大精神，将国家"十四五"期间重大财经战略作为重点选题，积极开展基础研究和应用研究。

"十四五"时期的"转型时代的中国财经战略论丛"将进一步体现鲜明的时代特征、问题导向和创新意识，着力推出反映我校学术前沿水平、体现相关领域高水准的创新性成果，更好地服务我校一流学科和高水平大学建设，展现我校财经特色名校工程建设成效。通过向广大教师提供进一步的出版资助，鼓励我校广大教师潜心治学，扎实研究，在基础研究上密切跟踪国内外学术发展和学科建设的前沿与动态，着力推进学科体系、学术体系和话语体系建设与创新；在应用研究上立足党和国家事业发展需要，聚焦经济社会发展中的全局性、战略性和前瞻性的重大理论与实践问题，力求提出一些具有现实性、针对性和较强参考价值的思路和对策。

山东财经大学校长

2022年10月28日

目　录

第1章 导 论

1.1 研究背景及意义

数字经济作为一种新型经济模式，以云、网、端等新型设施为基础，在商业模式以及技术创新的驱动下，依托互联网实现资源共享、产业创新。数字经济凭借其网络效应、规模经济以及范围经济，对全球传统产业以及整个经济社会的发展产生了深远的影响。近年来，数字经济在世界范围内快速发展，有着良好的发展前景，影响着构成世界经济的不同组成，被视为推动全球经济增长的重要引擎和新的增长点。根据中国信息通讯研究院最新研究显示，2020 年测算的 47 个国家数字经济增加规模达到 32.6 万亿美元，占国内生产总值（GDP）比重 43.7%。产业数字化是数字经济发展的主引擎，第三产业引领行业数字化渗透融合，使得数字经济成为促进经济增长的重要催化剂之一。《中国数字经济发展报告（2022 年）》显示，中国数字经济规模达到 45.5 万亿元，占 GDP 比重达 39.8%，增速达 16.2%，远高于同期 GDP 名义增速，数字经济已成为拉动我国经济增长的核心力量。互联网、大数据以及云计算等信息技术的快速发展，加速了数字技术向经济社会发展的各个领域渗透，数字经济日益成为推动全球经济社会发展的关键力量。

在当前复杂的内外部经济环境下，数字经济的崛起和发展为中国经济摆脱困境、持续平稳健康发展提供了重要动力。2020 年底，中国互联网数字平台服务企业的业务收入为 5767 亿元，较同期增长 32.8%[①]，

---

① 《2021 年规模以上互联网企业完成业务收入同比增 21.2%》，产业发展研究网，http://www.chinaidr.com/news/2023 - 03/221503.html。

展现了数字经济的强劲活力。在中国经济增长乏力、新旧动能转换的大背景下，迫切需要改变粗放型的经济发展模式，实现经济高质量发展。创新，是中国实现经济高质量发展的重要保障。习近平总书记明确指出，"创新是引领发展的第一动力，是建设现代化经济体系的战略支撑"①。探索数字经济发展对区域创新的影响，对实现创新驱动发展以及经济高质量发展有着深刻的理论意义和现实意义。研究数字经济对区域创新的内在效应机制以及如何有效释放数字经济助推力量，成为近年来政府和社会各界广泛讨论的议题。

2021 年中央财经委员会第九次会议指出，数字经济对提升全社会资源配置效率、推动技术和产业的信息化变革、贯通国民经济循环、优化产业结构、实现高质量发展具有积极作用，肯定了数字经济对实现2035 年远景目标的重大作用。数字经济是在全球数字化和信息化的大背景下迅速兴起的新经济模式，目前最为成功的企业大多都具备平台属性（Evans，2011；Gawer et al.，2007）。数字经济深刻重塑人类社会生活方式和生产方式，成为构筑国家竞争新优势的重要载体与经济增长的重要引擎。目前我国是全球数字经济最具潜力的市场，截至 2021 年，全球前十大平台企业中腾讯和阿里巴巴两个大型平台企业市值总和占比达 7.2%。后疫情时代，以电商、医疗等为主体的数字化平台企业数量呈现爆发式增长，同时推动着传统产业的数字化转型升级。数字经济通过云、网、端等新型基础设施将传统产业与互联网深度融合在一起。作为一种新经济模式，在优化资源配置、缓解市场扭曲，推动产业结构升级和促进形成新经济增长点方面发挥巨大作用（Pisano et al.，2015；姜琪和王璐，2019；余文涛和邹敏，2020）。

农业作为国民经济发展的基础性产业，依靠资源消耗的粗放型增长方式依然没有得到根本改变，导致农业污染严重。2020 年《第二次全国污染源普查公报》显示，全国农业源总氮、总磷、氨氮排放量分别占水污染物排放总量的 46.5%、67.2% 和 22.4%，农业农村发展受到生态环境恶化的严重制约。因此，我国亟须变革传统的农业生产方式，大力推进农业绿色发展。2019 年的中央一号文件《中共中央 国务院 关于坚持农业农村优先发展做好"三农"工作的若干意见》中指出，发

---

① 《习近平在中国共产党第十九次全国代表大会上的报告》，中国共产党新闻网，http：//jhsjk. people. cn/article/29613458。

展绿色农业是打破生态环境压力的必然选择。近年来，数字经济与农业生产不断融合，将数据要素纳入农业系统，在提高农业资源配置效率的同时，也为优化农业产业效益与生态效益的动态平衡提供了新思路。2021 年，我国农业数字经济规模已达到 5778 亿元，以数字化为核心的现代农业为农业绿色发展带来了新契机。在中国全力推进农业供给侧结构性改革和乡村振兴战略的大背景下，探索数字经济对农业绿色发展的内在效应以及如何有效释放数字经济助推力量，对加速数字技术向农业农村渗透、实现农业高质量发展具有深刻的理论意义和现实意义。

气候变暖已成为全人类共同面临的巨大挑战。根据 BP《世界能源统计年鉴 2022》的统计数据显示，2011～2021 年，中国碳排放量由 88 亿吨增长至 105 亿吨，已成为世界上最大的碳排放国，碳减排形势严峻。为应对气候变化问题，中国承诺在 2030 年前实现"碳达峰"、2060 年前实现"碳中和"的战略目标。"双碳"目标的提出既表明了中国推进绿色低碳转型和可持续发展的决心，也符合中国高质量发展的本质要求。在新一轮全球科技和产业变革中，数字技术的普及和应用具有重要的边际效益（Anser M K et al.，2021），以数字技术为内核的数字经济亦成为全球经济发展的重要引擎。数字经济发展已上升为国家战略，在推动产业转型、创新驱动发展以及碳减排等方面具有重要意义。因此，在"双碳"目标的背景下，数字经济发展能否成为助推碳减排目标实现的"中国路径"，日益成为社会各界关注的焦点问题。

新一代数字技术的发展使数字经济作为一种新的经济形态迎来了前所未有的发展机遇，数字技术的广泛应用给社会就业结构带来了巨大的重塑效应，数字经济与传统产业相融合能够创造出大量就业机会，同时，与信息技术相关的行业均能够得到显著发展，为经济增长提供助力。2019 年国务院办公厅发布的《关于促进平台经济规范健康发展的指导意见》中将数字经济视为一种新的经济发展态势，对于各种要素资源的组合配置以及各种产业的优化升级具有明显的推动作用，且数字技术作为一种新的生产技术可有效拓宽消费市场、改善劳动力就业现状。据中国信息通信研究院数据显示，2018 年我国产业数字化占数字经济比重达到 79.5%，说明我国数字产品与数字技术正在逐渐向各个领域渗透，使各行各业的就业吸纳能力得到显著增长。目前，中国经济正处于由高速增长转向高质量发展时期，作为经济稳定增长的"压舱石"，就业能够推动经济持续健康发展。2020年的《政府工作报告》中指出要稳定就业形态，坚决打赢脱贫攻坚战，"六保"是本年"六稳"工作的着力点，而"保就业"列于"六保"工作的首位，对于拉动经济高质量增长具有至关重要的意义。然而，根据熊彼特的创新理论，创新的同时意味着毁灭，数字经济作为一种新的经济形态，其产生与发展必将会带来经济生活的一系列变化，数字化产业的飞速发展也会对传统产业造成强大的冲击，而从事传统产业生产活动的劳动者必将会受到波及，那么，数字化技术的发展带给人们的究竟是创造还是毁灭是一个值得思考的话题。

数字经济新业态、新模式的兴起不仅引发就业领域的深刻变革，也对劳动者就业质量产生影响，数字经济的蓬勃发展，创造出了许多全新的工作岗位和职业类别。就业是民生之本、稳定之基、安国之策，实现更加充分、更高质量的就业是中国达成共同富裕目标的关键。熊彼特增长范式中运用了创造性破坏的概念，从就业层面来看，创造性破坏意味着新技术或创新活动的出现，使新的工作岗位与生产活动取代了现有的岗位与活动。数字经济作为一种新的经济增长范式，数字技术的产生与应用促进了数字化产业的快速发展和企业的数字化转型，促进了产业链效率提升与社会分工细化，不仅对传统的工作岗位和生产活动带来冲击，也对劳动者的技能素质提出了更高要求，自动化与人工智能技术的应用，在极大提升生产效率的同时，同样对部分劳动力产生了替代作用。数字经济的发展对当前劳动力就业数量或是就业质量的影响究竟是产生创造效应还是破坏效应日益成为人们关注的焦点。在国务院印发的《"十四五"就业促进规划》中指出："以实现更加充分更高质量就业为主要目标，深入实施就业优先战略，健全有利于更加充分更高质量就业的促进机制。"高质量就业不仅意味着就业数量的增加，更要求就业结构的优化与就业质量的提升，那么数字经济发展是否会促进劳动者就业质量的提升呢？宏观层面上，数字经济发展的岗位创造效应愈加明显，并不断发挥其就业吸纳能力，持续改善就业环境，数字经济发展推动产业结构转型升级，不断增加第三产业的就业比重，使得就业结构不断优化。在微观层面上，个体就业质量的衡量维度包含就业环境、劳动收入、社会保障、工作自主性等多个方面（张抗私等，2015），数字经济发展对就业质量提升与否取决于其对就业质量不同维度影响的相对大小。在新一轮科技革命与产业转型深入交织的复杂背景下，深刻认识数字经济发展与就业质量之间的关系，对落实数字中国战略和实现更高质量就业具有重要的现实意义。鉴于此，数字经济发展为劳动者就业质量带来何种影响以及影响程度是一个值得探讨的问题。

数字经济以其渗透性强、传播范围广、高技术性等特征全方位覆盖到人们的生产生活中，使社会经济、效率等方面发生巨大变革，但不同地区数字化基础设施建设程度不同、不同群体对于数字技术的应用与掌握程度也不同，这就导致出现一种社会分化，即所谓的数字鸿沟问题。尤其是我国在较长时间内存在的城乡二元结构导致城乡发展不均衡、城乡数字鸿沟问题严峻。城乡数字鸿沟的加深将会造成新的贫困诱因进而引起贫富分化现象，这对于我国推进乡村振兴建设和促进共同富裕将会起到阻碍作用。习近平总书记曾多次强调，要加强基础设施建设，消除数字鸿沟现象。2018 年发布的《中共中央　国务院关于实施乡村振兴战略的意见》指明要推进数字乡村发展来消弭城乡数字鸿沟。党的十九大报告中也明确指出，我国当前主要矛盾是人民日益增长的美好生活需求和不平衡不充分的发展之间的矛盾。这种不平衡主要表现为城乡发展之间的不平衡，不充分表现为农村地区发展的不充分，所以提出要建立健全城乡融合发展体制机制、重塑新型城乡关系、努力实现城乡地区融合发展。随着数字化技术的飞速发展，数字经济已然成为引领经济发展的重要力量，对于重塑新型城乡关系、实现城乡地区均衡发展、改变城乡收入分配格局将会产生深远影响。尤其是数字技术互联互通的特性，可通过连接不同部门实现可持续发展，有助于推动国家经济发展水平稳步提升。然而，数字基础设施建设程度的不同、不同群体对数字技术应用与掌握的程度不同，容易导致社会分化现象，造成数字鸿沟问题突出。中国作为世界上最大的发展中国家，为实现脱贫目标、促进城乡地区融合发展，开始加大力度支持农村地区发展。回顾中国发展历史，我国在较长时间内存在的城乡二元结构导致城乡发展不均衡、城乡数字鸿沟问题严峻。基于上述考虑，探究如何缩小城乡收入差距、减轻数字鸿沟现象对于实现城乡地区融合发展等具有十分重要的理论与现实意义。

1.2 研究框架

基于以上研究背景及问题的提出，本书具体研究框架如下。

1.2.1 数字经济赋能高质量发展的相关概念和理论基础

在数字经济这个经济系统当中，数字技术的广泛使用带来了经济环境与生活工作环境的彻底改变，并且数字经济目前一直处于不断的发展进化当中，对于数字经济的内涵与外延也逐渐在深化。随着数字经济的发展，关于其概念的探究也在不断丰富和完善，但主要局限于数字经济的共性特征，尚未形成一个系统的概念。数字经济主要具有规模经济、范围经济、网络经济、效率性、连接性、可持续性、融合性和无接触性等特征，其本质是一种具有低成本、高渗透性的新型经济形态或技术范式，是科技水平和经济发展到一定阶段的产物。高质量发展的内涵包含三个方面：高效、包容与可持续。在宏观层面上，主要是指资源（包括人力、物力、财力）开发利用的效率，即全要素生产率；中观层面主要是指各产业的构成及各产业之间的联系和比例关系；微观层面资源配置效率。数字经济主要通过平台赋能、网络赋能、技术赋能以及融合赋能来助推高质量发展。主要涉及的理论机制包括要素流动效应、协调集聚效应、产业升级效应和内生增长理论。

1.2.2 数字经济赋能高质量发展的机理分析

数字经济所具有的开放性、融合性和高渗透性特征，将有效打破时间和空间的约束，进一步促进资源在生产过程中的有效配置，数据要素不断向各产业渗透，持续优化经济结构，成为推动高质量发展的高效引擎。数字经济主要通过数字产业化与产业数字化两个方面从供给侧发力，打造现代体系，推动经济高质量发展；在需求侧，利用数据要素的网络效应形成需求方规模经济以及通过新基建拉动新消费，来为高质量发展赋能。基于宏观视角，数字经济通过质量变革、效率变革、动力变革，提高全要素生产率；在中观层面，主要从供给端推动产业组织与产业结构的变革，加快产业融合；从微观层面讲，数字经济在投入生产过程中显著提升了各环节以及与其他要素之间的协同性从而提升资源要素配置效率，对高质量发展产生积极影响。由于协同效应的存在，数据要素与其他生产要素相结合，对高质量发展产生增效作用。对于创新，数字经济主要通过推动企业创新、商业模式创新以及技术创新，不断提升区域创新能力。对于产业结构，一方面不同行业通过数字化平台缓解行业间的资源错配，助力产业结构优化；另一方面，数字化平台还能推动平台企业间形成更高质量的关联协作和跨界融合的发展格局。在绿色农业方面，数字经济通过推动农业产业融合、生产智能管控以及提升经营决策效率，不断提升农业绿色发展水平。对于碳排放效率，数字经济发展不断催生新模式、新业态，通过"控增量""压存量"两种方式，日渐成为碳排放效率提升的助推器。在就业方面，数字经济会通过生产率效应、创造吸纳效应以及技术进步的资本化效应对就业产生促进作用，进而优化就业结构，提升就业质量。数字经济还能够通过影响农村居民的工资性收入和家庭经营性收入来缩小城乡收入差距。

1.2.3　数字经济对区域创新能力的影响效应检验

数字经济对区域创新能力的影响效应检验。创新是引领经济发展的第一动力，现代化经济体系的构建和经济的高质量发展都离不开创新驱动。与此同时，数字经济的蓬勃兴起为区域创新能力的提升提供了新机遇。因此，要在长期中实现数字经济对区域创新的持续提升效应，必须厘清数字经济提升区域创新能力的内在作用机理。在分析数字经济对区域创新能力影响效应的基础上，采用 2015～2019 年中国30 个省份的平衡面板数据，就数字经济对区域创新能力的非线性传导效应、空间溢出效应和区域异质性进行了实证检验，揭示了数字经济对区域创新能力存在直接提升效应、非线性的边际递增效应以及正向的空间溢出效应，并就实证结论有针对性地提出了数字经济促进区域创新能力提升的实现路径，助推我国经济的高质量发展和创新驱动发展战略的实施。

1.2.4　数字经济对产业结构优化升级的影响效应检验

数字经济和科技创新作为拉动经济增长和高质量发展的双引擎，对产业转型升级发挥着重要的作用。因此，要发挥数字经济的产业赋能效应，助推产业转型升级，必须深入分析数字经济以及技术创新对产业结构优化升级的作用机制，将数字经济与技术创新纳入一个统一框架进行分析。在检验数字经济与技术创新对产业结构升级的影响效应的基础上，采用2013～2019年全国30个省份的面板数据，构建双向固定效应模型检验数字经济、技术创新以及二者的交互效应对产业结构升级的影响，揭示了数字经济与技术创新对产业结构升级的促进作用，并据此有针对性地提出了数字经济和技术创新推动产业转型升级的建议措施，凭借数字经济和技术创新逐步提升我国产业结构高级化和合理化水平，促进产业转型升级和经济高质量发展。

1.2.5　数字经济对农业绿色发展的影响效应检验

发展绿色农业是实现农业高质量发展的重要举措之一，在数字经济对农业绿色发展影响机理分析及命题提出的基础上，实证分析数字经济对农业绿色发展水平的影响趋势与影响程度。第一，控制不同省份居民消费水平、人力资本存量、农村经济增长、政策支持程度以及受灾率等因素的影响，利用基准回归模型考察二者之间的线性关系并进行原因分析；第二，数字经济发展存在"边际效应递增"的非线性特征，利用阈值模型考察数字经济发展的不同阶段对农业绿色发展水平的影响，并引入居民消费水平作为门槛变量，验证其调节效应的存在；第三，考虑到数字经济和农业绿色发展可能存在空间关联，采用空间计量方法考察数字经济发展对农业绿色发展的空间影响，并进行溢出效应分析；第四，考虑到不同区域间发展水平存在差异，通过区域划分考察不同区域数字经济发展水平对当地农业绿色水平的影响，并有针对性地提出差别化、动态化的发展策略；第五，除了地区差异，"宽带乡村"政策冲击也是影响农业绿色发展水平的关键变量，为直观清晰地了解相关政策冲击，引入双重差分法定量分析"宽带乡村"试点工程对农业绿色发展的影响，为进一步优化数字设施建设和农业高质量发展提供理论依据和实践建议。

1.2.6　数字经济对提升碳排放效率的影响效应检验

碳排放效率提升是促进"经济发展—环境优化"实现双赢的有效途径，在数字经济对提升碳排放效率的影响机理分析及命题提出的基础上，实证分析分析数字经济发展对碳排放强度的影响趋势与影响程度。第一，对 2011～2019 年各省份的数字经济发展水平和碳排放强度进行测算并整体评价；第二，在控制不同省份经济发展水平、人口密度、外商直接投资、财政分权、绿色产品创新以及产业结构优化等变量后，利用基准回归模型考察二者之间的线性关系并进行影响因素分析；第三，考虑到能源生产与消费活动是二氧化碳排放的源头之一，选取能源效率和能源结构变量作为数字经济发展影响碳排放强度的中介变量，考察该因素对碳排放强度影响的中介效应；第四，相邻地区间的数字经济发展与碳排放同样存在空间关联性特征，因此采用空间计量模型考察数字经济发展对碳排放强度的空间影响，进一步分析其溢出效应所产生的积极影响；第五，考虑到不同区域间发展水平和资源禀赋方面的差异，通过区域划分，分别考察在东、中、西部以及资源型和非资源型省份数字经济发展水平对当地碳排放强度的影响，并分析该差异的产生原因，为进一步促进数字经济发展水平提升和碳减排目标实现提供差异化、动态化的发展策略。

1.2.7　数字经济对就业结构优化升级的影响效应检验

数字经济作为一种新兴经济发展形态，主要表现为技术上的跨越式进步，能够对就业结构产生深刻的影响。首先，从就业的产业结构来看，数字经济的发展一方面会对部分产业造成一定程度的冲击，另一方面也会创造出新的就业岗位。这种双重影响主要表现为部分劳动密集型产业被挤出就业市场，劳动密集型产业所占就业份额下降，而创造的新型岗位大多为技术密集型产业，第三产业就业人员显著增加。根据配第—克拉克定理，这种劳动力逐渐从第一产业转向第二、三产业的现象即代表着就业结构的优化升级。其次，从就业的技能结构来看，数字经济的发展导致对拥有高等技能劳动者的需求量明显增多而对于部分低技能劳动者则产生挤出效应，这将促使就业者更加关注自身素质与技能的培养，有助于就业技能结构更趋向高级化、合理化。最后，数字经济是以数据作为核心要素，而数据要素自身具备高流动性与强渗透性，因此需要考虑到数字经济对就业结构产生的空间外溢效应，除此之外，中国不同区域间的数字经济发展水平也有所差异，因此将中国划分为东部、中西部地区来探究数字经济对不同区域就业结构产生的影响，针对不同区域的自身特点来做出合理决策，有助于更好地发挥数字经济对中国就业结构的优化升级作用。

1.2.8　数字经济对就业质量的影响效应检验

为验证数字经济对就业质量产生的具体影响，将中国 28 个省份的数字经济发展指数与 2015 年、2017 年、2019 年中国社会状况综合调查数据相匹配，通过建立线性回归模型、二元 Probit 模型、有序 Probit 模型来考察数字经济发展对劳动者就业质量产生的影响。一方面，数字经济作为一种新的经济发展形态正在不断影响着人们的生活生产方式，数字化技术带来了大量新型就业岗位、提高了生产效率、扩大了就业规模，促进了就业者综合素质的提升，同时也对就业质量产生了积极的影响。另一方面，数字经济背景下，数据作为最重要的生产要素，对市场交易产生了推动作用，主要表现为大量新兴职业的出现促进了产业链的延伸与社会分工的进一步细化，这种细化的分工模式提高了社会经济效益、同时更提升了劳动者工作的满意度。数字经济的发展对于从事常规就业的劳动者而言，能够显著提高其每小时工资率，促进社会保障项目的参与，进而提升其工作的满意度；对于自雇者而言，数字经济发展通过提高每小时工资率、缩短工作时长来提高其工作满意度。

1.2.9　数字经济对城乡收入差距的影响效应检验

数字经济时代正在势不可挡地向前发展，推动社会转型进程，也深度影响着城乡发展领域。在此背景下，数字技术如何影响我国城乡收入差距?"宽带乡村"建设发挥多大作用?带着这些问题,结合数字经济在农业绿色发展、产业结构优化、就业质量等领域产生的影响,以及不断总结和提炼的众多学者关于数字经济与城乡收入差距的研究成果基础上,探索并构建了数字经济影响城乡收入差距的基准回归模型,并验证了模型的稳健性与区域间的一致性;同时,在分析数字经济对城乡收入差距的影响时,引入"宽带乡村"建设,将其视为一项外生准自然实验,通过采用双重差分方法识别其对城乡收入差距的具体作用机制。

1.2.10　数字经济对高质量发展的影响效应检验

为了验证数字经济对高质量发展的影响效应,本部分基于机理分析,从宏观、中观和微观三个维度,利用中国 30 个省份 2012~2019 年的面板数据进行实证分析。在指标测算方面,宏观层面的高质量发展水平采用基于 DEA 模型的 Malmquist 指数测算的全要素生产率来衡量;中观层面采用产业结构水平;微观层面采用资本错配指数衡量资源配置效率,包括资本错配指数和劳动错配指数。同时,通过构建双向固定效应模型、门槛模型、空间杜宾模型等计量模型来检验数字经济对高质量发展的直接效应、非线性效应、空间溢出效应以及区域异质性。研究发现,数字经济能够显著提升全要素生产率水平,东部地区数字经济红利略高于中西部地区,存在不明显的区域异质性,因此,在宏观层面数字经济对高质量发展具有显著的促进作用,而且这种促进作用呈现出"边际效应"递增的非线性趋势,数字平台一旦实现规模效应,其正向效应不断加强,在空间关联性方面,数字经济的提高能够促进本地区全要素生产率水平的提升,但抑制了周边地区全要素生产率的提升。在中观层面,数字经济也能够显著提升产业结构水平,且该促进作用同样具有不明显的区域异质性和非线性递增特征,但数字经济对提升产业结构水平具有显著的空间溢出效应,能够对周围地区产生积极影响。经过系统两阶段 GMM 检验和面板分位数回归等稳健性检验,在宏观和中观层面,数字经济对高质量发展的积极影响依然显著成立。

1.2.11　数字经济赋能高质量发展的实现路径

数字化时代的到来,将数字化技术与传统产业相结合,借助于数字技术的便捷性、可拓展性、智能化等特征打造出一个更灵活、有效率的传统产业发展模式，产业数字化转型应该由单点应用向连续协同演进，利用平台赋能、网络赋能、技术赋能等推进产业数字化稳中向好发展。为夯实数字基础、创新数字技术、优化数字产业，利用数字经济赋能助力经济发展动力变革、效率变革、质量变革，推动实现高质量发展构建坚实基础，基于实证分析结果，分别从区域创新能力、产业结构优化升级、农业绿色发展、碳排放效率、就业质量及城乡收入差距等八个领域提出数字经济赋能高质量发展的实现路径。同时，数字化治理作为数字经济发展的保障，能够引领生产关系进行深刻变革，使治理体系迈向了更高阶层，这使整体的治理能力与治理体系呈现出上升趋势。结合治理主体、治理方式、治理手段、服务内容，创新性地提出数字经济赋能助力我国经济发展动力变革、效率变革、质量变革，推动实现高质量发展，提出构建现代化数字经济政策体系，探索利用新兴数字化技术以带动高质量发展。

第2章 文献述评

2.1 数字经济的内涵

学术界对于"数字经济"的概念一直没有统一的界定，不同学者从不同的角度对数字经济进行界定。"数字经济"的概念最早由唐·泰普斯科特（Don Tapscott，1996）在《数字经济：网络智能时代的希望与危机》中提出，这是一种新的社会政治和经济系统，其特征是由信息、工具访问、信息处理和通信能力组成的智能空间，他认为数字经济能将智能、知识和创造力结合起来，在创造财富和社会发展方面取得突破。

早期关于数字经济的研究局限于电子商务和科技创新层次（Miller and Wilsdon，2001）。近年来，数字经济被认定为一种新经济形态或者新科技革命。我国数字经济"十四五"规划中明确指出数字经济是以数据资源为关键要素，以现代信息网络为主要载体，以信息通信技术融合应用、全要素数字化转型为重要推动力，促进公平与效率更加统一的新经济形态。尼克莱姆等（Knickrehm，2016）认为数字经济指的是一系列广泛的"数字"投入在总经济产出中所占的份额。这些数字输入包括数字技能、数字设备（硬件、软件和通信设备）以及用于生产的中间数字产品和服务。达尔曼（Dahlman，2016）认为数字经济是多种通用技术和人们通过互联网及相关技术进行的一系列经济及社会活动，并强调了数字经济在实现包容性和可持续增长方面的潜力。凯拉萨帕西等（Kylasapathy et al.，2017）认为数字经济是指以数字信息为主要组成部分的广泛的经济活动、商业交易和职业交往。在互联网和其他各种数字技术的帮助下，如云计算、大数据分析、物联网（IoT）和人工智能（AI），数字经济创造的效益和效率可以促进一个国家的经济增长。鲁马纳·布克特等（Rumana Bukht et al.，2017）认为数字经济的核心是"数字部门"，即生产基础数字产品和服务的 IT/ICT 部门，并将数字经济定义为完全或主要来自数字技术的经济产出部分，其商业模式基于数字产品或服务，由数字部门以及新兴的数字和平台服务组成，它既包括核心的数字部门，也包括更为广泛的数字活动。萨瑟兰等（Sutherland et al.，2018）则认为数字经济是以数字技术为基础的经济，信息技术硬件、软件、应用和电信在所有经济领域的主要用途，包括组织的内部和外部活动。而数字化与"信息的强度以及各种物理设备和资源的全面相互渗透和互动"有关（Jurčević et al.，2020）。基于此，数字经济可以被定义为完全基于数字技术使用的经济系统。

20 世纪 90 年代，"数字经济"早期的定义专门针对互联网。后来，一系列新的信息和通信技术开始扩散，并支持世界各地区其他国家最新一轮的经济发展和新形式的产出（Ivanova et al.，2018）。数字经济的定义中增加了新技术的内容，例如嵌入式传感器、云计算、大数据等。尽管定义不尽相同，但它们表达出数字经济定义中的两个重要特征：一是组成成分存在差异，但基本包括了电信在内的 ICT 产品和服务的生产。二是数字经济边界模糊，没有固定的边界能够使所有经济活动被严格放置在"数字经济"范围之内或之外。另外，数字经济还表现出高成长性、强扩散性、降成本性等重要特征（宋洋，2019；王姝楠和陈江生，2019）。

作为一种新的经济形态，国内外学者对数字经济的内涵及特征的研究主要集中于四个方面：一是从组织结构的角度研究数字经济，将其看作是基于互联网、移动通信设备等数字技术所实现的全球化网络，认为数字是数字经济的核心要素，强调信息网络和通信技术在数字经济中的基础性作用（钟春平等，2017；李长江，2017）；二是从投入产出的过程分析数字经济，认为数字经济是各种数字化投入所带来的全部经济产出（裴长洪等，2018；Knickrehm，2016）；三是从经济效率角度分析数字经济，认为数字经济是基于信息技术，以资源配置优化为导向的人类经济活动（张鹏，2019）；四是探讨数字经济特征，认为数字经济具有智能化、平台化、共享化、多样化等特征，当数据要素纳入生产函数，不仅仅会影响生产函数本身，而且会影响其他生产要素，进而改变生产函数的形式和作用（于立和王建林，2020）。

2.2 数字经济水平测度研究

数字技术对社会经济的发展起到了重要的推动作用，数字经济作为新经济的重要组成部分，其规模体量的大小也决定了一个国家的经济发展水平和潜力。当前，对数字经济的测量很多研究都采用一定的统计测算或者通过建立指标体系的方法，对某一地区数字经济发展规模或竞争力作出评价。欧盟委员会于 2015 年提出的"数字经济和社会指数"（DESI），该指数被用来探索数字经济的潜力。这是一个衡量数字绩效进展的指标，该指数由欧盟根据各国宽带接入、人力资本、互联网应用、数字技术应用和数字化公共服务程度 5 个主要方面的 31 项二级指标计算得出，具有较高的科学性和可延续性。学者们最常分析 DESI（Laitsou et al.，2020）。经济合作与发展组织提出评估数字经济的方法，该程序提供了四组指标来研究数字经济，即基础设施、赋权社会、创新和技术采用、就业和增长。维多利亚·瓦恰尼等（Viktorija Varciany et al.，2021）对经合组织提出的方法进行更新，修改分组及其指标，增加财务指标并用层次分析法（AHP）对数字经济评价的所谓群体和基础指标进行赋权，为衡量数字经济提供了新方法。美国商务部提出数字经济估算的 3 个步骤：一是建立对数字经济概念性的解释；二是在供给—使用的框架下，确认哪些货物和服务是和衡量数字经济相关的；三是利用供给—使用框架，识别出生产货物和服务的相关行业，并估算相关经济活动中的产出、增加值、雇佣情况、补贴以及其他因素。二十国集团（G20）组织发布了《衡量数字经济的工具箱》，从基础设施、赋权社会、创新技术与应用、就业与增长 4 个一级指标和 36 个二级指标对数字经济进行考察，且更加关注物联网、人工智能等新一代信息通信技术的开发与应用，同时将电子支付、移动货币和电子商务纳入考量。目前，国际上对数字经济的主要的测算方法有增加值测算法（许宪春和张美慧，2020）、相关指数编制的方法（王军等，2021）和构建卫星账户研究（Barefoot et al.，2018；BEA，2019）。

数字经济对社会经济发展具有重要意义，因此，数字经济的测度是一个必不可少的过程。但对于数字经济的界定以及各国国情不同，对数字经济测算方法的应用也不尽相同，实际中缺乏估算数字经济规模的一种方法，不同国家或地区的相关数据存在巨大差距，这使得比较不同研究结果具有挑战性。因此，今后还有待进一步对数字经济的统计和核算体系加以研究和改革，进而对数字经济的测算有一个相对科学稳定的标准或指标。

2.3 数字经济发展环境研究

数字技术的产生与应用，带来企业的数字化转型、相关政策的变更等，也为数字经济的发展创造了特定的环境。关于数字经济发展环境的研究集中在创新环境、数字经济政策以及疫情与数字经济发展等方面。

2.3.1 创新环境及其可持续性

当前，社会和经济的发展与数字技术和信息技术息息相关，而在技术驱动下发展起来的数字经济也依赖于特定的环境，如：引进和发展现代信息通信技术（ICT）是数字行业发展的关键因素之一（Domazet et al.，2017）。首先，受数字技术的影响，创新环境及其构成要素正在发生转变，经济主体能否获得数字优势取决于创新环境及其与数字经济要求的契合度。创新环境可以从 IT 基础设施、信息和知识资源、教育等方面考虑。与此同时，全球化的进一步发展意味着一个公司或国家仅依靠技术和方法的创造与进步则无法获得长期竞争优势，还需要对创新技术进行持续升级。如果能够形成支持创新应用的创新环境，技术进步的优势才会更加广泛和持久（Dneprovskaya et al.，2018）。其次，数字经济的发展不仅需要良好的创新环境，经济主体能够实现可持续性的数字创新也十分重要。可持续性的数字创新需求是当前经济社会发展的主要需求，研究发现数字导向、物联网和数字平台是实现可持续性数字创新的主要前提，对数字创新具有积极作用，且数字平台在数字导向促进可持续数字创新环节和物联网促进可持续数字创新环节之间起到中介作用，是数字创新的关键决定因素。因此，企业应抓住数字经济发展的关键点，结合自身优势提高数字化创新能力，增强经济活动的可持续性（Yousaf et al.，2021）。最后，数字经济本身的可持续发展需要以创新环境的可持续发展为支撑，科学技术的发展给经济增长带来巨大效益的同时，也会有产生负面影响。当前世界经济的发展阶段表明，经济效率增长与生产环境的友好性背道而驰，在社会数字化条件下迫切需要生态与经济平衡发展，发达国家对此极为关注，有些发展中国家亦是如此。萨拉马托夫等（Salamatov et al.，2019）从"生态管理"的角度，论述了数字经济发展所需要的创新环境。数字经济要得到可持续发展，需要建立"管理生态"系统，其中包括教育、金融、科技等多个领域，管理生态系统着眼于环境和经济的可持续发展要求，提出创新环境可持续发展的重要性并为该问题提出解决方案。

2.3.2 数字经济政策

数字经济已然成为推动全球经济增长的重要引擎和新的增长点。为提高国家竞争力，越来越多的国家都将数字化作为主要工具，将其作为经济增长和在新市场环境中定位的基石。在整个数字化转型过程中，政府扮演着重要的角色，不仅需要创造一个企业产品供应和终端用户需求并存的环境，还需要对数字经济发展政策、治理框架、监管方式等给予国家支持。对于数字经济发展政策的研究主要集中在以下方面：第一，制定数字经济发展政策有助于促进数字化转型，提升国家竞争力。促进国家数字化转型的要素包括先进技术及基础设施、知识与人力资本质量、国际标准的制定与执行和适应新商业模式的政策与法规。数字经济要实现稳健发展，仅依靠先进技术的使用还远远不够，还需要转变商业理念与商业支持、增强人才储备、制定新的教育和社会政策、设立并实施开放性的国际标准以及先进的治理框架。这样，数字经济的发展才能持续促进国际竞争力的提升（Vidas - Bubanja et al.，2019；Kolpak et al.，2020；Madej - Kurzawa，2021）。第二，数字经济作为新兴经济形态，在发展过程中面临诸多挑战。数字经济的发展挑战了原有的政策框架，如竞争制度、税收制度，也对监管体系与法律制定提出新的要求，还存在数字鸿沟、数字贸易壁垒、数据安全等潜在问题。为了数字经济的更好发展，要进一步加强公共管理体系、公共管理渠道和现代基础设施的应用，完善治理框架与政策体系，积极应对发展过程中的风险与挑战（Loh et al.，2021；Cuenca，2021）。第三，针对发展中国家的数字经济政策分析。数字转型是一种全球性趋势，既影响到发达国家，也影响到发展中国家，数字技术在加速大多数国家经济体系发展方面日益成为一种重要趋势。然而，发展中国家由于数字基础设施不完善、成本高昂以及数字生态系统人才缺乏、融资薄弱等原因，数字经济发展质量不佳。发展中国家要促进数字经济增长及其对社会经济发展的贡献，需要一定的政策目标，要确保经济、社会、环境、法律和政治领域各种政策之间的相互作用，支持各国走上包容性可持续增长的道路；建立体制机制、流程和工具，在所有部门制定有效、高效、可持续和协调一致的政策；基于证据的分析、健全的数据和可靠的指标，为决策提供信息，并将政策承诺转化为实践；促进多方利益相关方的政策对话，以确定变革的障碍和催化剂（Bukht et al.，2018）。

2.3.3　新冠肺炎疫情对数字经济的影响

新冠肺炎疫情的发生，给世界经济发展带来重大变革，也对数字经济的加速发展产生重要影响。一些国家在新冠肺炎疫情大流行期间开发的数字技术在疫情防控、稳定经济增长和扩大消费等多方面发挥重大作用，增强了地区对疫情的应对能力；但是，在数字技术的应用之下，也造成了结构性失业、数字鸿沟等问题，使得世界进入了不同以往的数字生态系统。新型冠状病毒的大流行对数字化的转型发展具有催化作用，各国政府高度重视并在基础设施建设、基础科学研究、人才培养、开发经费筹措以及合作交流等方面给予支持和鼓励，资本和企业也在积极寻求商业着陆场景，以协助技术转型（Baikeli et al.，2020）。但是，人工智能技术的发展与应用导致失业率上升，使经济不平等成为社会的一个长期问题，这增加了数字经济的破坏性影响。鉴于这种发展，疫情的最大影响将是全球经济急剧且不可逆转地萎缩，世界正处于一个新时代的开始，即"后数字生态系统"。克拉维尔等（Clavier et al.，2021）对东南亚的研究证实了上述观点。在危机期间，数字解决方案成为东南亚各国对疫情防控的有效回应，支持了公共卫生工作、公共交流以及经济和社会政策。数字解决方案的开发和使用还加速了政府、技术公司、研究机构和整个社会不同领域之间的协作。

在过去几十年中，许多国家都在发展数字经济，从根本上在新技术、组织管理、商业模式等方面提出挑战。但与此同时，众多研究都发现，目前尚未形成对关键概念的一致定义，更不用说完善的监管框架和监管机制，这些会阻碍数字经济的发展以及实现其积极影响的可能性。未来在数字技术快速进步的趋势下发展数字经济，需要进一步加强相关的政策措施：一是加强 ICT 生态系统投资与数字基础设施建设，这是形成新商业模式和建立网络社会的基础；二是减少数字经济中的壁垒，减少交易障碍与市场摩擦；三是提高数字技术知识水平，加强人才培养与人才储备；四是完善监管体制机制建设与相关法律法规，建立健全促进竞争和市场条件的监管框架。只有这样才能促进数字经济的进一步发展。

2.4 数字经济与产业融合发展的研究

数字经济因其可实现生产领域的"连接"突破，有着更大的净创造效应和更为广阔的应用前景（杨虎涛，2020）。数字经济凭借其高渗透性，逐步实现与多产业的融合发展，一批新产业、新业态发展方兴未艾（杨文溥，2022），数字技术的集成共享能够加速信息扩散，提高生产要素的使用效率（Thompson P et al.，2014），已成为驱动新旧动能转换、实现高质量发展的重要手段（Farboodi M et al.，2020；王梦菲等，2020）。

2.4.1 数字经济对区域创新能力的影响

互联网作为知识和信息共享的平台，在为数字经济提供技术、资源支撑的同时，也对区域创新发挥着积极作用。互联网的广泛应用促进了企业之间的信息传播，提升技术效率，进而提高企业绩效，拥有高效率、高学习能力的公司更容易从互联网中获得创新效益（Paunov et al.，2016；Forero M，2013；张旭亮等，2017）。对于传统服务业来说，数字经济能够促进需求方和供给方的瞬时匹配，使服务业更加专业化、个性化和精准化，推进服务创新（Pisano P et al.，2015；李昌浩等，2014）。从增长效应来看，拥有数字经济的企业能够发挥规模效应，更好地整合资源，促进整个行业的生产绩效变革（Armstrong M，2006；余文涛等，2019）。数字经济自身作为一种新兴产业，还能通过不断创造新需求倒逼企业技术创新（曹玉娟，2019），最终实现供需动态平衡（张于喆，2018；白雪洁等，2021）。数字经济作为互联网经济发展的延伸，具有高渗透性、高融合性以及网络外部性的特征，对于推动区域创新发展具有重要意义。在数字经济时代，信息资源的集成共享能够加速知识扩散，减少信息不对称带来的问题，从而降低创新主体的信息获取成本，释放出更多的资本用于创新研发（Thompson P et al.，2014）。数字化水平与区域创新之间存在高度的耦合性，数字技术通过改变区域创新的要素构成来提高区域技术创新效率（陈晓红，2018；温珺等，2019）。尤其是新冠肺炎疫情的暴发，加速了数字经济的发展，使得传统产业网络化、数字化、智能化融合的趋势更加明显。在后疫情时代背景下，数字经济作为一种新型经济模式，为提升区域创新能力带来了新契机。

2.4.2　数字经济对产业结构优化升级的影响

自熊彼特提出"创造性破坏"理论以后，围绕技术创新对传统产业的改造升级、对新兴产业的创新发展及结构演进的研究进行了多维度研究。绝大多数研究发现，技术创新对产业结构转型升级具有显著的正向促进作用（Ondrej and Jiri H，2012；柳志娣等，2021；王德平等，2021；苏治等，2015），数字经济通过互联网打破传统的物理时空约束，延展经济时空，降低企业搜寻成本与交易成本，提升企业之间的分工水平（冯华等，2016；施炳展等，2020），新技术的开发以及对现有技术的应用创新为数字经济发展革新注入持续动力，展现出强大发展潜力（史健勇，2013），提升企业生产效率与创新水平。

由于经济发展过程中面临的产业结构不合理、供需矛盾突出、区域经济发展不均衡等结构性问题仍制约着中国经济发展的质量与速度，对中国经济高质量发展构成挑战。因此，加快推进经济结构战略性调整、促进释放结构性潜能是中国经济高质量发展的必然选择。数字化平台是实现技术创新的重要载体，技术创新是推动数字经济稳健发展的内驱动力，充分发挥数字化平台与技术创新之间的相互促进效应，对于促进产业结构转型升级与经济高质量发展具有重大意义。

2.4.3　数字经济对农业绿色发展的影响

数字经济本身作为环境友好型产业，通过挤压传统高污染行业，推动产业生态规则重构（陈晓红，2018）。对于生态保护领域，数字技术通过对区域环境进行精准化监测，从而提升污染治理效率（梁琦等，2021）。在农业生产领域，数字经济通过提高农业技术效率，已成为农业高质量发展的新动能。数字技术向农业要素配置体系渗透，推动农业生产方式发生变革（李欠男等，2020），促进农用资源绿色化，从而加快提升农业全要素生产率（夏显力等，2019；杨建利等，2021）。数字金融服务的拓展缓解了农村生产的资金约束，推动农业生产集约化和专业化，进而提高农业环境效率（曾小艳等，2020）。数字经济还能够通过完善农业数据库建设，创新农村经济发展模式，最终促进农业农村可持续建设（齐文浩等，2021）。数字经济在生产领域的广泛应用为优化农业生产要素、实现农业现代化提供了新机遇。

绿色农业运用先进的数字技术和标准化的生产方式，将"绿色化"贯穿于整个农业生产过程（李福夺等，2020），能够提高绿色生态技术发展质量（杜志雄等，2021），降低农业供给端风险（马骏等，2021），加速形成可持续发展的高质量农业生产模式。已有文献大多数聚焦于数字经济与农业高质量发展之间的关系，分析数字经济对农业绿色发展影响的机理研究及实证分析不足。尤其在"十四五"时期，我国即将进入绿色发展驱动农业高质量发展的新阶段，推进农业绿色发展不仅是解决资源环境问题的迫切要求，更是顺应经济社会发展对农业功能和需求变化的需要。

2.4.4　数字经济对提升碳排放效率的影响

针对数字经济的碳减排效果，多数学者认为大数据、人工智能、区块链等数字化技术的发展衍生了新的碳减排方法，并改进了传统的减排措施，通过技术溢出效应实现节能减排，为绿色发展赋能，优化能源消费结构，最终会降低碳排放量与碳排放强度（Chen X et al. ，2021；Wang L et al. ，2021；Feng – Zheng W et al. ，2022）。全球数字可持续发展倡议组织统计，数字经济可以帮助中国每年减少14亿吨的二氧化碳排放，助推碳中和目标实现。但也需要注意的是，数字经济发展存在高碳锁定的现实：一方面数字经济的基础设施建设是高耗能的，数字设备的应用增加了电力与能源消耗，安德雷等（Andrae et al. ，2015）预测到2030年数字经济可能使用全球电力高达51%，所释放的二氧化碳排放占全球温室气体排放量的23%。另一方面，当前数字经济发展带来生产效率提高可能导致杰文斯悖论中的"反弹效应"（Li Z et al. ，2022），即当生产效率提高后，成本下降，生产规模扩大，能源消费需求受到刺激而增长，从而导致碳排放量进一步增加。关于碳排放及其效率研究的文献现有以下几方面。一是碳排放效率测算，包括局部要素指数法和全要素指数法。前者主要由二氧化碳排放量和某些经济变量的比值来定义，如碳排放强度和碳生产率等指标（Du K et al. ，2019）。后者则考虑到生产过程中设计的多种投入和产出的替代指标，产生全要素指标。该指标基于随机前沿分析（SFA）和数据包络分析（DEA）能够综合反映碳排放效率的整体水平（Tang L et al. ，2019；Guo J et al. ，2021；Zhang Y et al. ，2021）。二是碳排放效率的影响因素，如产业聚集（Wang J et al. ，2022）；能源效率（Zhang Y J et al. ，2018）；产业结构优化（Wang C et al. ，2019）；绿色技术创新；能源政策及环境规制有效性（Iftikhar Y et al. ，2016）；低碳试点政策（Du M et al. ，2022）；生态效益、城市化以及能源消费结构等。三是数字技术及数字经济对碳减排的影响。对于该领域的研究结论尚未达成共识，部分学者认为数字经济发展促进了碳排放绩效提升，如数字经济发展在能源结构与碳排放之间发挥重要调节作用，数字经济发展水平的提高将减少能源结构对碳排放的不利影响，从而减少碳排放（Li Y et al. ，2021）。数字技术可以带来效率收益，促进能源资源和矿产资源安全绿色智能开采和清洁高效低碳利用，有利于实现能源消费供需平衡，减少碳足迹。互联网在节能减排过程中的作用日益凸显，互联网发展通过促进技术进步、提高人力资本和对外开放程度来改善节能减排效率，并对邻域的节能减排效率影响具有显著的正空间溢出效应（Wu H et al. ，2021）。除此之外，信息通信技术（ICT）聚集也表现出对地区碳排放具有显著的正向影响（Wang J et al.，2022）。也有学者认为数字经济发展对碳排放的影响存在非线性特征，即二者之间呈倒 U 形趋势，并且数字经济发展对周边地区碳排放的空间溢出效应也呈倒 U 形（Li Z et al.，2022）。伊贡等（Higón et al.，2017）基于 142 个经济体组成的面板数据集进行实证研究发现 ICT 和碳排放之间存在倒 U 形非线性关系，且大多数发达国家已经跨越了转折点，收获了信息通信技术带来的环境红利，而发展中国家则相反。同时考虑到不同区域基础设施建设水平的差异，数字经济发展对碳排放的影响具有显著的异质性（Danish et al.，2019）。

2.4.5　数字经济对就业结构优化升级的影响

国内外已有学者对数字经济与就业情况展开研究，但大多都基于劳动力结构与产业结构进行分析。在劳动力结构层面，数字经济发展所带来的就业岗位明显增多，对于社会劳动力的吸纳能力显著增强（王栋，2020；杨骁等，2020；Acemoglu and Restrepo，2018；Autor et al.，2013；Young，2014），大量劳动者逐渐转移到知识、技术密集型行业，促进了行业就业结构高级化发展（王文，2020；叶胥等，2021），智能化技术的发展应用使"机器替人"现象愈加普遍（陈斌开和马燕来，2021），市场上对于初高中劳动力的需求逐渐减少而对小学以下大专及以上学历的劳动者的需求则显著增加（阎世平等，2020；Lordan G and Neumark D，2018），即对于拥有高技能劳动力的需求得到大幅提升（Autor D. H.，2015）；在产业结构层面，数字化发展水平对于产业结构调整呈现出边际递增的效果（陈小辉等，2020），两者间存在着长期均衡关系（辛金国和方程，2017），伴随着数字技术的发展，各个产业开始注重产品的多样化生产（荆文君和孙宝文，2019），并且依托于范围经济与规模经济来降低企业生产与运营成本，提高整体运行效率（Ketteni E，2009；温珺等，2020；Graetz and Michaels，2018），数字化产业的发展对制造业产业结构升级起到了十分重要的推动作用（沈运红和黄桁，2020）。

23

2.4.6　数字经济对就业质量的影响

目前，关于数字经济发展对就业影响的研究主要集中在"数量"与"质量"上。在就业数量层面，尽管弗雷等（Frey et al.，2017）预测在美国和日本等发达国家数字技术的应用对未来工作的替代率将达到47%和55%，但更多研究认为数字经济发展产生的就业补偿效应大于就业替代效应，最终表现为就业总量的增加。菲利普·阿吉翁等（2021）指出，数字经济以数字技术为载体并不断催生新的技术变革，而技术变革会加快工作的自动化程度并增加工作内容的复杂性，即产生"技能偏向型技术变革"，技术进步增加了对高技能劳动者的需求，对低技能劳动者的工作产生替代，也会拉大高低技能劳动者间的工资差距，即数字经济发展会产生就业替代效应；但在企业层面上研究发现技术变革对就业具有正面促进作用：自动化会促进企业劳动生产率提高、销售额增加和消费价格下降，从而扩大企业的市场占有份额，而市场份额的提高会促使企业扩大生产规模，从而雇佣更多员工，即数字经济发展所带来的就业补偿效应，且这一正向影响会随时间推移愈加显著，产生更多的就业岗位（宫瑜，2019）。同样，宫瑜（2019）对就业创造效应和替代效应的微观机制进行分析，发现中国数字经济发展对就业率具有正向作用，且贡献率随时间推移不断上升。数字化投资的增加使高技能工人就业增加和低技能工人就业减少，并提高了服务业就业水平促进了就业结构改善，最终具有正向的净效应（Balsmeier B，2019；孟祺，2021），该结论与阿恩茨等（Arntz et al.，2019）使用结构模型估计数字化对整个德国经济就业的具有正向净效应的结论一致。与此同时，数字经济发展带动领先平台企业的形成并产生"蒲公英效应"为中小微企业提供了良好的发展空间与市场机会，从而为社会提供了更多就业机会（李晓华，2019），数字经济发展还会通过产生新职业、新就业形势和促进个体创业等方式改变劳动力的市场需求，为劳动力市场提供大量就业机会，从而对就业总量具有正向影响（赵慧娟等，2021；张顺等，2022）。

在就业质量方面，数字经济发展对就业质量的影响是多渠道的。具体表现在：第一，数字经济发展对工作自主性与工作满意度的影响。互联网应用以及平台经济发展对就业环境做出极大调整：信息流通更有效率，提高市场主体的信息获取能力，提高信息搜寻效率，降低工作搜寻与匹配成本（王阳，2020）；数字经济发展带动零工经济的兴起，数字平台作为连接客户与劳动提供者的中介，能够打破传统雇佣关系，突破时间与空间的限制，降低了劳动者的就业门槛，使其工作内容、工作时间与工作地点变得更加灵活，能够充分发挥个人在工作过程中的主动性，这些新特征都改善了现有的就业环境，促进劳动者就业质量的提升（李敏等，2021）。第二，数字经济发展对劳动收入及收入分配的影响。部分学者认为数字经济发展对劳动收入的增长具有正向促进作用与普惠性特征，能够缩小劳动者之间的收入差距，并进一步完善收入分配机制（罗小芳等，2021）。但也有学者认为数字经济发展降低了初次分配中的劳动份额，由于高、低技能劳动力运用数字化知识和信息的能力不同，会导致收入分配向高技能、高学历的劳动者不断倾斜，不同群体间的收入差距更加明显（王林辉等，2020），且高技能劳动力在市场上供不应求，其技能溢价也会进一步拉大不同技能劳动力之间的收入差距（李丽等，2022）。第三，数字经济发展对劳动关系及劳动保障的影响。数字经济时代的灵活用工方式导致"去劳动关系化"趋势更加明显（胡磊，2019；任洲鸿等，2019），这加剧了工作的不稳定性。与此同时，平台经济下的劳动剥削属性并未改变，只是通过技术控制和剥削形式创新等方式，以更为隐蔽和智能的形式存在，比如：劳动过程的严格技术监控、劳动者平台依附性加强等，这也让劳动者在与平台博弈中处于更加弱势地位（张雪娇等，2021）。除此之外，平台劳动者权益保障缺失问题频频出现，新型用工关系脱离法律法规、社会控制等有效治理的态势十分明显（文军等，2021），数字劳动使人身依附关系与组织从属关系弱化，劳动关系的法律界定变得模糊，平台劳动者的社会保障不足，"劳无所依"问题亟待解决（岳经纶等，2021）。近年来学术界关于就业质量指标测度的研究取得了丰富成果，但数字经济发展对就业质量影响的微观证据相对缺乏。

2.4.7　数字经济对城乡收入差距的影响

随着数字化技术的迅猛发展，越来越多学者开始关注其对城乡收入差距所产生的影响，现有研究大致分为如下两种类型。第一种观点认为会减轻城乡收入差距。帕克（Parker，2011）指出美国农村发展面临的重要障碍是缺乏规模经济效应和距离问题，互联网的普及应用很大程度上能够破除障碍，平衡城乡间的发展。郑等（Zheng et al.，2022）指出互联网的使用能够显著提升农村居民的文化素养与知识储备，使农村人力资本水平提升。这有助于增加农村地区整体收入，降低与城市居民之间的收入差距。此外，卡恩等（Khan et al.，2022）也认为互联网技术能够重塑农村经济状况，促进农业产业升级与农民收入水平提升，进而缩小城乡收入差距。奥兰等（Ahvenniemi et al.，2017）认为信息技术的互联互通特性能增强产业间的关联性，从而提高农村整体收入水平，使城乡收入差距缩小。持第二种观点的人认为，数字化技术会加剧城乡收入差距。普里格（Prieger，2013）认为发展中国家在网络覆盖上存在明显的城乡差异，城镇居民相较于农村居民在就业方面拥有更大机遇，导致加剧城乡收入差距。从产业链视角出发，智能技术的发展会使高技能劳动者工资增长率显著高于低技能劳动者（Jackson M O，2019），而中国高技术人群大多集中于城镇，低技术人群大多集中于农村。苏等（Su et al.，2022）、王等（Wang et al.，2021）指出智能化技术使低技能劳动者失业率提升、工资水平下降，高低技能劳动者收入水平不断拉大。

2.5 数字经济促进高质量发展的机理研究

关于数字经济促进高质量发展的机理研究，已有文献主要从微观、中观和宏观三个层面展开。

一是微观机理，认为规模经济、范围经济、网络经济及长尾效应构成了数字经济的主要经济环境，颠覆了传统企业的盈利模式，边际递增效应和网络联动效应成为数字经济时代促进要素流动新的动力机制（Perez，2010；Cicerone，2020；杨新铭，2017；荆文君和孙宝文，2019；石良平等，2019；丁志帆，2020）。如今的大型公司已经由数字经济部门取代传统的大型石油、冶金、工程和采矿公司，如苹果、谷歌、微软、亚马逊等。现代通信与信息技术的应用降低了企业的经营成本，提高了企业的生产率，使现代企业接触到新思想、新技术、新管理和新商业模式，颠覆了传统企业的盈利模式，并创造了新的市场准入渠道，企业日后能将越来越依赖人工智能来完成基本的日常工作和更复杂的任务（Jorge Arbache，2018）。数字化从根本上改变了产品的本质、价值创造的过程，尤其是企业的竞争环境。基于网络中心观，企业可以通过积极塑造数字环境和在数字环境中连接不同企业来获得可持续性的竞争优势（Koch et al.，2017）。与此同时，由于产品和服务的数字化，企业能够跨越传统行业的边界整合资源，创新潜力也随之增加，进而促进企业竞争环境的改变与数字化生态系统的形成。经济数字化的优势还体现在能够自动控制大规模的经济和生产系统，并在不损失效率的情况下拥有几乎无限的扩张机会，有时还会由于规模效应带来额外的经济效益，这改善了微观层面的经济管理。此外，数字经济还将渗透到社会发展的各个方面，产生新的科学研究和突破，促进就业机会和经济增长，并改变了人们的生活方（Nelia Volkova et al.，2021）。数字经济还极大地促进了创新发展，其超连通性提高了消费者在设计和采用过程中的话语权，提高了他们对创新的获取，物联网和人工智能的产品或服务（如数字化互动平台）塑造了他们的生活方式。企业在数字经济中也在以不同的方式进行创新，通常利用新技术和大数据，使它们能够量化和细化从设计到创新分配的过程，即数字经济不仅导致了新型创新的出现，而且还导致了创新扩散方面的重大转变以及消费者如何参与到创新和新技术中（Sorescu et al.，2021）。尽管数字技术对改变社会和经济观念产生了巨大影响，但数字转型的诸多问题仍未得到充分重视。对于如何形成数字潜力以促进单个企业和地区的创新增长的问题关注较少，数字经济的制度方面仍然没有得到足够的重视，数字经济在现代经济关系统一概念中的作用没有得到恰当描述。

二是中观机理，认为数字经济"赋能效应"明显，以网络平台为核心的产业组织模式重构了市场结构和产业体系，带动了数字基础产业和其他产业的融合，通过数字产业化和产业数字化为经济增长培育新动能，产生"动能倍增效应"（Freeman，2002；李晓华，2018；郭晗，2020）。数字化促进产业提质增效，重塑产业分工协作新格局，提升了产品生产制造过程的自动化和智能化水平，降低了产品研发和制造成本，重塑了产业流程和决策机制。近年来，数字经济发展势头迅猛，其内涵不断拓展，与经济社会各行业深度融合，推动了一系列数字化转型，不断向产业结构转型过程中注入新技术、新模式、新商业基因，推动创新驱动的经济发展模式。数字经济和技术创新可以优化产业结构，加快发展绿色、清洁、智能产业链（Anser et al.，2020）。在生产端，数字技术能够促进生产要素的优化配置，强化上游的技术研发、中游的工程实现、下游的应用反馈等各个生产环节的协同度，以此来提高整体的运行效率。制造业数字化正成为整个经济数字化转型的引擎，新兴信息技术及其应用、共享经济、区块链技术、3D 打印和机器学习等在世界各地带来制造业创新的崛起（Sutherland et al.，2018）。在消费端，数字技术可以自动对接用户与生产端，提高供求匹配的质量与效率，同时可以进一步释放消费者潜力，实现经济高质量发展。数字经济跨时空交流的特性打破了原有交易市场的空间限制，并催生电子商务、B2B、B2C、P2P 以及多边商业模式，数字化技术的广泛应用使消费需求迸发出巨大的潜力，也借助于数据要素带动了相关产业发展（Swamy，2020）。数字经济还渗透到其他产业当中，推动产业链、价值链与供应链重塑，催生出一系列符合产业升级与消费升级的新业态，这种新兴业态加速了产业的融合与分工，有利于社会经济发展。平台经济是一个基于数字技术的日益全球化的生态系统，由数据驱动、开放平台支持和网络协调的经济活动组成，平台涉及各方频繁的互动，参与企业之间的激烈竞争，以及众多的业务流程、服务和技术创新（Codagnone et al.，2018）。数字平台的发展，如：匹配供需的交易平台、技术平台等极大地影响了许多领域的数字创新，不仅改变了医疗保健、金融行业、交通运输、软件开发等多个行业的格局，也为人力资本、创新等要素提供一种与实体经济相融合的更好方式，即数据要素与其他传统生产要素进行协同联动使作用发挥到极致，从而提升各企业的生产效率，推动经济稳步增长（Asadullah et al.，2018；Van der Aalst et al.，2019），数字平台已然成为一个重要的商业模式和许多领域的主要经济增长来源（Asadullah et al.，2018）。

三是宏观机理，数字经济通过新要素投入、新资源配置效率、新全要素生产率三条路径促进经济增长。数据要素改变了生产要素供给体系，突破了要素的稀缺性限制约束、结构性减速规律和边际成本递增规律，优化了资源配置，提升经济增长的数量和质量（Bridges and Florsheim，2008；Kaihatsu et al.，2019；洪银兴，2018；王娟，2019；何大安和许一帆，2020）。数字经济增长之所以重要，不仅是因为能够促进国民经济增长，也为改善低收入和中等收入国家人民的生活水平提供了一条可行的途径。此外，它们对劳动生产率增长尤其重要，数字经济增长已经并持续催生了新的职业、价值链以及新型就业生态：在美国，2013～2017 年 86% 的劳动生产率增长来自"数字生产行业"，这占 GDP 的 8.2%（Van Ark et al.，2016）。但是，数字技术的应用，尤其人工智能技术的应用，造成了失业率上升以及社会不平等问题的出现。在这种条件下，应采取完善政策法规、提高群体数字技能、完善统计监控体系、抓住新基础设施建设的机会，弥补劳动力缺口等措施来改善当前劳动力就业情况，积极促进国家劳动生产率的总体增长（Xia Tian et al.，2021）。在新冠肺炎疫情时期，在线教育、远程医疗、远程办公等新模式新业态快速发展，传统产业也在朝着数字化的方向发展，数字技术为多个领域提供新的工具和信息获取途径，而数字经济将继续凭借其无限的规模经济、范围经济和其他优势呈现指数增长，助力形成更加平等、包容、创新和充满活力的数字经济生态系统，促进经济社会的健康发展。数字经济在疫情期间发挥了宏观经济稳定器的作用，在一定程度上缓冲了疫情对线下经济的影响。电子商务对全要素生产率产生了显著的正面连锁反应（Sedik et al.，2019），技术进步为全球价值链发展注入了活力，也对现有的全球生产分工体系产生深刻影响，为欠发达国家和地区进入全球价值链、实现经济发展提供了途径（Rodrik，2018）。但在不同地区、不同人群之间，由于受教育程度不同、经济条件不同、外部环境不同、基础设施建设情况不同，仍然存在着难以跨越的"知识鸿沟"和"信息鸿沟"，且鸿沟仍存在扩大趋势。

2.6 数字经济助推高质量发展的路径研究

数字经济是推动高质量发展，实现质量变革、效率变革、动力变革的内生动力。已有文献对数字经济助推高质量发展的路径研究主要集中在以下四个方面：第一，不断提升数字基础设施服务的质量和效率加强基础技术和共性技术研发，为数字经济时代的高质量发展提供创新支撑和技术保障，培育平台型企业，加速形成富有吸引力和竞争力的数字经济生态圈（江小涓，2017；任保平和宋文月，2019；刘淑春，2019；童锋，2020）。第二，打造数字经济全产业链，形成多元化的数字产业生态体系，加快产业转型与升级，实现产业间的供给平衡，进一步延伸数字产业链，培育具有世界竞争力和影响力的数字产业集群（杨蕙馨等，2016；钞小静和薛志欣，2020）。同时，应深化数字经济国际合作，构建全球数字贸易网，共建网络空间命运共同体（夏杰长，2018）。第三，将数字经济核心技术融入替代传统技术形成新兴产业，推动实体经济向数字化和智能化转型，促进产业提质增效（罗以洪，2019；王璐瑶等，2020）。第四，加快完善数据保障制度，确保数据资源有效安全地流通，对促进效率变革、实现高质量发展意义重大（张鸿等，2019）。

我国数字经济发展迅速，为推动新旧动能转换注入活力。已有文献主要关注我国数字经济发展现状、问题及改进措施等方面。一是我国数字经济发展有一定产业基础，信息基础设施建设日臻完善，电子商务蓬勃发展，大数据建设与数据开放持续深入（廉凯，2019；代玲玲等，2020）。二是数字经济存在数字产业规模落后、创新相对缺乏、实体经济融合程度不高、竞争优势不明显等问题（刘金旺，2020；宋伟丽，2020）。三是针对我国数字经济发展困境，政府应发挥好引领作用，构建"管运分离"的"数字政府"建设管理新体制；大力培育前沿新兴产业，推动智能制造升级发展，发展高效数字经济；大力推进数字金融的发展，应用区块链技术，实现线上线下相融合，创造普惠金融；引导并支持校企合作，实现产教深度融合，落实发展数字经济战略（周衍鲁，2019；吴梦涵，2018；刘金旺，2020；杨曼等，2019）。

2.7　小　　结

已有研究为本书奠定了良好基础，但仍存在一定的局限性和开拓空间：一是缺乏一个完整的分析框架，数字经济发展的时间较短，相关理论发展尚不成熟，已有研究呈现碎片化，故理论框架需进一步建立和完善。二是从"需求侧"和"供给侧"双重视角分析数字经济对经济高质量发展的影响机理的研究不足，且数字经济赋能经济高质量发展的实证研究相对匮乏。三是有针对性地推进策略与实现路径研究不足。已有相关研究多侧重理论层面的机制分析，建立在实证分析基础上有针对性的推进策略与实现路径鲜见，无法满足政府决策和经济社会发展的新需求。本书拟在厘清数字经济赋能高质量发展机理的基础上，构建"基于需求侧和供给侧双重视角"的分析框架，实证检验数字经济影响经济高质量发展的程度和空间溢出效应，并进行时空差异分析和预测，评估我国推进数字经济发展的政策效果，最后有针对性地提出我国数字经济赋能高质量发展的推进策略和实现路径。

第3章　相关概念界定与理论基础

3.1　数字经济的界定与特性

3.1.1　数字经济的界定

"数字经济"一词最早出现于20世纪90年代，在此之后，数字经济逐渐成为学术界研究的热点话题。在数字经济这个经济系统当中，数字技术的广泛使用带来了经济环境与生活工作环境的彻底改变，并且数字经济目前一直处于不断的发展进化当中，对于数字经济的内涵与外延也逐渐在深化。2016年9月在G20杭州峰会上，与会国领导人共同发起《二十国集团数字经济发展与合作倡议》，倡议中指出："数字经济是指以使用数字化的知识与信息作为关键生产要素，以现代信息网络作为重要载体，以信息通信技术的有效使用作为效率提升和经济结构优化的重要推动力量的一系列经济活动。"2020年发布的《中国数字经济发展与就业白皮书（2020年）》中指出："数字经济是以数字化的知识与信息作为关键生产要素，以数字技术为核心力量，以现代信息网络为重要载体，通过数字技术与实体经济深度融合，不断提高经济社会的数字化、网络化、智能化水平，加速重构经济发展与治理模式的新型经济形态。"《二十国集团数字经济发展与合作倡议》指出，数字经济是将数字化信息和知识作为生产的核心要素、现代信息网络作为重要的活动空间，信息通信技术作为驱动生产率增长和经济结构优化重要动力的经济活动。信息技术的普及与应用使数字经济几乎覆盖整个经济社会的消费与生产领域，在消费端，数字经济以线上交易代替了传统的面对面交易；在生产端，数字经济促进了生产性、消费性服务业的整体就业规模，智能制造、数字金融覆盖了社会经济的各个方面，平台企业、远程线上教育、线上医疗等得到了很好的发展机会（唐要家，2020）。数字技术作为一种通用型技术已经渗透到社会的各个方面当中，在生产过程中，数字技术可以应用到提升劳动、资本、技能要素的匹配度上，强化上游的技术研发、中游的工程实现、下游的应用反馈等各个生产环节的协同度，以此来提高整体的运行效率。在消费端，数字技术可以自动对接用户消费习惯与生产端，完成供需智能匹配，极大提高了资源匹配效率，同时可以进一步释放消费者潜力，使经济实现高质量发展（郭朝先，2021）。裴长洪（2018）从生产过程的角度界定数字经济，认为数字经济强调数据信息及其传送是一种决定生产率的技术手段，是一种先进生产力的代表，它可以渗透到工农业、服务业的生产过程中，并且可以和其他的技术手段同时发挥效用。当今所处的以智能技术、云计算为典型代表的数字经济时代，新兴技术对于生产的影响更多地体现在"赋能效应"上面，使企业精准制造的能力大幅提升，但是，每一次的技术创新都会伴随着对部分行业的冲击，智能化的发展对于劳动密集型产业产生了挤出效应，新兴产业代替了部分传统产业，一些具备高级技能的劳动者替代了部分低技能劳动者，数字经济的这种替代效应在不断发挥作用的同时也会对经济发展起到一定的支撑性作用。数字技术的发展一方面会对一些低技能劳动产生替代作用，另一方面其发展也会创造出新的工作需要，一些技术性更强、需大量脑力活动的工作被创造出来，社会的生产效率也得到大幅度提升。同时，数字经济的快速发展使生产成本降低、生产率提升，从而导致生产规模扩大，这将会加大对于劳动力的需求数量，在一定程度上起到了扩大就业的作用，对于经济高质量发展起到了一定的正向促进作用。

3.1.2 数字经济的特征

数字经济与传统经济的区别在于：地理位置的无关性；平台发挥的关键作用；网络效应的重要性；大数据的使用等（Valenduc et al.，2016）。其本质是一种具有低成本、高渗透性的新型经济形态或技术范式，是科技水平和经济发展到一定阶段的产物，其特征主要表现为以下几点：

（1）规模经济。数字经济时代，平台企业会通过网络外部性来实现规模经济，而网络的外部性往往都是正的，并且梅特卡夫准则认为，网络的价值会以用户数量的平方速度增长。当用户超过某一个临界点以后，网络价值则呈现出爆发式的增长。这也被认为是"传真效应"，即在网络经济中，东西越充足，价值就越大。所以，数字经济时代所追求的规模经济是通过扩大网络用户规模，提高平均利润进而实现收益的最大化。

（2）范围经济。范围经济是指由厂商的范围而非规模带来的经济，即当同时生产两种产品的费用低于分别生产每种产品所需要的成本的总和时，所存在的状况就被称作范围经济，只要把两种或者更多的产品合并在一起生产比分开来生产的成本更低，那么就会存在范围经济。传统的范围经济是基于不同产品在生产、销售等方面的相关性实现，这直接关系到范围经济的实现程度。数字经济时代，数字化企业实现范围经济的条件由原先的产品的相关性转向基于用户数量的规模经济。

（3）网络经济。网络经济是一种建立在计算机网络基础上，以现代信息技术为核心的生产、分配、交换和消费的经济关系。它不仅是指以计算机为核心的信息技术产业的兴起和快速增长，也包括以现代计算机技术为基础的整个高新技术产业的崛起和迅猛发展，更包括由于高新技术的推广和运用所引起的传统产业、传统经济部门的深刻的革命性变化和飞跃性发展。传统的经济形态中，实行以全体顾客为服务对象的大批量生产、大众化销售方式，在网络经济中则出现了"柔性生产"，通过互联网的信息传递，生产者会了解到消费者的消费喜好，借助于大数据、网络，针对个人的需要，提出低运行成本、高生产质量的产品和服务。

（4）效率性。数字技术的发展，降低了数据的存储、计算和传输成本，数字技术在经济活动的应用能够降低搜索成本、复制成本、运输成本、跟踪成本和验证成本，进而提高经济活动效益（Avi Goldfarb et al.，2019）。

（5）连接性。通过无线通信连接资产、供应商、工人和利益相关者，使人们能够做出数据驱动的决策，从而提高整个企业的安全性、效率和可见性。

（6）可持续性。数字经济大幅减少传统工业生产对有形资源与能源的过度消耗，实现经济社会的可持续发展。

（7）融合性。数字技术的快速发展模糊了市场边界，各产业之间出现相互融合、协同发展的态势（Mohammed，2019）。

（8）无接触性。数字经济背景下，人们的经济活动不再通过物理连接，而是通过代码与数据进行连接，因此，数字经济是以高效利用数字技术为核心生产力，以人与人之间的非接触关系为特征的经济形式（Xia Tian et al.，2021）。

中国数字经济规模及占 GDP 比重，如图 3 - 1 所示。

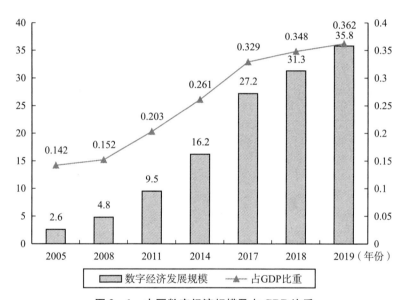

图 3 - 1　中国数字经济规模及占 GDP 比重

资料来源：《中国数字经济发展白皮书（2020 年）》。

3.2　高质量发展及相关概念的界定

3.2.1　经济高质量发展

刘培林（2021）认为，高质量发展的内涵包含三个方面：高效、包容与可持续。高效是让蛋糕能够以潜在的最高速度持续地做大，从静态看是配置效率最优，从动态看则是经济增长速度达到潜在的最高水平。包容就是合理地分配蛋糕。可持续就是生态环境要友好，有些学者将生态环境（包括能源、自然资源、排放空间）作为一种要素纳入生产函数。高质量发展作为中国经济发展的最新指向，意味着经济发展不再单纯追求数量上的增长而是转向追求质量上的提升。因此，深刻理解经济高质量发展的内涵具有重要现实意义。一方面，从宏微观视角看，在微观层面上，经济高质量发展就是一个经济体通过技术创新转换动力发展机制，实现资源要素的高效配置，最终完成产品或服务在质量上的变革；在宏观层面上，经济高质量发展不仅包括经济方面的发展高质量，还包括社会、政治、文化和生态等多方面的发展。另一方面，从供给端视角来看，高质量发展具体表现在四个方面：一是针对新时期社会主要矛盾，高质量发展是能够满足人民日益增长的美好生活需要的发展；二是体现新发展理念，高质量发展是坚持创新、协调、绿色、开放、共享发展要求的前提条件；三是反映资源有效配置的要求，高质量发展是有效配置资源、高质量的投入产出比的发展；四是反映了宏观稳定的要求，高质量发展是经济增长处于宏观合理区间的发展。

3.2.2　全要素生产率

全要素生产率是指"生产活动在一定时间内的效率"，是衡量单位总投入的总产量的生产率指标，即总产量与全部要素投入量之比。全要素生产率的增长率常常被视为科技进步的指标，通常被称为"技术进步率"，它的来源包括技术进步、组织创新、专业化和生产创新等。产出增长率超出要素投入增长率的部分为全要素生产率（TFP）。全要素生产率一般的含义为资源（包括人力、物力、财力）开发利用的效率。从经济增长的角度来说，生产率与资本、劳动等要素投入都贡献于经济的增长。从效率角度考察，生产率等同于一定时间内国民经济中产出与各种资源要素总投入的比值。从本质上讲，它反映的则是各国家（地区）在一定时期里为了摆脱贫困、落后和发展经济表现出来的能力和努力程度，是技术进步对经济发展作用的综合反映。全要素生产率是用来衡量生产效率的指标，它有三个来源：一是效率的改善；二是技术进步；三是规模效应。在计算上它是除去劳动、资本、土地等要素投入之后的"余值"，由于"余值"还包括没有识别带来增长的因素和概念上的差异以及度量上的误差，它只能相对衡量效益改善技术进步的程度，即去除所有有形生产要素以外的纯技术进步的生产率的增长。所以，全要素生产率是总产出当中扣除各个单要素的组合贡献后的余额。

2001～2020 年全国 TFP 与 TFP 增长率变化情况，如图 3－2 所示。

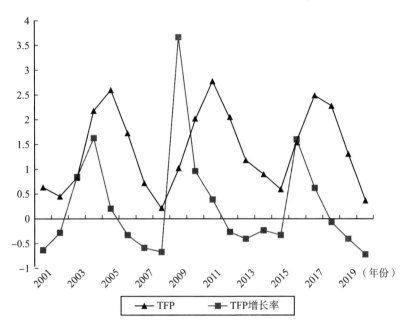

图 3－2　2001～2020 年全国 TFP 与 TFP 增长率变化情况

3.2.3　产业结构

产业结构这一概念最早见于 20 世纪 40 年代，其具体内涵表现为各产业的构成及各产业之间的联系和比例关系。在经济发展过程中，因为分工越来越精细，从而产生愈来愈多的生产组织部门，不同生产部门之间由于受到各种因素的影响与制约从而会在增速、就业规模、所占经济总量比重、对经济发展的推动作用等方面显示出较大的差异。综上而言，在一个经济体当中，在每个经济发展阶段、发展时点，构成国民经济的产业部门也大不相同，各产业部门构成及其相互间的联系与比例关系也大不相同，所以，将产业构成、各产业间的相互联系这种结构特征称之为产业结构。

随着我国经济的不断发展，三大产业结构也不断优化。但与其他发达国家相比，我国第三产业发展仍有一定差距。产业结构不合理会阻碍经济转型和高质量发展，而当前我国整体产业结构仍存在一定问题。例如，第一产业结构单一，科技含量偏低；第二产业仍存在一定程度的升级滞缓、供需不匹配问题，产能结构性过剩和关键技术对外依赖度高等问题亟待解决；第三产业发展相对滞后，尚存在结构性错配等问题。目前，我国经济发展面临诸多挑战，经济发展正从追求数量转向追求质量、从重规模转为重效益，结合产能结构性过剩、资源消耗强度大、环境问题凸显等问题，产业结构优化升级成为解决种种矛盾和问题的关键。以云计算、大数据、物联网、人工智能、区块链和5G等为代表的数字技术正在迅速发展，且数字技术正与实体经济等逐渐融合，催生了数字经济相关产业，形成了数字产业化和产业数字化发展趋势。数字经济相关产业与各产业跨界融合引发的新产业变革，对产业效率提升和新产业的拓展起到重要作用，给产业结构优化升级带来新的机遇，成为经济转型升级的新动力。2013～2018年全国产业结构高级化与产业结构合理化指数以及全国三大产业占GDP比重，如图3-3和图3-4所示。

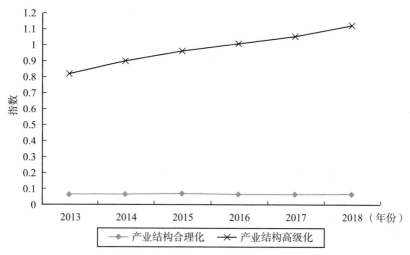

图3-3　2013～2018年全国产业结构高级化与产业结构合理化指数

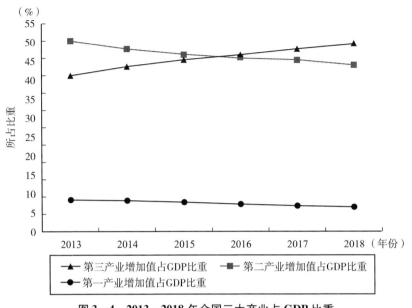

图 3 – 4　2013 ～ 2018 年全国三大产业占 GDP 比重

3.2.4　资源配置

　　资源配置是指对相对稀缺的资源在各种不同用途上加以比较做出的选择。资源是指社会经济活动中人力、物力和财力的总和，是社会经济发展的基本物质条件。在社会经济发展的一定阶段上，相对于人们的需求而言，资源总是表现出相对的稀缺性，从而要求人们对有限的、相对稀缺的资源进行合理配置，以便用最少的资源耗费，生产出最适用的商品和劳务，获取最佳的效益。资源配置合理与否，对一个国家或地区经济发展的成败有着极其重要的影响。

3.3　数字经济与高质量发展的相关理论基础

3.3.1　数字经济影响经济配置效率的相关理论

　　分别从要素流动效应、协调集聚效应和产业升级效应分析数字经济影响经济配置效率的理论机制。

1. 要素流动效应

数字经济将烦琐的数据转化成有用的交易信息，实现了要素共享和精准匹配，提升了信息的透明度，减少了要素错配，降低了交易成本，从而提升了区域科技资源配置效率。2020 年 3 月 30 日，中共中央、国务院印发了《关于构建更加完善的要素市场化配置体制机制的意见》，首次明确指出，数据要素是与土地、劳动力、资本和技术等四大传统要素并列的、可以参与分配的基本生产要素。这意味着，随着我国社会经济各领域数字化转型的全面推进，数据已逐渐成为能够类比土地和能源的基础性战略资源，数据要素对其他要素生产效率和人均产出的影响正开始凸显，加快释放"数字红利"不仅有利于我国实现经济高质量发展，更有助于中国在新一轮国际分工中率先占领价值链的制高点。

2. 数据要素倍增效应

数据要素可以通过与其他要素相结合发挥效用从而使整体效应大于部分效应之和，实现全要素增长率的几何式增长。当前，正处于高质量发展和新旧动能转换的关键期，以数据为关键要素的数字经济将成为我国经济发展新增长点。数据要素作为信息化社会的基础资源和核心资产，将进一步发挥其对生产效率提升的倍增效应，助力经济高质量发展。

唐要家等（2020）指出数据作为数字经济发展的第一要素，本身就具备着非竞争性与零边际成本的特性，其非竞争性意味着数据可以被多人同时使用，而这种开放共享并不会导致原有的数据使用者从中获得的价值降低，反而会使数据得到重复利用，从而对数据价值得到最大限度的开发，创造出更大的社会价值。数据要素能够产生规模效应递增，对于数据的积累与应用可以对经济发展产生积极促进作用，而数据要素与其他要素的整合也可以实现经济可持续增长（Romer，1990）。其零边际成本意味着对于同一数据要素的重复利用并不会使成本增加，但是其价值创造将会递增，所以人们对于同一数据的重复使用不会对资源造成过度损耗，并且在零边际成本的情况下，所有主体均可以接入数据，那么将会避免出现传统要素资源所面临的稀缺性困境。综上而言，零边际成本使更多人在使用数据要素的过程中会在不增加成本的同时更多地增加产品供应与社会总福利水平。数据要素倍增效应，如图3-5所示。

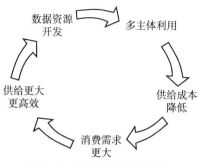

图3-5　数据要素倍增效应

3. 协调性集聚效应

克鲁格曼（Krugman，1991）通过构建用以解释经济活动空间集聚现象的"中心—外围"理论得出结论，认为区域间运输成本比较低而要素流动比较快时，经济系统的力量要大于分散的力量。这意味着后发地区内部要素流动成本比先发地区内部要素流动成本高时，要素会流往先发地区，但是，要素在流入先发地区并形成集聚的同时会对后发区域产生正向影响效应：其一在于要素的流入在对先发地区产生一系列较高收益之后会对后发地区产生一种正向反馈；其二在于部分要素的流出会给未流出要素的边际生产力带来显著的提升效应；其三在于剩下的未流出的要素会因为寻求发展机会而产生一种集聚效应。以上三种正向影响效应若能够使后发地区所获收益高于要素流动前时所获的收益，那么即为"协调性集聚效应"。要素集聚是进一步优化空间配置和提高生产效率的关键。要素流动在地理空间上的优化配置提高了劳动生产率，实现科技资源供需双方的精准匹配。协调性集聚的实质是要素流动与集聚有利于提高后发区域的要素收益率。通过协调性集聚效应，有助于数字经济提升后发区域的科技资源配置效率。协调性集聚效应在促进欠发达地区经济发展时主要表现为两个方面，一方面，欠发达地区与发达地区之间存在的故有差距使得欠发达地区要通过与发达地区所不同的方式来达到更佳的发展水平，这种经过权衡后的发展方式往往更容易使欠发达地区实现经济上的超越；另一方面，协调性集聚意味着不同地区的人均收入并不是会同时达到某一个特定水平，而是先要经过一个扩大差距的过程，此后再逐渐收敛差距，在集聚的过程中逐渐实现人均收入水平的趋同。综上所述，协调性集聚效应能够同时提高要素流入地区与要素流出地区的经济发展水平。

4. 产业结构效应

产业结构效应是指产业结构及其变化对经济发展产生影响的方式与效果。数字经济是以数据要素作为核心要素，这种新的生产要素能够通过其特有的流动性、渗透性、协同性特征以及跨时空传播特性打破空间上存在的发展约束，对于优化资源配置效率、提升经济效率等都会产生巨大的影响。数字经济发展推动传统产业生产方式变革与重组，将数据要素作为新的要素投入并且通过与传统产业相融合进而改变市场原有的要素结构，通过数字化技术促进产业结构的转型升级，同时也促进市场资源进行重新配置。除此之外，数字化技术应用也为市场配置资源提供了新的机制，数据要素凭借着其跨区域传播的特点在很大程度上弱化了实体产业的边界，从而通过推动产业链垂直解构与价值链分解从而带动产业融合发展，为各行各业实现资源共享与生产效率提升提供了更加便捷的发展条件。另外，数据要素产生的乘数倍增效应，降低了产品的内在生产成本，同时也更好地整合了信息资源，更加合理地引导各项生产要素向高成长性与发展前景好的技术密集型产业流动，促进了产业结构的调整升级，使资源错配的风险明显降低，优化了产业间的资源配置。

3.3.2 数字经济影响全要素生产率的相关理论

全要素生产率提升主要体现在技术进步和效率改进两个方面，而人类历史中每次通用技术革新都显著推动了以上两方面的跨越式发展。当前，数字经济作为通用技术的新形态，不仅发展迅速且与各行各业深度融合，正逐渐成为经济高质量发展的新动能、新推力，深刻改变甚至重塑既有的经济活动和发展方式，为实现环境友好和可持续性发展提供了新路径。然而，我国总体上尚未摆脱高投入、高耗能、高排放的发展模式，我国政府正在通过数字经济和环境规制提升绿色全要素生产率的意愿和动力，以期促进我国各地区全要素生产率的提升。但又存在着明显的策略博弈和模仿行为，制约了两者效能的释放。

　　内生增长理论是指经济增长不依靠外力来推动实现，而内生的技术进步则是保证经济持续健康增长的重要决定因素。1986 年，罗默以新产品研发为出发点创建了产品种类扩大型内生经济增长模型。内生增长理论在 20 世纪 90 年代所产生的一个重要进展就是新熊彼特主义的复兴，在熊彼特的经济增长范式中，创新被描述为创造性破坏过程，其核心理念为：创新和知识传播是增长过程的核心，技术进步是长期持续增长的必要条件；创新来自受潜在回报激励的企业家的投资决策；层出不穷的创新"破坏"了过往创新的价值，因而创新是新旧力量斗争的过程。由此可见，科技创新与经济增长在理论上是相互融合的，创造性破坏力即是经济发展的动力。相较于创新，创造性破坏更能进一步说明经济增长及社会动态变化。创新是在对此前技术或产品的破坏基础上形成的，新旧更替是社会变化的根本特征，而用创造性破坏更能描述社会动态变化的更替过程。创新强调的是"新"，而创造性破坏进一步强调对"旧"的破坏过程。可以认为，创造性破坏是社会发展的动力，本质上是竞争替代机制，能够更恰当地描述长期经济发展的动态过程。

　　首先，长期的经济增长更多的是通过技术质量和层级的不断提升实现的，更高层级的技术替代原有层级的技术，从而带来更高的效率与产出，由此形成更快且可持续的经济增长，实现高质量发展。人类历史上，更多的技术进步是由于技术的不断改进和质量提升所致，比如信息技术从 4G 到 5G 实现了技术上的竞争替代。更高效率的信息通信技术实现了更便捷的信息传导方式，显著提高了通信效率。信息通信行业的发展带动了经济更大程度的发展。当前，快速发展的数字经济改变了日常生活及经济社会的各个层面，数字经济的快速发展得益于信息技术的质量（层级与速度）不断提升及其更广泛的应用。技术进步往往不是全新的，更多的是在原有技术基础上的改进和提高，而质量的不断提升通常是技术进步的主要形式，经济社会也因为先进技术的不断提升而快速发展。当然，不可否认，也有一些技术是全新的，由此增加了产品的种类，这种产品多样化也能够带来经济增长，不过相比而言，更多的经济增长及创新应该是基于原有产品质量的改进实现的。

　　其次，从技术与经济增长理论层面看，质量提升的创造性破坏模型可以刻画长期经济增长，构筑高质量发展的理论。事实上，发展理论及发展经济学一直存在着空泛困境，需要构筑恰当的理论支撑。在高质量发展论述中，也存在着类似的理论困境：将更多的问题纳入其中，虽然可以扩大解释面，但往往陷入泛泛而谈的局面。因此，寻找恰当的理论支撑将有助于深入研究问题，而经济增长理论模型中，以创造性破坏为特征的内生增长模型可以将技术的质量与增长速度关联起来，从而更有效地阐释高质量发展理论。一般可以将技术进步分为两种方式：新的产品（种类）、更高质量和层级的技术。前者是以种类扩大为形式的创新，能够带来更多的新产品和更高的产出；后者是以质量提升为形式的创新，能够带来更高质量的新技术，以及更高的效率和产出水平。在创造性破坏为特征的增长模型中——熊彼特式增长理论，质量提升的程度直接决定着长期经济增长速度，更强的创造性破坏意味着更大程度的质量提升与创新程度，由此带来更高的增长速度。换句话说，技术层级越高，颠覆性破坏程度越大，增长速度越快。突破性的技术能够带来更大的发展空间，同时，更高频率的破坏与替代也会带来整体上更高的经济增长速度。

创造性破坏蕴含的是一种创新与竞争替代的机制。如果说以更高质量的技术替代既有技术，如果说以更高质量的技术替代既有技术，创新描述的是一种直接的技术进步，而技术替代就可以更一般性地描述经济发展的过程。客观地看，更高质量的技术进步及更高质量的发展，事实上是残酷而有代价的：竞争替代过程中，总存在着被破坏的一面。由于更高质量的技术得以研发成功并投入使用，较低层级质量的技术就不再具有竞争力，从而丧失此前拥有的垄断定价能力，逐渐失去原有市场。对应的产品、企业及企业家等都会由于市场的丧失而被动改变生存方式。如，机器设备替代人工，汽车替代马车，未来机器人替代劳动力。但正是这种更高质量的替代，使技术水平不断提高，经济更快发展。从增长的速度看，一旦创造性破坏的程度下降，企业研发的力度下降，技术进步速度就会随之放缓，经济发展的动力就会相应下降。"循环流转"局面主要出现在对既有技术进行各种程度的垄断和保护时，对潜在的进入者和市场竞争进行限制，保护既有市场及垄断利益，这些都会降低经济增长空间。对既有技术的突破及对各种阻力的突围，都意味着资源得到了更有效的利用，市场变得更大，发展空间加大，经济社会获得更好的发展。

经济持续稳定增长是社会居民福利提高的基本保障，也是一国综合实力的体现，因而追求稳定的经济增长是经济主体的长期目标。高质量发展的核心是能够获得持续的经济增长动力，不再以资源等要素的不断投入为形式进行规模扩张，更多的是通过技术的不断创新获得持续的内生动力，从而实现长期稳定的经济增长。从经济增长的驱动力看，一国经济处于较低发展水平时，往往会选择通过要素扩张或引进技术等手段推动经济高速增长。从理论层面看，早期的经济增长理论更多关注资本和劳动等要素的投入，但得到的主要结论普遍是要素的增加只能带来短期的产出效益，实现一次性的总产出提高，但不会带来持续的经济增速变化。我国早期过度强调资本积累及节制消费，力图通过资本的积累实现快速工业化，但事实证实，这种导向使消费被压制，工业化的效果并不好，经济社会并没有走上快速增长的轨道。这在发展经济学及政策实践中得到了广泛印证：提高资本积累和储蓄率并不能真正使发展中国家获得真正的发展；相反，过高的储蓄率可能导致低消费，更加不可能带来真正的经济增长。因此，无论是在经济增长的实践和政策层面，还是在经济增长理论中，最为重要和持续的要素——技术进步才是提升经济增速的关键。技术的特点是不存在边际递减规律，更高的技术水平能够带来更高的产出。从本质上看，创新没有止境，技术进步不断推进，不存在数量上的限制。相反，随着经济的发展，各种新技术得以研发应用，不断改进各生产环节，降低了生产成本，提高了生产效率，由此实现了更高的经济增长速度。

3.3.3　数字经济赋能高质量发展的相关理论

1. 平台赋能

数字经济本身也包括平台经济，可以通过劳动与资源赋能来发挥平台的效应来促进经济的发展。在劳动赋能方面，劳动者可以通过平台直接与生产者、消费者进行互动，从而可以直接对接生产与消费需求，实现供给与需求的动态匹配，这有助于提高劳动效率，提高经济发展质量。同时，平台企业可以通过使用互联网、商业平台等通信技术来提升劳动者的知识与技能，也可以通过平台获取更多的高技能劳动者，从而提升了企业的生产力，这同样属于平台赋能的一种方式。

2. 网络赋能

数字经济赋能经济高质量发展离不开网络的扶持，当今时代网络技术已经深入到了经济社会的方方面面当中，网络作为传递信息的载体，一方面，数字经济通过网络的赋能效应形成"放大效果"，基于此可以产生强大的规模效应，随着规模扩大，生产成本与经营费用都得到显著降低，从中可以产生一种成本优势，导致经济效益呈现递增的发展水平；另一方面，数字经济可以以平台为载体，借助于数据要素的传播显著缩短各项流程，从而能够减少时间浪费，降低时间成本与经营成本，达到优化经济系统管理流程的效果；最后，数字经济通过网络赋能形成"蒲公英效应"，数字经济的快速发展可以加快上中下游产业链的产业集聚效果，这种产业集聚效应在一定程度上也会对社会的经济健康发展起到有利的作用。

3. 技术赋能

当前阶段信息技术发展迅速，在生产生活、经济发展等方面数字技术越来越扮演重要的角色，随着数字技术的广泛应用，越来越多的领域享受到了其发展红利，而数字技术的这种赋能方式一般被称为技术赋能，技术赋能包括两种方式，一种是封闭式技术赋能，另一种是开放式技术赋能（孔海东，2019）。所谓封闭式技术赋能是指企业之间或者是供应链之间等与企业直接相关的组织之间的协同发展，以此达到降低成本、提高效率的目的；开放式技术赋能主要是指通过利用互联网、人工智能化技术达到不同企业、行业之间的跨边界、跨时空协同，从而达到各个企业、行业之间的互利共赢。我国拥有 39 个工业大类，是世界上唯一拥有联合国产业分类中全部工业门类的国家，在确定性网络的基础上积极加快科技成果的转化步伐，目前已经打造了"确定性网络 + 智慧矿山、确定性网络 + 智慧矿井、确定性网络 + 超算算力共享、确定性网络 + 数字孪生、确定性网络 + 远程手术、确定性网络 + 协同制造"等一批典型应用场景。未来，这些应用场景将整合设计、生产、供应链和销售服务等资源，实现全产业链、全价值链的动态优化配置，大幅提升产业链、供应链的发展水平，实现生产智能控制和运营智慧管理，支撑智能制造和产业升级。

以 5G 技术、人工智能、工业互联网等为代表的数字技术赋能可以提升社会各行业的运营效率。比如数字技术的发展在部分行业可以取代传统的人工，伴随着智能技术、大数据的广泛应用，企业在进行生产活动的过程中可以实现精细化、高端化，并且可以在很大程度上提升企业的效率水平，节约时间与成本，促进管理流程的优化。比如在制造业方面，随着互联网的普及度越来越高，传统产业随着信息化程度的提高逐渐与数字技术相融合，生产模式由原先的一条生产线多人生产逐渐向一人操作多条生产线转变，这在很大程度上提高了生产的标准化，使生产效率得到很好的发挥，同时也使生产质量得到更大程度的提高，使消费者的需求得到满足。

4. 融合赋能

数字经济对高质量发展的融合赋能体现在可以有效地激发经济增长潜能、加快推动新旧动能转换，以此实现经济的高质量发展。具体表现在"数字产业化"与"产业数字化"两个方面，数字产业化与产业数字化可以重塑生产力，而生产力作为人类创造财富的能力，是经济社会发展的动力基础。数字产业化与产业数字化的飞速发展可以重塑社会经济状态。数字产业化代表最新一代的信息技术的发展方向，随着科技创新的能力越来越强，新的软件和算法陆续出现，不断加速新型数字产业体系的形成。而产业数字化则推动实体产业与数字经济相融合，使实体经济发生深刻的变革，新一代信息技术与实体经济广泛深度融合，使智能化的生产方式得到广泛应用，数字经济兴起，新技术、新产业、新业态得到快速发展，产业转型升级、经济得到高质量发展，整个社会迎来新的增长动能。

47

第4章 机理分析与命题提出

　　数字经济所具有的开放性、融合性和高渗透性特征，将有效打破时间和空间的约束，进一步促进资源在生产过程中的有效配置，不断优化经济结构和产业结构，成为推动高质量发展的引擎。数字经济创造的需求导向创新将带来供应链上下游的协同创新，并通过前后向关联效应提升区域整体创新能力，最终带动地区经济发展质量的整体提升。数字技术的广泛应用和融合创新增强了生产要素之间的协同性，扩展了产业链的分工边界，从而加速了传统产业的转型，从而实现产业结构优化升级。同时，产业结构的数字化升级加快了生产要素的整合，提高了各产业间的资源分配效率，减少了因信息不对称形成的浪费，促进经济向绿色、低碳、可持续的方向发展。高素质的劳动力是推动高质量发展的重要因素，数字技术的应用创造出了一系列新的就业岗位，新兴技术的出现不断优化就业结构，使具备高级知识与技能的劳动力越来越受到重视，长期发展下去将会促使劳动力素质的全面提升，对于就业高质量发展也具有重要意义。城乡发展不均衡作为阻碍经济发展的重要因素，数字经济通过弥合城乡发展差距来为高质量发展赋能。

4.1　数字经济对区域创新能力的影响机理分析

　　区域创新能力是将特定区域的创新资源进行创造性地集成之后，以高校为主体的知识创新系统和企业为主导的技术创新系统相互作用，将创新投入转换成新技术、新产品的能力。数字经济因其具有资源跨时空共享、规模经济等诸多优势，有效打破了区域创新体系之间的空间壁垒。数字经济正日益成为推动区域创新能力提升的重要因素（霍丽等，

2020）。同时，考虑到互联网的"梅特卡夫定律"（赵涛等，2020），本部分将从数字经济对区域创新能力的影响机制、非线性传导机制和空间溢出效应三个方面分析并提出相关命题。

4.1.1　数字经济对区域创新能力的作用机制

数字经济通过推动企业创新、商业模式创新、技术创新，为区域创新持续赋能。对于企业层面，数字经济可以通过提高资源配置效率、节约创新成本和转变思维方式等途径为企业创新提供更多便利。首先，数字平台依靠互联网和大数据，使得企业实现了生产要素的网络化配置，平台快速匹配创新活动的供需方，资源对接用时更短、更轻简，在降低要素交易成本的同时提高了生产要素的可获得性。其次，在网络外部性条件下，平台型企业呈现出边际收益递增特征，知识、技术等可积累的生产要素能以零边际成本进行获取和传递。另外，数字经济的连通性和共享性特征能方便有效地连接不同创新主体，不仅有助于提高信息透明度，降低信息传递的时滞性与不对称性，从而减少企业获取信息的成本，而且还能推动企业管理结构"扁平化"，这种开放式的治理模式能够激发创新主体参与企业创新的积极性，降低企业的治理成本（王金杰等，2018）。最后，数字经济的应用在一定程度上破除了原有的行业壁垒，平台上诸多产品相似的企业必须在技术、产品等方面持续创新，进而满足市场与用户需求，不断提高用户黏性。

数字经济通过整合创新要素、重塑用户行为等方式驱动着新商业模式的发展，进而提高区域创新能力。一方面，数字经济所具有的开放性特征使得商业网络更加开放，获取知识资源的途径更加多元化，从而促使更多的技术机会被开发利用。同时，数字平台将传统的实体经济和虚拟经济相融合，整合了线上线下资源，丰富了销售渠道和销售手段，进而实现对分散资源的优化重组，推动产业效益网络化（王磊等，2020）。另一方面，根据长尾理论，以互联网为载体的数字经济能够打破空间限制，实现资源共享。这意味着数字经济的商业逻辑由抢占空间资源转变为抢占时间资源，交易渠道由传统实体交易转变为网络交易，具有兴趣化、个性化以及共同消费偏好的用户也将在平台汇集。因此在数字经济驱动的商业模式下，用户行为被进一步重塑，用户的差异化需求导致价值创造的个性化和不可复制性将越来越明显，自主创新对于提升价值创造能力越来越重要。

技术创新是区域创新的重要组成部分。在数字经济背景下，新商业模式使得企业创新方式更加多元化与开放化，从而推动技术创新。首先，面对更加开放的商业网络，平台可以突破时空限制，创新主体能够通过平台进行信息的共享、理解与再加工，推动创新成果迅速转化为技术。其次，数字经济与实体经济深度融合，以众包化和定制化为特征的万众创新模式成为区域创新发展的重要推力，这种新的特征要求突破线上线下间的基础技术和共性技术，加强关键技术的研发，为数字经济的高质量发展以及区域创新能力的提高提供创新支撑和技术保障。最后，数字经济时代，众创空间方兴未艾，创新组织由封闭走向开放，技术创新的主体由小众转为大众，所有与创新相关的利益群体都可以成为创新主体。在网络外部性的影响下，平台利润主要取决于交易量的多少，用户网络效应强度、用户数量以及归属行为选择直接影响平台交易量，因此，平台创新的重心是将用户的外部性进行内部化处理，为平台双边市场赢得更多的用户，平台用户也从创新的被动接受者转换成主动推进者。

数字经济还可能通过人力资本和研发经费等因素间接影响区域创新能力。首先，互联网可以超越时空约束，具有更大的信息传播范围和更高的信息传播效率，创新主体可以自己搜寻可利用的相关知识和技能信息，降低了信息的不对称性，更容易获得本地没有的学习资源。因此，当以互联网为依托的数字经济应用到区域创新系统中时，将加速人力资本的获得和积累，从而促进区域创新能力的提高。其次，在区域创新系统中的研发创新活动需要大量的资金支持，数字经济能够使生产要素数字化，不仅能够提高创新资源在时空中的配置效率，还能增强创新主体的盈利能力，进而加大对研发活动的资金投入；最后，数字经济还能够增加社会互动，进而促进社会资本的积累，为区域创新活动吸引更多的直接投资。由此，提出命题 H1a。

H1a：数字经济对提升区域创新能力具有显著的积极作用，而且还能通过人力资本和研发经费等中介因素间接影响区域创新。

4.1.2 数字经济对区域创新能力的非线性门槛特征

首先，数字经济具有较强的网络外部性和正反馈性特征，使得对创新主体的创新效益具有非线性的推动作用。数字平台网络为创新主体提供了分享技术知识、共享创新要素的开放平台，致使创新主体的创新水平不断提升。但在数字平台运用初期，数字平台网络规模及扩散效应都处于较低水平，数字平台主体创新成本较高。随着数字经济的不断发展，其用户规模不断增加，数字平台价值也随着用户规模的增加不断扩大，创新收益不断提升。同时，为了进一步提高自身收益，创新主体会对数字经济提出更高的发展要求，一旦用户数量突破临界规模之后平台的价值会立即被放大，这种价值扩大了数字平台的市场规模，使企业形成基于用户的规模经济和范围经济，即随着创新要素的不断累积，创新主体获取创新要素的边际成本将持续减少，但收益却不断增加，使创新主体在整体上获取更多的利益。

其次，数字经济自身的创新效益也存在非线性递增特征。在数字经济起步阶段，数字平台建设及其配套基础设施尚不完善，加之数字平台自身的开发成本较高，导致数字平台企业创新收益不足，对区域创新的推动作用也不明显。随着数字经济的发展，其具有的高度渗透性与产业关联性特征不断推动数字经济与传统经济深度融合，传统设施加快向网络化、数字化升级，进而加速传统产业变革，引发一系列的连锁创新。同时，随着数字经济的广泛应用，使得各部门之间的服务质量和运行效率得到有效提升，在为用户提供更为优质、便捷和高端的产品服务的同时，能够加快创新成果推广，提高创新成果转化效率，导致区域创新产出的非线性增长。这表明数字经济对区域创新能力还可能存在非线性门槛效应。由此，提出命题 H1b。

H1b：数字经济对区域创新能力的影响具有边际效应递增的非线性特征。

4.1.3　数字经济对区域创新能力的空间溢出效应

数字经济的跨时空以及近乎零成本信息传播的特征，为信息扩散提供了开放式的共享传播渠道，对区域创新活动产生空间影响（郭家堂等，2016）。首先，数字平台企业具有双边市场特征。为提升网络外部性，平台企业会鼓励不同地区的创新主体开展创新活动，积极研发数字产品与服务，以吸引大量普通用户。同时，为了激发更多创新活动，平台还为创新活动的展开提供了技术上的服务与支持，在提升创新效率的同时，也增强了平台创新的开放性与包容性，加速形成区域创新协调发展新格局。其次，数字经济可以通过高效的信息传递压缩时空距离，越来越多的创新主体可以在更大区域范围内突破时空约束整合数据、资本、技术等创新要素，使得创新要素能够在不同区域间流动。最后，数字经济的发展不断冲击着政府的制度框架和企业的产业结构，推动着政府和企业的运转模式不断向数字化转型，进而形成更加完善的创新环境和基础设施，对本区域以及周边区域创新要素的集聚和创新能力的提升产生了深远的影响。

边志强（2014）、王炜（2018）通过考察我国省际网络基础设施得出互联网具有空间溢出性的结论。胡冰（2018）研究发现，外商投资具有技术外溢效应，互联网可以通过引入外资间接提升区域创新能力。基于现有文献，依托于互联网的数字经济对于区域创新能力的影响也应该在空间上也存在溢出效应。因此，本书提出命题 H1c。

H1c：数字经济能够通过空间溢出效应影响周边地区的创新能力。

4.2 数字经济对产业结构优化升级的影响机理分析

产业结构优化是指通过产业调整实现产业结构从低水平向高水平的协调转变，第一、二、三产业间的比例更加合理化，产业结构转型升级是生产力发展客观规律的体现，也是政府政策指引的结果，是衡量经济高质量发展的关键指标，包括产业结构合理化与产业结构高级化两个层面。产业结构的转型升级对提升资源配置水平，促进经济高质量发展具有重要意义。通过分析我国 2013～2019 年产业结构占 GDP 的比重变化趋势（见图 4-1）可以发现，2013 年以来，第一产业与第二产业占 GDP 比重呈现下降趋势，第二产业占 GDP 的比值在 2016～2017 年短暂上升后继续呈现下降趋势，第三产业增加值占 GDP 比重呈现上升趋势并且在 2015 年占比超过 50%，说明我国产业结构转型升级的成效渐显。

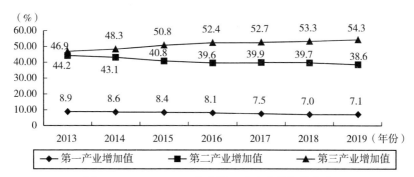

图4-1　2013~2019年我国三大产业增加值占比

数字经济模式有别于传统单边交易模式，能够通过数字化平台实现双边或多边同时完成交易（徐晋等，2006）。数字化平台企业迅速崛起并成长为全球规模领先的企业，深刻影响了人们的生产、生活与消费模式，企业的组织与运营模式，社会与政府的治理模式等。互联网背景下的数字经济具备更多元、安全及高效的经营模式（汪旭晖等，2015），数字经济具有更强的包容性，可以有效降低企业的交易成本与边际生产成本，改进企业原有的产出结构与产出效率，对产业结构产生影响。基于数据技术优势，数字经济不仅可以提升资源配置效率，更能从根本上创新生产关系，带动技术创新的发展。

4.2.1　数字经济影响产业结构升级的机制分析

我国数字经济发展已经由最初以电商平台为主体的单一经营主体向涵盖农服业、工业等为主体的多产业模式发展。数字经济通过带动教育、医疗、电商、交通等多种业态发展促进产业结构向第三产业倾斜发展。中国信息通信研究院在《平台经济与竞争政策观察（2021）》中发布，截至2020年末，医疗类平台数量增速高达716%。教育平台数量增速达146%，生活服务类平台数量增速达98.5%。数字经济对产业结构转型升级的积极影响可以从两个层面展开：一方面，数字化平台通过互联网、大数据促进传统服务业供需双方的瞬时匹配，提升传统服务业的专业化水平以及个性化和精准化服务的能力进而优化资源配置水平，不同行业通过数字化平台实现线上线下融合发展，从而缓解行业间的资源错配，优化产业布局，助力产业结构优化；互联网为传统经济产业提供了更为优质、便捷和高端的网络技术，平台企业借此优化传统产业生产方式、经营模式、管理模式和价值链，实现范围内的数据共享与信息交互，推动集成创新溢出，进而达到实现产业组织运行效率整体提升的目标，提升企业的生产力和市场竞争力，促进产业结构转型升级；数字经济模式有效降低企业搜集信息的成本、拓展交易渠道、缩短交易时间、提升交易效率从而扩大企业边界，促进传统产业从附加值较低的产业向附加值较高的产业转变（童有好，2015），数字经济通过"规模效应"推动形成了一批行业寡头企业，同时也关注中小市场、散户市场需求的变化，实现范围内合理分工与布局，从而促进中国制造业企业分工水平的提升。另一方面，数字化平台通过互联网、大数据等将原本孤立、分散的产业连接融合在一起，打破时间与空间限制，提升产业间协作能力，推动平台企业间形成更高质量的关联协作和跨界融合的发展格局。数字经济通过降低信息不对称给新兴产品供应商提供便捷信息咨询，从而可以克服负面影响，实现产品及其他要素的跨境流动，进而推动企业发展（Allen D G et al.，2019）。通过数字经济引致的一系列新业态、新模式，通过激发消费需求，推动经济由以往的投资驱动转向消费驱动，促使国民经济向以服务业为主体的第三产业产业部门转移，从根本上优化产业结构体系，实现产业结构升级。

但是，也有研究表明，部分地区由于强化产业结构升级导致出现一定程度的"结构性减速"，造成供求结构错配，进而对经济高质量发展产生明显的抑制效应（刘志彪等，2020），产业结构优化是不断对新旧产业进行融合、淘汰、革新的过程，过度追求产业结构转型升级速度而忽视产业间的融合创新会造成资源浪费、产能过剩等后果，对经济高质量发展起到阻碍作用。由此提出命题 H2a 和命题 H2b。

H2a：数字经济对于产业结构转型升级具有显著的促进作用。

H2b：数字经济对于产业结构转型升级具有显著的抑制作用。

4.2.2 技术创新影响产业结构升级的机制分析

技术创新是推动产业结构优化调整的关键因素，对产业的全球竞争力和地位具有重大影响力（易信等，2015）。一方面，技术创新通过实现行业效率变革推动产业结构转型升级。作为促进行业持续增长与技术进步的内在驱动力（苏治等，2015），数字经济平台通过信息技术投资能带来效率、技术、全要素生产率及盈利能力的全面改善与优化提升（杨卓凡，2018）。电子商务平台的发展催生了智能车间、智慧物流的发展与壮大，为提升资源配置效率提供高效的数字化环境；数字化平台增强了研发人员的交流频率，为技术创新构建人才交流平台；数字金融可以有效缓解中小企业的资金约束，为企业突破研发瓶颈、提升技术创新水平注入资金支持（Wang X et al.，2021）。大数据分析能力的演进优化是技术创新升级的结果，企业可以通过外部获取与外部开发的方式提升技术创新水平（Hung K P et al.，2013），借助数字技术可以有效提升数据信息价值，使企业获得交易决策所需要的关键信息，创造数字红利，全面提升经济效率（易宪容等，2020），实现行业的生产效率变革优化产业结构（余文涛等，2019）；充裕的资金是实现技术创新的基础（Thompson et al.，2018），金融领域的技术创新在降低第一、二产业比重的同时，提升第三产业比重，促进产业结构转型升级，并且技术创新活动可以吸引资本投资，从而为企业注入经济动力。

　　然而，也有研究证明技术创新并不会促进产业结构优化。奥尔斯塔德等（Aarstad et al.，2020）基于挪威的产业结构背景研究了企业研发投入与产品创新绩效之间的关系，发现企业创新绩效对多元化区域产业结构优化存在负向影响，技术创新需要投入高额研发成本与人力成本，在大数据时代产业迭代发展快速，过度追求企业技术创新发展而忽视与产业协同合作对产业结构优化起到反向抑制作用。此外，昌忠泽等（2018）研究发现技术进步通过推动制造业向高新技术产业转型影响产业结构转型升级的影响机制存在区域差异性，技术创新在经济欠发达地区的推动作用更为显著。数字经济的高速发展离不开技术进步的内在驱动，发挥数字经济与技术创新的协同效应对产业结构转型升级和经济高质量发展具有重大意义。由此提出命题 H2c 和命题 H2d。

　　H2c：技术创新对于产业结构转型升级具有显著的促进作用。

　　H2d：技术创新对于产业结构转型升级具有显著的抑制作用。

4.2.3　数字经济与技术创新融合影响产业结构升级的机制分析

　　数字化平台企业与技术之间存在一种适配关系，二者通过有效契合产生最大边际生产率。数字化应用要求企业具备很强的技术创新水平与大数据分析能力，而技术创新本身所具有的对信息技术的变革能力促使以"互联网+流通"为代表的平台企业发展日益壮大。技术创新可以有效提升企业的数字化水平，实现产业数字化转型，推动产业结构转型升级，将数字化技术创新应用到流通领域，矫正产业流通过程中的不稳定性，从而间接促进经济高质量发展。数字经济与技术创新的协同交互效应不仅会促进产业结构转型升级，而且会间接带动经济发展。数字经济的发展基于信息化数字技术和大数据网络，数字经济在信息技术方面的应用也在不断升级，如支付方式的转变，技术创新的应用升级使数字经济快速融入现实生活，并大大提升了社会经济发展水平。随着平台型企业的影响力逐渐扩大，数字经济中的技术创新水平也在不断升级，平台型企业的种类复杂多样，影响范围不断扩大，技术创新水平不断升级。平台生态的模式创新和其对新一代信息技术的融合（江小涓，2017），使数字经济与技术创新构成一个动态互补系统，共同促使效率改善。当前，产品架构创新与系统平台创新正在成为决定企业技术竞争力和产业链分工地位的关键（贺俊，2014），信息技术的完善可以提升企业的自主性，扩大企业经营边界（Bloom N et al.，2014），而数字化平台正逐步表现出从以信息共享和商品营销为主向研发、制造、运营管理等多个产业链缓解渗透的趋势，这对于激发消费需求，助推经济由以往的投资驱动转向消费驱动，促进经济结构转型升级具有深刻意义。

知识积累是技术创新的基石，商业化应用是技术创新的实践，具有高水平技术创新的商业化应用促进社会经济效率变革，数字经济是技术创新商业化应用的典范，而以云计算、互联网为核心的新型技术拓展了技术创新商业化应用的广度和深度，与社会发展阶段相适应，服务于社会各领域（陈晓斌等，2021）。因此，数字经济与技术创新融合驱动创新生态系统优化，加快技术创新的商业化进程，推动产业结构转型升级。由此提出命题 H2e。

H2e：数字经济与技术创新的交互效应对于产业结构转型升级具有显著的促进作用。

4.3　数字经济对农业绿色发展的影响机理分析

农业绿色发展是打破资源环境约束，形成农业生产生态协调发展新格局的必由之路，要求加速转变农业发展方式，摆脱一味寻求农业产出和依赖资源消耗的粗放发展，统筹经济、社会与生态效益，提升农业竞争力（杨彩艳等，2021）。因此，农业绿色发展对农业技术创新提出了更高的要求，急迫需要转变技术创新方向，强化创新驱动发展。数字经济凭借其高渗透性、边际效应递增以及网络外部性等先天优势，通过与农业深度融合推动农业生产、经营以及消费各个环节的高效互联互通，实现"生产可控、质量可溯、环境可测"的农业发展模式，为农业绿色发展提供技术支撑（解春艳等，2017）。本部分将从基本作用机制、非线性传导机制、空间溢出效应等三个维度研究并论证数字经济对农业绿色发展的内在机理，并提出相关命题。

4.3.1　数字经济对农业绿色发展的影响机制

数字经济通过推动农业产业融合、生产智能管控以及提升经营决策效率，不断提升农业绿色发展水平。图 4-2 显示了相应的机制路径。在农业产业领域，数字经济通过向农业产业体系渗透，推动产业组织与产业结构的变革，实现农业产业的资源优化效应和规模集聚效应。第一，数据可复制、可再生、非消耗以及共享性特征导致数字生产要素可以被近乎零成本地无限复制。因此，农业生产数字化克服了传统资源的稀缺性与排他性，通过共享生产资料减少能源损耗，实现资源的优化配置（陈鑫鑫等，2022）。第二，数字经济作为一种"速度型经济"，加快了信息要素的流通速度，节约信息获取成本。农户能够及时获取农产品市场信息，适应性地调整劳动、土地、技术等农业生产要素在时空范围内的分配，减少农产品无效供给，从而降低农业损耗，推动农业资源利用绿色化。第三，由于数据的强关联性，农业产业依靠数字技术创新和资金支持，构建了集农业种植、生产和交易等环节为一体的全产业组织结构，通过产业协作和专业化生产，实现农业全产业结构改造升级。

另外，数字经济通过与传统农业相融合，实现了技术成果与农业产业的有机结合，从而推动农业产业链加快向网络化、数字化和智能化改造，催生出智慧农业等新业态（钱明辉等，2021），为农业绿色发展赋能。

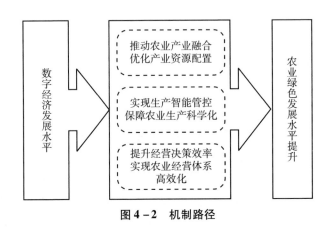

数字经济发展水平

推动农业产业融合优化产业资源配置

实现生产智能管控保障农业生产科学化

提升经营决策效率实现农业经营体系高效化

农业绿色发展水平提升

图 4 - 2　机制路径

农业生产通过与数字经济相结合，有效促进农业生产环节的信息互通、智能运行和科学管理，从而实现生产各环节的可控性和科学化，为农业绿色化生产赋能。第一，数字经济凭借云计算、人工智能等新型基础设施，构建农业生产"互联网"体系，为农业绿色发展提供高效率和精准化的技术支持（杨青峰等，2021）。第二，通过数据反馈对农业种植、生产和销售的全过程进行实时监测，合理调整生产布局，实现农业精准化管理。在种植环节中，数字经济能够精准分析各地生态条件、环境容量以及资源状况（李广昊等，2021），进而寻求最佳化肥和农药使用量，实现农业生产与生态环境间的动态平衡。在生产环节，大数据动态匹配能够及时、精准地更新用户需求信息，一定程度上消除了信息不对称现象，农户根据消费者需求，加快生产具有本土优势的农产品，在满足消费者需求的同时，降低了交易成本，增加农户收益。在销售环节中，线上线下相结合的销售模式不仅扩大了产品覆盖范围，还可以及时处理产品销售过程中出现的各种问题，提高交易效率和盈利水平，全方位提升农业产业效率。

数字化基础设施普及带来的信息完整性和决策科学性，能够减少农户在生产经营决策过程中的信息成本和管理成本，实现绿色农业经营高效化。第一，数字经济依托于互联网平台不断为农村地区输送高质量的教育资源，为农业生产带来新思想、新知识和新技术（梅燕等，2021），不仅对实现农业科学生产、提升农户经营决策能力具有积极作用，而且还能提高农民生态意识，促进农业绿色化转型。第二，相关政府部门利用数字技术，建立包含技术开发、市场调研和农业生产等信息服务的数据库，通过精准分析将信息向农户实时公布，从而实现经营决策主体的快速响应（高万龙，2007），有效规避绿色农业转型过程中出现的经营风险。第三，将数字技术与农业经营体系相结合，还能推进农业经营方式向智能化、精细化转型。通过对海量数据进行精准筛选、判别，将农业生产过程中所需的成本投入控制在最低范围内，最大限度地降低对资源环境的损耗。由此，提出命题 H3a。

H3a：数字经济对推动农业绿色发展具有显著的积极作用。

4.3.2 数字经济对农业绿色发展的非线性门槛特征

首先，数字经济具有强网络外部性和正反馈性特征，平台价值随着用户规模的增加而不断扩大，一旦用户数量突破临界规模之后，平台的价值会被瞬间放大。具体而言，数字平台的用户越多，农产品生产者越能够获取更多的数据信息，从而打破"信息孤岛"（孙光林等，2021），利用要素和成本优势满足消费者的差异性需求，提升农产品服务质量，进而吸引更多的用户、获取更多的数据，进一步提升产品服务质量，这种良性循环形成了基于用户的规模经济或范围经济。随着数字生产要素的不断累积，农户获取信息、知识和技术的边际成本会不断降低，而收益却不断增加，进而实现农业边际产出的非线性递增，促进农户增收。

其次，数字经济具有高度渗透性与产业关联性特征，随着数字经济与传统农业深度融合，农业生产逐步向网络化、数字化转变，从而为农业生产经营提供高效化、智能化的决策建议，有效提升农业生产各环节的运行效率和服务质量（黄志等，2022），在为消费者提供更为优质、便捷和高端的产品服务的同时，加速传统农业向绿色化生产转型升级。另外，随着数字技术不断成熟和数字基础设施的不断完善，数字产业也持续处于高速的升级革新状态，在优化产业资源配置的同时加速向其他产业扩散，从而形成数据驱动、高度关联的产业集群，实现农业、制造业以及服务业等多个领域的融合发展，最终形成赋能农业绿色发展的动力倍增效应（唐红涛等，2021）。这也意味着数字经济与农业绿色发展之间并非简单的线性关系，可能存在着更为复杂的非线性门槛效应。

最后，在数字经济时代，新技术的应用实现了生产环节数字化和智能化，推动农产品供应链的完善以及新零售模式的诞生，有助于降低商品流通成本和交易成本，带动居民消费增长，居民消费的新模式给传统农业生产方式带来了巨大冲击（辛伟等，2021）。同时，随着居民生活水平的提高，居民消费模式也从"生存型消费"到"享受型消费"进而向"发展型消费"跨越，对农产品质量也提出了越来越高的要求，倒逼农户生产绿色转型，居民消费水平提高也成为农业绿色发展的重要导向（张淑辉，2017）。据此，提出命题 H3b。

H3b：数字经济对农业绿色发展的影响具有边际效应递增的非线性特征，而且还能通过居民消费水平等因素间接强化该效应。

4.3.3 数字经济对农业绿色发展的空间溢出效应

生产设备数字化使得农业生产要素能够跨时空传播以及近乎零成本传播，对农业生产带来空间影响。第一，数据的开放共享和高渗透性使得生产要素可以压缩时空距离，在不同的平台、地区之间完全流动，提高了不同区域之间农业生产要素的关联度，从而减少了由于信息交易成本过高以及信息不对称带来的一系列问题，农户可以在更大范围内整合、共享资源，优化资源配置效率，实现不同地区间的绿色农业协同发展（张焱，2021）。第二，依托于互联网、云计算等信息技术的数字产业集群具有显著的技术知识特征，能够借助网络效应加强地区间数字农业的产业关联度，全面打破了产业边界（白杰等，2021），形成了全新的开放式农业产业框架，共享农业技术和创新成果。另外，农业生产数字化催生了一批精通数字农业技术的尖端人才，而人力资本的流动性为知识要素的空间溢出提供了新渠道（陆铭等，2014），从而加深了区域间农业知识的交流与联系，带动相邻地区农业技术进步。第三，数据要素与农业生产要素相结合，不断冲击着政府的制度框架和农业产业结构，推动政府和农业相关部门的运营方式不断向数字化转型，进而形成更加完善的政策法规和数字基础设施，为农业生产要素能够在不同地区间流动提供了制度保障和技术支持（伦晓波等，2022）。

　　由于不同地区间的开放程度和区际联系越来越紧密，区域间农业绿色生产自身也存在明显的空间关联。第一，先进的农业生产技术能够促进资源循环利用，减少农业污染。为了保护当地生态环境，新技术一旦出现，各地区将在农业生产过程中采用最新技术，从而加速形成地区间农业生产技术的空间溢出效应。第二，在市场机制调节下，绿色农业生产要素会流向生态污染严重的地区，这种区域间的流动能够减少农业生产活动对当地环境的破坏，同时也加强了农业绿色生产的空间联系。第三，随着农业生产和数字经济的深度融合，加速形成了绿色农业先进示范区，从而对周围地区的农业生产起到示范作用，带动周边城市农业绿色发展。

　　张俊英等（2019）通过考察我国互联网发展水平，认为互联网作为经济增长新引擎，对区域经济增长存在空间溢出影响。赵涛等（2020）通过空间分析得出数字经济对经济高质量发展也存在空间溢出效应。李伟（2016）和宋坤等（2018）通过实证分析得出农业信息化对农业经济发展存在显著的空间溢出效应。延伸至数字经济对于农业绿色发展的影响，也应该存在空间上的溢出效应。因此，提出命题 H3c。

　　H3c：数字经济能够通过空间溢出效应对相邻地区的农业绿色发展产生影响。

4.4　数字经济对提升碳排放效率的影响机理分析

　　数字经济是以数字化的知识和信息作为关键生产要素，以数字技术为核心驱动力，以现代信息网络为重要载体，通过数字技术与实体经济深度融合，不断提高经济社会的智能化、网络化水平的新型经济形态[①]。结合当前中国经济发展正逐步从要素驱动向效率驱动转变，以互联网为桥梁，数字经济将产品从生产、分配、交换和消费的全过程串联起来，提高了资源配置效率，成为推动经济绿色发展和低碳转型的重要动力。

---

　　① 中国信息通信研究院：《全球数字经济白皮书（2021 年）》。

4.4.1　数字经济发展对碳排放效率的影响

数字经济发展不断催生新模式、新业态，对节能减排产生积极促进作用，通过"控增量""压存量"两种方式，日渐成为碳排放效率提升的助推器。具体作用路径如图 4-3 所示。

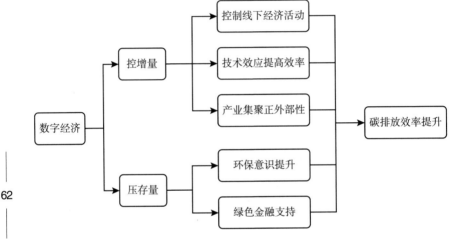

图 4-3　数字经济发展影响碳排放效率路线图

第一，数字经济发展推动生产、消费向"非物质化"转变（Ishida H，2015）。数字经济发展利用互联网等信息技术，通过线上经济活动、远程办公、在线教育等改变了传统的生活工作方式，减少不必要的通勤，并相应地降低了碳排放（Zhang J et al.，2022）。这种需求的改变也会引发产业结构由资源、劳动力密集型向知识、技术密集型转变，提高了环境绩效，进一步促进节能减排。第二，数字经济本身具有技术属性，其表现出的技术扩散效应，加快了知识的传播和共享速度，也加快了技术的迭代更新及绿色技术的创新发展，促进清洁生产和能源利用效率改善（Wang J et al.，2022）。与此同时，数字产业作为数字经济的产业基础，可利用数字技术的渗透和衍生对传统产业进行改造，伴随着电力、交通、工业制造、农业等重点碳排放行业的数字化转型，能够提高产业附加值，减少化石能源消耗并减少碳排放，进而促进碳排放效率提升（Zhang W et al.，2022）。第三，数字经济的井喷式增长，倒逼产业结构的优化升级，其规模效应促进了生产性服务业等高技术产业集聚（Zhao J et al.，2021）。产业结构升级带来的"结构红利"在惠及经济增长的同时能够改善环境质量，实现供需信息的精准匹配，优化资源配置，提高供应链效率，减少能源消耗，进一步促进环境质量提升。第四，互联网平台助力绿色理念和低碳行为的全面普及。蚂蚁森林的出现，将人们的环保行为进行数字化积分，通过消费者的网络虚拟种树，增加实际的植被面积，控制了二氧化碳存量，也促进了"低碳环保"从社会行为向日常行为的转变。第五，绿色金融通过引导和优化金融资源配置，促进环境保护与经济增长的协同发展，数字技术可以帮助资金向研发和应用碳捕获、碳利用技术的企业流动，为其提供支撑，并以更低成本的资金提供来鼓励企业选择使用低碳技术，以此减少二氧化碳排放，促进碳排放效率的提升。对此提出命题 H4a。

H4a：数字经济发展可以显著降低碳排放强度，提升碳排放效率。

4.4.2　数字经济发展对碳排放效率影响的作用渠道

数字经济对碳减排发挥正向影响的关键在于减少化石能源消耗。因此，本书从能源效率和能源结构角度分析数字经济通过降低能耗实现碳减排的作用机制。

提高能源效率无疑是解决气候变化问题的有效方式，数字经济发展助推数字技术与实体经济深度融合，能够优化资源配置以提升能源利用效率。第一，数字经济发展加快了区域创新资源的整合，并促进数据要素与传统生产要素融合。要素融合不仅能够改变企业的要素投入结构，引发资源配置方式的变革，也能够持续提升传统生产要素尤其是资源要素的投入产出比，不断提高能源利用效率（Xue Y et al.，2022）。第二，数字技术和应用场景不断更迭创新，借助于工业传感器、智能算法等数字技术建立起来的覆盖能源生产、运输、消耗的全过程能源综合监测管理系统，能够实现能源生产和消耗的协同调配，降低清洁能源废弃率，提高能源利用效率（Hao X et al.，2022）。第三，数字平台的产生能够促进产业联动和客户精准营销，缓解资源错配和浪费。滴滴出行、货车帮等数字平台能够实现供需信息的实时匹配，压缩了车主与消费者间的交易成本，减少了车辆空驶率，降低了单位产出的能源消耗强度，促进了绿色发展。第四，数字经济发展推动研发创新，促进区域间创新知识共享，技术溢出使得高效产业能够获得更多的创新资源，加速低碳技术的推广应用，促进企业低碳工艺转型和能源使用效率的持续提高（Wang K et al.，2019）。总之，数字经济发展间接改变了能源利用效率，是降低碳排放强度的有效途径之一。

低碳增长被普遍认为是解决经济增长和碳减排二者之间矛盾的关键路径（Zheng H et al.，2022）。中国在历经快速工业化和城镇化的发展过程后，形成以化石燃料为主体的能源消费结构，也产生大量的能源消耗和碳排放。通过多种路径实现能源结构的调整、优化与升级能够从根本上提升碳排放效率。相关研究证明，能源结构对碳排放具有显著的驱动作用，并且数字经济在能源结构对碳排放的影响过程中具有显著的调节作用（Shahbaz M et al.，2022）。数字普惠金融通过降低人均能源消耗和提高人均 GDP 来降低二氧化碳排放（Feng C et al.，2020），同时提高普惠金融的数字化程度能够提高清洁能源的消费比重，优化能源结构，协同减少污染物和碳排放（Bai C et al.，2021）。互联网发展产生催生能源互联网、"互联网＋智慧能源"，改变了能源生产和消费方式，实现清洁能源的可持续开发和利用，延伸清洁能源使用，促进能源产业结构重塑，对碳减排及效率提升具有积极影响。此外，数字技术能降低可再生能源的开发运营成本，依托大数据、人工智能、数字孪生等技术构建全领域、全过程数字化智能化的能源系统为可再生能源的并网运输、消纳、储能等方面提供技术支持并提高配置效率。与此同时，数字技术能够降低分散化、小规模可再生能源系统的接入成本，实时、智能地响应能源的变动性需求，灵活调配，增加系统柔性（She Q et al.，2022），也促进了能源结构的进一步改善。对此，提出命题 H4b。

H4b：数字经济发展通过提高能源效率、优化能源结构间接促进碳排放效率提升。

4.4.3 数字经济发展对碳排放绩效的影响具有空间溢出效应

根据空间经济学理论，地理位置相互邻近省份之间的交流合作更为频繁，在发展模式、产业结构、经济政策和要素配置等方面往往表现出一定的相似性，因此具有更为显著的空间依赖性特征。一方面，相邻区域之间由于地理位置邻近，会使资本、劳动力等要素实现跨区域流动，区域间的技术扩散和创新模仿，使得地域之间的关系更加紧密（Wen Q et al.，2020）。另一方面，由于技术溢出和学习效应的存在，某一地区在提高自身碳排放效率的同时能够通过学习相邻地区的先进碳减排技术和相应政策来进一步促进自身碳排放效率的提升（Du Q et al.，2022）。与此同时，低碳技术的不断更迭，也会带动周边地区相关产业生产技术向低碳化转变，引致周边地区的低碳产业在经济总量中的比重不断提升。这种技术溢出和学习效应的存在，对本地及周边地区碳排放绩效的改善发挥着重要作用。与此同时，发达地区和落后地区在数字经济发展水平上存在差异，"数字鸿沟"会加大经济发达地区对人才、资源等要素的吸引，从而可能对落后地区碳排放效率的改善产生负外部性。综上所述，数字经济发展对碳排放效率的影响既可能带来正向溢出效果，也可能带来负向影响，最终溢出作用取决于二者之间的力量对比。对此，提出命题H4c。

H4c：数字经济发展可以通过空间溢出效应影响周边地区的碳排放效率。

65

4.5 数字经济对就业结构优化升级的影响机理分析

数字经济作为一种新的经济发展形态，主要表现为技术上的跨越式进步，这种技术进步可以显著影响就业结构的变化。在就业的技术结构方面，从事低技能的劳动者更容易被新兴技术所替代，使劳动方式发生明显转变；在产业就业结构方面，以软件业、邮电业、电子信息产业等为代表的数字化产业的发展使第三产业发展持续向前推进，第三产业所占份额逐渐增加；在行业就业结构方面，数字化技术强化了对高端行业的就业吸纳能力。总之，得益于技术水平发展，不仅就业规模显著扩大，就业结构也随之发生相应变革，本部分就数字经济如何作用于就业结构进而推动高质量就业这一话题进行探讨。

4.5.1 数字经济发展与就业结构优化升级的机理分析

1. 数字经济发展对就业产生的替代作用与促进作用

数据要素、互联网平台等作为数字经济的重要组成成分，有助于促进社会经济水平进一步发展壮大、改善就业现状，数字技术以其便捷性、流动性等特征更好地满足了人们的总体需求，使社会享受到数字经济带来的巨大红利（孟祺，2021）。人类历史上每一次技术进步都会伴随着一部分产业的兴起，同时也会对部分产业产生强大的冲击。人工智能技术的广泛应用对一些劳动密集型产业产生了挤出效应，使企业对于蓝领工人的需求大幅度减少，造成就业岗位减少、员工的薪资待遇降低，出现大量失业人员（Autor D et al.，2018）。与此同时，阿西莫格鲁等（Acemoglu D et al.，2018）在经过实证分析之后得出数字经济发展也会带来新的工作需求的结论，一些具备高级技能的劳动者将会替代那些低级技能的劳动者，工厂与企业会加快实现自身转型升级，导致对高级技能劳动者的需求量稳步提升，在新就业岗位中，那些高技能、知识密集型劳动力更加具备就业优势。站在马克思劳动论的理论视角上看，技术革新造成的失业仅存在于低技能型和劳动密集型劳动中，而对于高技能型和知识密集型劳动者来讲，数字技术与其之间存在着技术互补性（Hilal，2013）。

据以往研究显示，数字经济对就业产生的促进效应主要包括生产率效应与创造吸纳效应。生产率效应主要表现为如下两方面：第一，在数字经济快速发展的背景下，部分产业提供的产品自身所需要花费的成本降低，厂家会因此扩大生产规模来刺激群众消费，消费需求的提升导致了厂家对劳动力需求的持续增加，一定程度上使就业规模得以扩大。第二，数字技术的发展提升了各行业的生产效率，企业产品的价格下降，导致人们的实际收入增加，生活水平得到提高，人们更热衷于追求高品质的服务，在服务业创造出更多的新兴岗位与就业选择。随着数字技术的应用与更新迭代将会创造出一系列新的就业岗位，新兴技术的出现使劳动者为了不被市场所淘汰而增加自己的知识技能，人力资本的投资也得到显著增多，这在一定程度上对替代效应造成的失业现象产生了补偿作用，并且随着数字技术的广泛应用，原先需要人工完成的重复性的简单机械性工作被计算机与机器所替代，而那些技术性更强、需要大量脑力活动的繁杂工作则被创造出来，这使那些低技能型、劳动密集型的劳动力被挤出，而具备高级知识与技能的劳动力则越来越受到重视，长期发展下去将会促使劳动力素质的全面提升，对于就业向高质量水平发展具有显著促进作用。中国信息通信研究院调查结果表明，2018年度，我国拥有的数字化就业岗位达到1.91亿个，占本年我国总体就业水平的24.6%，较2017年同比增长了11.5%，显著高于同期总体就业规模增速，第二、三产业在数字时代背景下发展迅猛。总而言之，一方面，数据要素凭借其较低的扩散成本与较快的扩散速度产生较强的流动性，这种流动性特点能够在很大程度上突破时空的局限，表现出地理空间溢出特性，这往往是以数字化技术的快速发展所驱动的。数字经济的发展不仅会给实行数字化的企业带来巨大的效益，也会通过其溢出效应对整个产业链带来积极的影响，数字生产力的发展会全面引领新产品、新业态、新消费的发展，第二、三产业迎来新的发展机遇。另一方面，以大数据、人工智能等为代表的数字化技术的广泛应用使社会对高技能、知识型劳动者的需求更加迫切，劳动力素质得到全面提升，且劳动力所具有的流动性特征使也会促进其他邻近地区的劳动力结构发生调整，导致劳动力结构转型升级。

2. 数字经济发展对就业产生的"创造性破坏效应"与"资本化效应"

熊彼特提出，每一次的技术革新都会产生两方面的影响：一方面，技术的进步可以使经济迈入新的发展阶段；另一方面，技术进步也容易对部分群体的就业产生不利影响，造成一部分人的"技术性失业"现象。他指出，资本主义通过竞争来进行发明创造，破坏了经济发展模式和就业结构，使社会面临技术性失业问题。此后，阿格赫恩等（Aghion et al.，1992）在"创造性破坏"内生增长框架基础上，通过搜寻匹配理论研究了技术进步对就业所造成的"创造性破坏效应"与"资本化效应"。从短期来讲，经济增长受到技术进步的推动作用对实行旧有技术生产的企业产生了破坏效应，造成大量劳动者被挤出原有的工作岗位；从中长期来讲，技术进步使新的机器设备进入到市场当中，生产效率得到大幅提升，厂家会借此扩大生产规模来创造利润，使利润实现最大化，同时，新技术所带来的巨大利润使厂家能够吸取更多的劳动者就业，且新技术的广泛应用会导致产品价格下降，从而扩大需求量。

综上所述，数字经济的发展既会通过"创造性破坏"导致对就业的负向影响，也会通过技术进步的资本化效应对就业产生促进效应，由于两种现象同时存在，所以导致就业量在短期内不会有太大的变动，而对于就业结构将会带来较大的变化。从我国近几年的产业数字化规模来看，总体上呈现逐年上升的发展态势，产业数字化规模不断提升，表明数字经济对各个行业的渗透性越来越强，社会就业结构也发生深刻变革，这使服务业得到了空前发展，拥有高技能的劳动力将会在就业市场中占据更大的优势，而从事传统产业的工人将会被更多地挤出就业市场（Nalebuff et al.，1997）。作用机制如图 4 - 4 所示。综上所述，提出命题 H5a 和命题 H5b。

H5a：数字经济发展能够对就业结构优化起到正向影响作用；

H5b：数字经济发展存在显著的空间溢出性特征，一个地区数字经济的发展不仅对本地就业结构产生影响，也能够对周边地区就业结构产生影响。

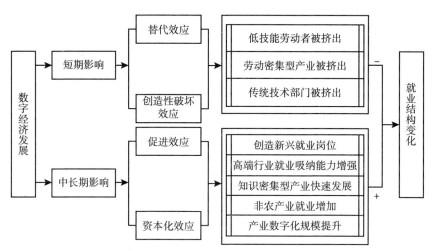

图 4 - 4　数字经济的发展对就业结构的影响效应

4.5.2 数字经济发展对就业结构优化升级的具体作用机制

当今迅速发展的互联网技术具有极高的渗透性并且其发展可以弱化就业结构的边界（Joel M et al.，2015），由于在网络当中获取信息的成本呈现出递减的趋势，尤其是数字企业的出现使得买卖双方通过互联网数字实现精准对接，交易成本显著降低，资源配置效率提升，引起就业结构优化的动态溢出效应。数字经济所具备的天然网络效应，使企业与客户之间实现实时沟通，起到扩大市场规模、降低交易成本与运营成本的作用，当一个数字化平台所连接的企业与客户数量超过临界点时，那么平台的网络价值将会呈现爆发式增长，这也意味着数字技术的广泛应用不仅能够实现资源的优化匹配，同时也会催生出众多拥有高技能的人才，有利于提升劳动力素质水平。伴随着数字经济在全球范围内的进一步发展，其边际效应递增性表现得愈加明显，各个行业、部门之间联动的边际成本呈下降趋势发展，而收益呈递增趋势发展，即"梅特卡夫法则"与网络效应在促进就业结构优化升级、进而实现就业高质量发展方面效果显著。

在数字经济时代，一方面，数据要素的流动性特征使生产效率明显提升，通过对数据的分析处理，企业可以做出科学的决策来支持企业发展，整体就业环境得以改善、民众收入水平显著增加。另一方面，数据要素的扩散性以及产业的关联性等特征使传统产业与数字化技术相融合，在对已有的生产、管理、分配模式进行改变的同时，还能够通过数字赋能、数据扩散等效应引导各产业进行优化升级。"配第—克拉克定理"指明，社会经济发展水平和人均收入水平的提升会使劳动力逐渐从第一产业转向第二、三产业。数字化技术的进一步应用普及使第三产业得到空前发展，第三产业占比显著增加，这种产业结构的变化将会作用到劳动力就业方面，传统产业就业规模受到冲击、部分劳动密集型产业被挤出就业市场，从事较低技能的劳动者面临失业影响，而技术发展同样催生出众多新兴产业，对拥有高等技能的劳动者的需求增加；同时，为适应时代发展，劳动力会或主动或被动地接受相应的教育与培训，这在很大程度上提高了人力资本的素质水平。综上所述，本书认为，数字经济的发展显著促进了产业结构优化调整，进而使就业结构发生变动，对就业结构优化升级产生正向促进作用。因此，提出命题 H5c 和命题 H5d。

H5c：数字经济能通过促进产业结构调整进而对就业结构优化升级产生影响；

H5d：数字经济发展对就业结构存在非线性影响，当越过门槛值以后，对就业结构的影响呈现跨越式发展。

4.6　数字经济对就业质量的影响机理分析

数字经济作为一种新的经济范式，不断影响人们的生产与生活方式，众多新兴就业岗位的出现，使用工方式也变得更加灵活，数据要素应用极大地提高了生产效率，扩大了就业规模，为经济增长创造了良好的条件，也为劳动力就业质量的改善奠定了基础。数字经济发展对劳动者就业质量的影响体现在小时工资率、工作时长、社会保障项目参与以及工作满意度等方面。

4.6.1　数字经济发展对劳动者收入水平和工作时长的影响

数字经济发展对劳动者小时工资率和工作时长的影响路径为：第一，数字经济发展促进创业，通过影响个体的创业机会识别、创业资金获取、市场渠道拓展；形成创新创业数字生态系统（刘诚，2022）；激发消费者产品多样化需求（任保平等，2022）；缓解个体创业的借贷约束和社会关系不足的制约（何宗樾等，2020）等方式带动个体创业。创业活动对扩大就业和改善民生具有重要作用，能够提高劳动者的收入水平。与此同时，数字技术的应用能够提高企业生产效率，互联网使用对提高个体市场竞争力和劳动生产率具有正向影响（杨蕙馨等，2013），有利于提高个体收入水平，并降低劳动者的工作时长。第二，数字经济发展提供了新的金融渠道与融资方式，能够缓解小微企业的融资约束及其融资难、融资贵的现状，为小微企业提供资金支持（万佳彧等，2020），促使其扩大生产规模并提高生产效益，从而提升企业受雇者的收入水平与工作效率，具体则表现为劳动者小时工资率的增加与工作时长的缩短。第三，以互联网为代表的数字技术应用，具有明显的

"工资溢价"效应，基于社会网络，互联网的应用能够不断增强劳动者的人力资本与社会资本（戚聿东等，2022），并拓宽劳动者的信息获取渠道，降低教育工作错配率（丁述磊等，2022）。随着数字技术的普及与应用，互联网＋职业技能培训项目不断开展，促进劳动者的就业技能与就业能力提高，并且已有研究证明人力资本对就业质量提升的正向影响越来越大（丛屹等，2022）。劳动者借助相互学习和自我积累能够获得更多的知识、信息和经验，进而对个体劳动生产率提高和收入增长产生积极促进作用，更进一步体现为劳动者小时工资率的提高与劳动时长的缩短。对此，提出命题 H6a 和命题 H6b。

H6a：数字经济发展总体上能够提高劳动者的小时工资率；

H6b：数字经济发展总体上能够降低劳动者的工作时长。

4.6.2 数字经济对劳动者社会保障项目参与的影响

数字经济发展对社会保障项目的参与存在不确定性。一方面，数字技术赋能引发传统职业变迁、产业结构升级催生技术型岗位以及信息化的广泛应用衍生新岗位，使不同行业、不同领域的新职业不断涌现（戚聿东等，2021），从而使更多人获得就业机会，扩大了社会保障的覆盖范围（尹吉东，2021）；同时数字经济发展能够提升企业的经营效益，提高劳动者福利水平，从而促进受雇者社会保障项目的参与。另一方面，以新就业形态为代表的非正规就业呈现明显的"去劳动关系化"趋势，非雇佣制、众包、共享、零工、劳资合作等多种用工方式出现，导致劳动关系弱化（韩文龙等，2020），而以劳动关系为基础建立的各类社会保障制度和公共服务等与新型用工方式并不匹配。因此，劳动者常常存在社会保障项目参与不足的问题，劳动关系弱化使其无法获得社会保险以及其他福利或相应的权益保障。

在中国，就业形势按照个人从业状态可以分为正规就业与非正规就业。针对非正规就业的划分，薛进军等（2012）认为非正规就业者主要包括：家庭帮工、非正规部门和家庭部门中的自营劳动者、非正规部门中的雇主和从事非正规工作的雇员。刘翠花等（2018）认为非正规就业是非正规部门就业与正规部门的非正规就业的总称，既包含各种在非正规部门的就业形势，也包括正规部门中的临时劳动者、非全日制劳动者、劳务派遣就业人员以及项目外包人员等。数字经济发展带动新业态新模式的发展，重新塑造行业企业的竞争优势，推动电子商务、物流配送、网约车等数字经济的发展，促进产业链延伸与社会分工的深化与细化，创造了大量的就业岗位。在各类就业群体中，非正规就业正是体现数字经济发展带动作用最大的一批就业群体。与正规就业者类似，数字经济发展能够形成良好的数字创业生态系统，缓解中小企业的融资约束，带动非正规就业者创业，进而促进正规就业者的收入增加与工作时长缩减；数字平台打破传统雇佣关系，突破时间与空间的限制，使工作内容、工作时间、工作地点更加灵活，推动零工经济发展（胡放之等，2021），从而提高非正规就业者的收入和工作自主性，并降低工作时长。但与正规就业者不同的是，数字经济发展带来新就业模式出现劳动从属关系弱化、劳动资料供给多元化、劳动成果归属模糊化、劳动过程监管技术化、劳动报酬支付方式灵活化等特征，使得新经济环境下创造出的非正规就业者存在权益保障缺失风险，由于其劳动关系与现存的社会保障制度不匹配，导致社会保障项目无法覆盖到这类就业群体（朱小玉，2021）。对此，提出命题 H6c、命题 H6d 和命题 H6e。

H6c：数字经济发展对劳动者的社会保障项目参与存在不确定性；

H6d：数字经济发展能够提高正规就业者的小时工资率，降低其工作时长，促进其社会保障项目参与；

H6e：数字经济发展能够提高非正规就业者的小时工资率，降低其工作时长，但会抑制其社会保障项目的参与。

4.6.3 数字经济发展对劳动者工作满意度的影响

在数字经济背景下，数据作为生产要素对资源配置效率提升产生重要影响，信息技术的应用不仅提高了社会生产效率，也对市场交易效率产生推动作用。数字经济带动新业态新模式的发展，并在人工智能、软件、硬件等技术领域以及电商平台、网络直播、自媒体等数字生活领域产生了大量新职业。大量数字化新职业的出现，促进了产业链的延伸与社会分工的进一步细化，就业机会的增加也促进就业环境的改善。基于社会分工理论，数字经济发展能够降低交易成本、提高交易效率、扩大市场规模，进而促进社会分工的进一步细化，不断细化的分工模式不仅提高了社会经济效益，也更加彰显劳动者的自主性，促进自发分工向自觉分工的转变，使劳动者有条件根据自己的兴趣和发展需求从事符合自己意愿的工作，进而具备提高劳动者工作满意度的可能性。但在实际中，也要注意到不同类型就业者内部可能存在较大差异，属于正规就业从业者的社会保障制度相对健全，但像网络配送员等非正规就业劳动者则普遍面临社保参与度低、工作稳定性不高以及其他福利保障不足等问题，进而会影响这部分劳动者的工作满意度。进一步将非正规就业细分为自雇就业和非正规受雇就业两类，数字经济发展促进自雇者收入水平与劳动生产率的提高，并自雇者较高的工资收入可能会抵消社会保障参与不足带来的负面影响，进而对其工作满意度提升产生促进作用；而对于非正规受雇者来说，这部分就业人员与非标准就业人员类似，收入水平与正规就业者相比较低，低收入不足以抵消社会保障项目参与不足带来的负面影响，进而可能导致其工作满意度下降（郭晴等，2022）。对此，提出命题 H6f、命题 H6g 和命题 H6h。

H6f：对于正规就业者，数字经济发展能够提高小时工资率、缩短工作时长，促进社会保障项目参与，进而提高其工作满意度；

H6g：对于自雇者，数字经济发展通过提高小时工资率和缩短工作时长，提升其工作满意度；

H6h：对于非正规受雇就业者，数字经济发展会抑制劳动者社会保障项目参与，降低其工作满意度。

4.7 数字经济对城乡收入差距的影响机理分析

继农业技术革命、工业技术革命之后，当今社会正在进行以信息技术为代表的新一轮科技革命，数字经济作为当今时代经济发展的新引擎，为经济建设提供了良好机遇。但在社会向信息化发展阶段迈进的同时，城乡地区发展也遇到了新的障碍，即由于信息化水平差距导致的数字鸿沟问题逐渐显现出来。自改革开放以来，城镇地区一直受到各项政策倾斜，国家大力发展城镇地区建设，而农村地区经济发展与基础设施建设较差，所以城乡差距一直存在，而数字鸿沟带来的"马太效应"也在不断加深这种城乡之间的差距。因此，消弭数字鸿沟，打破信息发展不平衡才能够使数字化技术向外溢出，更好的发挥信息红利，从而实现城乡数字的包容性发展。所以，当前阶段数字经济发展给城乡收入差距带来的到底是数字红利还是数字鸿沟，数字鸿沟能否会成为抑制城乡收入差距扩大的一项阻碍因素尚需进行实证检验。数字经济发展对城乡收入差距的作用机制。

4.7.1 数字经济发展红利对城乡收入差距的影响效应分析

中国乡村振兴调查数据（CRRS）显示，当前农村地区居民的主要收入来源主要在于工资性收入与家庭经营性收入。以 2019 年中国农村居民的收入构成来看，工资性收入占比高达 45.72%，家庭经营性收入占比为 41.05%。其中，农业经营性净收入占总收入比重为 27.18%，而非农经营类收入所占比重为 13.87%。数字经济在发展过程中能够通过影响上述三种农村居民收入类型进而对缩小城乡收入差距产生影响。

农村居民的工资性收入大致包含三个方面，一是农民工在灵活就业当中所获得的工资收入，二是在本地企业中从事相关工作而获得的工资收入，三是农村转移劳动力的从业收入。数字经济发展通过创造新业态与新的商业模式从而提供了更多的就业岗位，推动了灵活就业的快速发展。比如数字化技术衍生出的外卖配送员、网约车司机、快递员等，对于农村地区劳动力起到吸纳作用，从而提升了农村劳动力的工资性收入，有助于缩小城乡收入差距。不得不提的是，数字经济的发展提供了更多的就业发展机遇，且新型部门的工资水平要高于传统农业部门，因此会吸引农村居民转移到城镇地区以寻求更好的发展。尤其是城市地区的教育水平更高，农村青壮年劳动力更希望通过迁移让子女享受到更高水平的教育资源，而数字经济所创造的新型就业岗位无疑为他们提供了一个好的机会。农村转移劳动力所获得的工资收入由此也成为农村居民收入的一项重要来源。

从农业经营收入来看，数字经济发展能够提高农业生产效率，增加农民收入。农民可以凭借较低的成本获取要素信息、筛选有用信息、传递信息，在很大程度上减轻了农村劳动力在寻求农产品市场信息时存在的不对称程度（Soldatos J et al.，2021），使资源错配的可能性显著降低。除此之外，数字化技术应用于农业产业，不仅能够降低农业生产成本，还能够提供专业化指导，使生产决策更加科学高效，农业生产效率显著提升（Shen Z et al.，2022）。同时，数字经济时代农村居民获取信息的渠道更多，可以借助于互联网平台掌握更多知识、转变思维方式，这对于改善其生产生活条件具有很大帮助，一定程度上可以提高农村地区居民的整体收入水平（Couture V et al.，2021）。

从非农经营收入来看，数字经济的发展有助于促进农村居民创业，从而增加农村居民的非农经济收入。一方面，农村居民立足于当地自身优势产业，借助电商平台进行创业，带动产业链上下游共同发展。这导致农村居民非农就业逐渐增加，农户人均收入上升，农村居民的非农创业意愿也逐渐提高，同时也吸引了进城务工的强壮年劳动力返乡创业，对于缩小城乡收入差距会产生积极影响。另一方面，数字化技术的应用在促进农产品的生产、加工与销售全产业链发展的同时，也能够带动旅游业、物流业等相关产业的发展，为农村地区提供了多渠道收入来源，增加了农村居民的非农经济收入。

4.7.2　"数字鸿沟"现象对城乡收入差距的影响效应分析

从整体发展情况来看，中国城乡数字经济发展呈现出持续增长的发展态势，但总体来说，农村地区要滞后于城镇地区。城乡之间由于经济发展水平不同导致推进数字化建设的程度也有所不同，这种地区间数字经济发展水平的不平衡造成了数字鸿沟现象。数字鸿沟可以分为在基础设施建设上存在明显差异的一等鸿沟与在数据信息获取、甄别、处理、利用上存在显著差异的二等鸿沟（Buchi M et al.，2016）。从中国实际情况来看，农村居民整体受教育水平偏低，对互联网等数字化技术的学习也比较匮乏，因此农村居民在使用互联网的过程中易受到较大限制。农民对数字化技术的利用程度偏低，导致"数字鸿沟"问题更加严峻，阻碍了农村地区居民劳动技能的提升与财富的获取，致使其获益渠道无法有效拓展，所以城乡地区的收入水平仍然存在一定差距（Morris J et al.，2022）。

从图4-5来看，随社会经济发展水平提高，城乡地区居民的人均可支配收入也一直保持上升趋势，但城乡收入仍存在较大差距。分析其中原因可能在于，以"接入差距"为主要特征的一等数字鸿沟与以

"应用差距"为典型象征的二等数字鸿沟正在逐渐诱发以"收入差距"为特征的三等数字鸿沟（Deursen A V et al.，2015）。农村地区数字化建设虽然已经明显提速（Chao P et al.，2021），但是由于农村居民受教育水平比较落后，文化程度普遍较低，而数字化技术作为一种创新型科学技术，所以农村居民对数字化技术的利用率偏低。除此之外，农村地区长期存在的人口转移现象导致农村地区老年人口所占比重较大，所以对数字技术的应用能力相对较弱、对各项信息资源的利用率不足。上述原因导致农村地区投入产出比偏低，使得社会各种资本难以继续追加投入，数字鸿沟现象愈加凸显，造成"穷者越穷，富者越富"的局面。

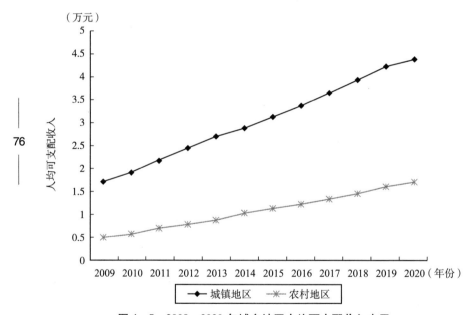

图 4 - 5　2009～2020 年城乡地区人均可支配收入水平

资料来源：各年度的《中国统计年鉴》。

综上所述，短期视角上，数字经济所带来的"创造性破坏效应"显著（Ghazy N et al.，2022）。在部分岗位被替代的同时也带来大量新的就业机会，不仅能够吸引农村转移劳动力外出务工从而提高农村居民的工资性收入，还能够增加农村地区非农就业岗位，促进农村地区的非农经营收入提高。长期视角上，数字化技术的加速发展极易造成城乡间"数字鸿沟"现象加深。城市地区的教育资源、数字基础设施、经济发展水平等均优于乡村地区，受教育程度高的群体在数字化发展过程中会更容易享受到发展红利，在面对充满复杂性的数字化技术时能够更快速地解决问题，所以其收入回报率也会更高。除此之外，农村劳动力转移也是影响城乡收入差距的一项关键要素。一方面，伴随着数字经济的加速发展，人口转移速度也逐渐加快，这种转移一般表现为农村地区的青壮年劳动力流往城镇地区（Jiang S et al.，2022），导致农村留守老人所占比重大幅提升。而在对于数字化技术的应用方面，低龄人群显然具有更大优势，因此农村地区对于数字化技术的利用率更低，导致城乡收入差距的扩大。另一方面，对于农村转移劳动力而言，伴随着数字经济的纵深发展，数字化技术在很多领域开始替代人工劳动，一定程度上对农村转移劳动力的就业需求产生冲击，这导致就业不稳定现象与薪酬水平的下降，此时，城乡收入差距也会逐渐拉大。据此提出命题 H7a。

H7a：数字经济发展对城乡收入差距的影响表现为"先降后升"的 U 形趋势。

4.7.3　数字经济发展对城乡收入差距的溢出效应

数字经济是以网络作为载体、数据作为重要组成要素的一种经济发展形态。数据要素有别于早期信息生产要素的静态特征。它具有可复制性、流动性、易存储的特点，并且其传播速度快、扩散成本低，能够在很大程度上突破时空的局限性，产生较强的地理空间溢出特性。这种空间效用主要用于衡量本地区的某种变化对其他地区所产生的影响。摩尔定律指明，数据要素的流动速度之快、传播渠道之广使得信息极易被复制，且其传播成本极低，可以实现多主体共享信息，通过较低的成本实现信息要素的跨时空传输。

数字经济借助于数据的流动性特征突破空间上的地理距离限制，提升区域间经济活动的深度与广度，使各地区之间的经济活动存在显著的空间相关性。除此之外，数字经济的外部性与规模效应特点，对城乡收入差距产生空间上的交互影响。从发展历程与特性来看，数字经济有别于传统劳动密集型产业之处在于其发展需要一个良好的外部环境，主要是外部经济环境与基础设施环境。城镇地区经济发展水平较高、政策制度环境较好，这便为数字经济的发展提供了良好的硬件配置条件与软件基础设备。农村地区由于获取信息的条件有限、信息获取的成本也比较高，所以数字经济很难得到充足的发展。然而，数字经济的无边界性特征也会导致"部分先富带动后富"的现象。城镇地区汇聚了大量生产要素资源，从而带来规模经济效应。这种高效发展模式也会辐射到周边地区，扩大了数字化技术的服务范围，农村地区也可以在城镇地区的示范作用下更好地享受数字化经济发展的红利。数字经济发展对城乡收入差距的影响作用，如图 4-6 所示。

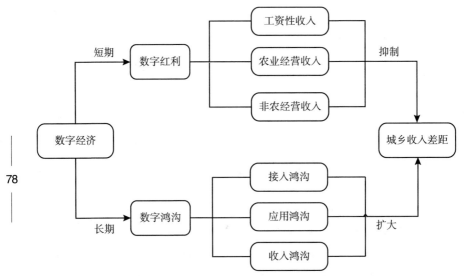

图 4-6 数字经济发展对城乡收入差距的影响作用

考虑到不同地区城市化发展水平的差异性，本书将中国 30 个省份划分为东部、中部、西部来进行检验。目的在于进一步探讨城市化背景下不同地区数字经济发展对城乡收入差距产生的具体影响。划分依据是中国东部地区由于受到政策倾向以及资源禀赋使其城市化建设水平较高，而西部地区城市化水平最低。据相关数据表明，2017 年东部地区城市化率达到 68.31%，中部地区为 53.08%，而西部地区为 51.64%。因此，本书以城市化水平建设程度的不同作为依据，拟对中国东部、中部与西部开展区域异质性检验，并提出命题 H7b 和命题 H7c。

H7b：数字经济发展对于城乡收入差距的影响具有空间溢出特性。

H7c：不同地区数字经济发展水平对城乡收入差距的影响具有明显

的差异性。

4.8　数字经济对高质量发展的影响机理分析

4.8.1　数字经济赋能高质量发展的内在逻辑

1. 基于供给侧视角探究数字经济赋能高质量发展的内在逻辑

数字经济主要通过数字产业化与产业数字化两个方面从供给侧发力，打造现代体系，推动经济高质量发展。数字产业化是指基于基础电信、软件业以及互联网等相关的信息产业，通过对产生的大量数据进行整理、分析、传输形成数字产品，进而将其面向市场实现产业增值。在中国市场上，数字经济发展呈快速增长阶段，这主要归功于智能手机、第三方支付的普及等。这些数据形成的数据资产成为当今数字经济的重要组成成分，通过使用第三方平台对数据进行梳理、加工、传输、分析等多个步骤，可以非常明确地得出市场、客户的信息以及推测出消费者的行为习惯，从而进行有针对性的生产活动。数字产业化的快速发展在很大程度上提高了社会生产生活过程中的数据处理能力，云计算、大数据等数字产业的飞速发展与进步为一些数据资源的标准化提供了技术上的支持。产业数字化是指网络信息技术应用于传统行业当中，从而促进传统行业的数字化、自动化转型，提高传统产业的运行效率。产业数字化的快速发展极大丰富了数据要素的种类，同时也为数字技术与数据要素的应用提供了实践应用的场景，这将进一步促进数据要素的形成与完善。随着产业数字化发展加快，数字技术与各个产业相结合，从而催生出丰富数据资源。比如产业数字化进程由原先的商业领域扩展到医疗、教育、金融等领域，出现了越来越多的医疗数据、教育数据、金融数据等，与此同时，各类数据的收集、开发、传输、应用进一步推动了各个行业的产业数字化进程，产生了愈加丰富的数据资源，形成了数据生态的良性循环。

当前我国的供给侧结构已经显现出市场机制决定与新科技导引的供

给侧结构并存的形势（何大安等，2020）。以云计算、互联网、人工智能等为主的数字技术打破了传统行业间的壁垒，使产业边界变得模糊，数字化技术与传统产业的融合催生了一系列新兴产业，推动传统产业的转型，同时数字经济的发展创造了大量的市场机遇，使生产要素流向传统产业当中，传统企业借助于数据要素和数字技术进行内部改造，有效提升了生产过程的专业化分工程度，原先的产业链得以不断延伸，形成新的产业链。传统经济形态的生产方式多为大规模流水线式的集中生产，而进入到数字化时代，数字技术使企业的生产成本大大降低，生产方式更具有灵活性，数据要素可以突破时间和空间上的约束进行传递交流，实现业务上的协同化处理，企业可以充分利用各种市场信息来调整生产计划、优化资源配置、降低生产经营中的不确定性。数字化平台使生产端直接对接消费端客户群体，实现定制化生产，能够更好满足用户需求，以客户群体为导向，消费者需求成为推进生产的主要动力，生产者与消费者之间进行直接的信息交流，使传统产业向个性化、定制化方向发展，生产者借助于数据要素对市场信息进行筛选处理，消费者借助于数据要素选择更加合适的产品，供求信息得到精准匹配，最大化减少库存产品，使资源得以优化配置。

　　数字经济的发展使产业结构得以优化调整。在信息技术背景下的数字经济，数据作为主要生产元素，与传统产业相比能够产生更多的附加值，数字化产业逐渐成为主导型产业，具有技术外溢的正外部性特征，通过产业之间的相互关联来推动产业结构转型升级，在边际报酬递减的规律下，传统生产要素对产业结构升级的作用减弱，而数字经济下的数据要素由于其可复制性、传播速度快、低成本等特征，可以有效克服传统产业生产要素的弊端，因此可以很大程度上促进产业结构的优化升级。数字技术与其他产业相互融合，加速了其他产业的数字化转型，使传统生产模式转变为科技创新引领的生产模式，不同区域的创新主体可以借助于互联网平台进行实时交流，使创新范围扩大，落后的生产技术逐渐被高效的智能技术所替代，传统产业逐渐转向技术密集型产业，实现新旧产业的更替。数字经济借助于数字化创新技术催生了一批新就业形态、新发展模式，使生产技术与生产手段更加倾向智能化，凸显了知识密集型产业的特点，且数字技术领域高端人才通过不断研发新的技术来破解传统产业的制约，极大地增加了社会发展福利，推动了经济的高质量发展。

　　理论上，技术上的进步会对产业结构的调整发生深刻影响，而产业结构与劳动力就业结构又同属于国民经济的重要构成部分，两者之间存在密切关系。数字经济作为当下新兴产业形态，在劳动力市场也引起了巨大变化。数字经济与相关产业的发展，比如在数字产业化与产业数字化方面都对劳动力市场中的劳动者提出了更高的要求，在这种环境下，劳动者更加注重自身的受教育程度、劳动技能的培养，从而会使整体的劳动力就业结构朝向高级化方向转变，对于国民经济的高质量发展将会起到助推作用。在数字经济发展的两个重要领域里，数字技术产业化是以创新性、高技术性作为基础的，比如以人工智能技术、5G 技术、工业互联网、区块链等为代表的新型数字化产业，在其发展过程中所需要的劳动力必须要具有较高的综合素质、拥有高等劳动技能、掌握数字技术相关的专业化技能。以云计算工程技术人员为例。据人力资源和社会保障部发布的《新职业——云计算工程技术人员就业景气现状分析报告》显示，2020 年，云计算基础硬件综合服务型、应用研发综合服务类企业人才学历，本科及以上占比分别为 62% 和 66%。数字产业从无到有、从小到大迅速发展，使一大批劳动者逐渐成为熟悉数字技术、掌握数字技术的专业人员，并且因其稀缺性而获得较高的市场报酬。国家统计数据表明，信息技术产业等数字技术相关产业劳动者的平均工资，一直在国民经济各个行业中名列前茅。这吸引更多的高端人才进入到相关产业，也使与数字技术相关的中高等教育和专业培训突飞猛进地增长，国内许多重要大学纷纷设立与数字经济、信息技术、人工智能、大数据等相关的院系。数字经济发展的另一个领域——传统产业的数字化改造也具有同样趋势。传统制造业和服务业更多地采用大数据分析、人工智能、工业机器人等，通过两方面引致就业结构向高级化发展：一方面，使其从业者不得不经过更高水平的教育和培训，从而提高了就业者的素质与质量；另一方面，又部分地淘汰了传统低端工作岗位，替代了大量纯粹体力和重复性劳动，从而减少了这类劳动者在总就业人口中的比重。总而言之，数字经济的发展可以通过上述途径，即从产业数字化与数字产业化方面引起劳动力市场的变化，从而推动国民经济发展水平迈入新的发展阶段。2015 年 7 月发布的《国务院关于积极推进"互联网"+行动的指导意见》为我国数字经济建设开端。2017 年，数字经济第一次出现在政府工作报告中，这意味着数字经济发展已经上升到国家战略高度。在"十三五"时期，我国便坚持高起点谋划、高标准要求、高质量推进，以求加快推进建设数字中国，使经济社会各领域均能够实现数字化转型。《数字中国发展报告（2020年）》显示，在"十三五"期间，我国数字经济总量跃居世界第二，由此可见，数字赋能高质量发展取得显著成效，我国数字产业化也实现了加速发展，2020年数字经济核心产业增加值所占GDP比重已达7.8%，数字经济核心产业持续加强，并逐渐成为新旧动能转换的重要引擎。2020年全国软件业务收入达到81616亿元，我国规模以上电子信息制造业营业收入超过12万亿元。2020年，我国生产设备的数字化率达到48.7%，规模以上工业企业数字化设备联网率达到43.5%。产业数字化动能强劲，大力推进"现代优势产业集群 + 人工智能"，传统产业数字化转型发展势头迅猛。综上来看，我国数字经济发展前景良好，对于网络强国战略、国家大数据战略以及高质量发展等一系列国家战略布局的实施会产生积极影响作用，且当前正处于新旧动能转换关键时间节点，数字强国建设将会发挥巨大能量加快推动我国经济社会健康发展。

创新是新时期引领数字经济发展的重要动力，也是数字经济时期驱动我国经济高质量发展的核心动能。科学技术的演化升级可以提升资源的利用效率、全要素生产率，同时是革新治理污染、净化环境的手段。当今时代，新一轮科技革命和产业革命加速演进，创新已成为驱动经济高质量发展的第一动力。推动质量变革、效率变革、动力变革是当前数字经济背景下实现经济高质量发展的路径，此过程中科技创新至关重要。

2. 基于需求侧视角探究数字经济赋能高质量发展的内在逻辑

供给与需求的关系是认识和理解经济活动的基本方式，供给是经济增长的推动力量，需求是经济增长的拉动力量。首先，数据要素在需求侧的主要特点是具有显著的网络效应，也被称为需求方规模经济，随着数字技术的应用，不仅生产者更容易实现规模经济，消费者也可以实现规模经济，当更多人消费某一商品时，一个消费者额外消费一个商品会获得更高的价值，进而形成生产者与消费者之间的良性互动，产生正反馈效应，进一步使供需双方成本降低。其次，数据通过与传统要素相结合，导致数字产品和服务的价格不断降低，消费者会用数字产品来代替传统产品，进而影响经济发展中的产业结构与投资方向。随着数字产品需求的增加，最终导致数字基础设施和信息相关产业规模不断扩大，投资质量和效率不断提升。最后，数字基础设施的数据储存和处理技术能够对贸易相关数据进行实时采集、储存，实现各个环节的高效互联互通，从而打破了国际贸易过程中的时空约束。这样不仅可以使出口企业更加准确有效地获取市场信息，提高贸易双方的匹配效率，而且还可以对在线数据进行实时分析，实现对基本业务的自动化处理，提高出口企业运行效率；数字技术各模块的集成应用有助于加速数据要素在不同地区之间充分流动，实现进出口双方的内外联动，推动对外贸易升级。

　　数字经济投资的社会效益比较高，在短期内可以使经济发展水平得到显著提升，并且对于全要素生产率、产业结构转型、技术进步都有着良好的推动作用。数字经济投资包括数字产业化投资与产业数字化投资，数字产业化投资是指在信息通信、互联网行业等相关数字产业领域进行投资，主要包括高端芯片、软件服务、集成电路等产业，但由于我国数字化产业与国外一些地区相比仍存在一定差距，导致进口产品对本土产品存在一定的替代效应。产业数字化投资是指伴随着数字化技术与传统产业的结合使传统产业领域的数字化投资逐步增长，产业数字化投资主要包括在生产、销售、管理等方面的数字化转型投资。例如，"新基建"作为数字经济发展的基础，通过信息、融合与创新基础设施三个方面助力基础投资，改造产业链带动新的消费，以数字技术的应用实现对基础设施的升维，推动新技术的发展，促进新的消费方式开拓，从而助力新一轮的科技创新。"新基建"能够适应中国经济迈向高质量发展的需求，符合数字经济对智能化基础设施建设的需要，更好地支持创新发展与消费升级。投资与消费作为拉动经济增长的两大重要因素，两者相互促进、相互依存，投资与出口打造了以消费为主导的经济增长模式，"新基建"推动消费进行全面升级，商品消费与服务消费共同消费的新消费模式逐渐取代了传统的消费方式，在当今数字经济时代，这种消费产品的迭代升级反映出消费结构的优化转型，像网络电商、线上教育、在线医疗等基于数字经济带动的产业链生态已经呈现出了服务消费的新消费特征。"新基建"不仅可以直接拉动投资需求的增长，而且可以通过带动新一轮的产业投资与技术投资来发挥新基建在新旧动能转化与产业结构升级中的积极作用，间接促进了社会资本对于数字经济中新兴产业与新兴技术等相关领域的投资。当前我国正处于新旧动能转换纵深推进时期，在产业转型变革、升级改造步伐加快的总体背景下，企业需要加快技术改造、转型变革，需要延长产业链条，实现向高端迈进，在这一过程中，将会产生大量的投资需求。从投资数据可以看出，2021年，计算机、通信和其他电子设备制造业投资收益为 1329.7 亿元，同比增长 50.8%，投资需求得到进一步释放。我国产业数字化发展高峰期恰恰在企业规模与市场份额扩张、对外出口与对外投资进一步扩张的时期。虽然生产率水平提升、规模扩大等推动经济高质量发展并非完全来自数字经济的发展，但数字经济的发展一定是其中的关键因素之一。

消费升级主要包括三个层次，分别是消费结构升级、消费方式升级和消费业态扩充。在数字化时代，数字经济中的消费需求正在逐渐向多样化、个性化、特殊化等高层次方向发展。伴随着数字经济中移动支付、物流行业、平台企业等配套行业的逐步完善，消费方式开始向网络化与平台化转变，传统消费方式正被逐渐重新塑造。数字化经济形态将线上市场与线下市场相互联系起来，扩大了市场边界，且在线消费具有跨越时空的特征，破除了传统的区域市场分割的局面，整合市场并推动区域市场向全球化市场发展，加强了商品的流通性，使市场容量进一步扩大，生产者与消费者的联系得到强化。线上的消费方式一定程度上缩减了传统市场上信息不对称的局面，使交易成本大大降低，减少了资源的浪费，市场交易效率得到显著提升（陈林等，2020）。数字经济显著降低了企业的市场准入门槛，传统产业的数字化转型带来了新的发展机会，企业更容易进入市场，市场规模得到明显扩大，且数字经济的发展带来了大量的新产品与新业态，促进了消费升级。

2019 年 11 月，《中共中央 国务院关于推进贸易高质量发展的指导意见》提出"提升贸易数字化水平"。数字经济的发展将众多小市场联结成为一个大市场，各种资源要素在这个大市场中进行流转，资源流动效率得到显著提升，数字化贸易作为数字经济时代贸易方式的转变结果，其平台化的发展趋势可以促进资源配置效率的提升，数字化贸易能够显著降低交易成本，提高国际贸易的整体质量水平。

3. 基于宏观视角探究数字经济赋能高质量发展的内在逻辑

宏观层面的全要素生产率。数字化技术具有替代性、创造性、渗透性与协同性等特征，具体表现在以下方面：首先，数字化技术能够在部分领域对人力劳动产生替代性的作用，以人工智能、大数据等为代表的数字化技术可以更好地识别外部工作环境，通过算法进行检验，从而能够创造出虚拟劳动力来代替人工劳动，实现复杂任务的"智能自动化生产"（刘亮等，2020），可以显著提高生产率，且随着数字化技术的不断发展，对于高技能劳动力的需求也显著增加，人力资本水平的提高也将会创造出更高的生产率水平。其次，数字化技术不仅可以对体力劳动进行替代，作为一种能够随着技术发展而不断自我提升的创新性技术，同样能够对脑力劳动进行替代，伴随人工智能资本的积累与发展将有可能引致奇点的到来，使在有限时间里带来无限的经济增长（Nordhaus W. D.，2015）。最后，在其他传统生产要素保持不变的情况下，数字技术所带来的生产方式的变革会沟通企业的内外部进而直接提高企业的生产率水平，这种生产方式的变革会使企业在组织、管理、生产等方面发生调整，使各要素之间能够进行相互补充，最终导致生产率得到显著提升，这又表现为数字化技术所带来的间接的生产率回报（何小钢等，2019）。

当下正在迎接以数字经济为核心的新一轮科技革命与产业变革，数字经济的飞速发展成为促使全要素生产率跃升的重要推力。郑江淮（2022）从需求端视角指出，数字经济发展能否带来全要素生产率的显著提升取决于数字技术能否带来消费者福利的增加，能否会产生多样化与差异化需求；从生产端视角来看，则体现在企业创新成本是否降低、创新周期是否缩短等方面。产业数字化是沟通需求端和生产端的重要桥梁，它既带来了消费多样性的增加，也带来了相应的生产增长，从而在生产层面供给也会有多样化的增长态势。当前中国已经进入以生产、商业数据模型优化为主的数字化发展阶段。从新阶段数字技术的性质看，数字技术包括了信息感知、分析、行动、反馈等各个环节，具备全方位感知、全过程编码、全行业遍历性穿透和传承以及显著的网络效应等特征。由于现阶段数字技术能够将过去隐性化的、没有充分利用的知识编码为数据，实现显性化和结构化，并与已编码化数据聚合，我们可以借助数据聚变扩能的模型来理解数据要素驱动经济增长的微观机制。首先，数字技术将现场采集、后台收集的各种生产、流通、消费、管理等信息进行编码化，企业生产能力集、组织惯例集等要素进行集合。这是数字化转型的数据要素注入阶段。其次，通过大数据的存储、挖掘、计算，形成优化的知识、技术、工艺，带动劳动生产率的提高。这是数据聚变扩能阶段。最后，数据要素在新的生产率水平上进一步转化，通过聚变扩能，形成更优化的知识、技术和工艺，这个过程循环往复，数字技术的通用性不断加强，数字技术全社会共享程度越来越高。基于上述数字化转型的新理念，数字化转型的结构变迁效应将推动经济发展进入新阶段。中国是全球产业体系最完整的国家，具有产业环节多、数量大、结构复杂的特点。数字化转型后，中国的数据禀赋丰富程度将在全球居于领先位置，这意味着中国有望实现更强的数据聚变、技术转化、扩能的效应，若能更好地抓住这一轮科技革命和知识经济深化带来的机遇，将推动经济发展水平实现更大程度的跃升。

蔡跃洲（2018）认为，经济社会运行本质是以生产作为起点、以消费为终点，以交换与分配为中间环节的动态循环过程，无论是在任意经济形态或是文明发展阶段，在商品与服务进行供需方面的对接中都会产生相应的信息流，当今以新一代信息技术为代表的数字经济借助于数据信息收集、传递、分析、交换的即时性特点使各个环节中物质、资金、商品、服务的传输更加高效便捷，极大地减少了生产与流通过程中的损耗，节约了时间成本，使经济运行效率得到大幅提升。在宏观层面上，一方面，数字经济能够对经济社会各领域以及生产、交换、消费各环节进行加速渗透，强化信息流对物质流与资金流的引导作用，加速经济循环；另一方面，数字经济围绕产业中游、上游高端产品进行攻关突破，从技术与产品供给上打通关键节点，有利于畅通整个产业体系、形成可观的产业循环体系，更能够借此加快经济发展、提高技术支撑水平。

4. 基于中观视角探究数字经济赋能高质量发展的内在逻辑

中观层面的市场结构与产业体系。数字经济的兴起与蓬勃发展，助推产业转型升级，为经济发展提供了新动能，已成为引领我国经济高质量发展的关键力量。数据要素能够从供给端推动产业组织与产业结构的变革，加快产业融合。由于数据的强关联性与正反馈效应，数字产业与其他传统产业之间具有紧密的技术关联和工序分工，从而形成联系紧密的产业集群，降低了其他产业使用新技术所需要的成本，大幅度提升企业的创新效率，促进已有产品升级和新产品研发。数据要素通过与劳动力、技术等传统要素融合，模糊了原有的产业边界，催生出新产品、新业态，从而重塑产业结构和市场结构，产生巨大的经济增长效应。在数字经济时代，大数据作为独立的新兴产业隐含着巨大的价值，生产主体必须充分调动智力、知识等要素挖掘和释放数据价值以适应新形势，从而倒逼组织管理模式创新，提高企业运行效率，共同促进经济发展。数字经济以数字产业化为支撑，以产业数字化为根本，顺应数字化、网络化、智能化的发展趋势，极大地推进了传统产业的转型升级，使各行各业走在了高质量发展的路上。产业数字化转型能够驱动产业效率提升、推动产业跨界融合、变革产业组织模式，以此推动产业转型升级，优化产业布局，增加有效供给，提高供需的适配性，实现经济社会的可持续健康发展。

产业数字化转型驱动产业效率提升。面对不平衡不充分的发展状况，提升产业效率是解决好我国供需失衡进而实现产业高质量发展的基本前提。数字技术的应用，不仅推动新产业、新业态、新商业模式的产生，还会引发产业内部及产业之间的生产和管理模式发生深刻变化。传统产业的数字化转型改变了传统生产模式，加深了数字经济与实体经济各领域的融合度，促进产业协同发展，有利于生产效率的提升，进而驱动产业转型升级。在产业维度上，不同产业之间由于经济活动的需要建立了千丝万缕的技术经济联系。数字技术的应用推动传统产业集群实现数字化转型，构建资源在线化、产能柔性化、产业链协同化的集群机制，增强产业关联度，推进产业向智能化、高端化、品牌化发展。在地理维度上，不同产业之间相互共享地区资源、技术等条件，在一定的地理边界范围内逐渐建立价值链上的关联。数字技术能够放大知识溢出效应，建立多元化知识共享渠道，推动产业实现各环节创新，优化区域产业结构，发挥地理邻近最大效用，驱动产业效率提升，带动产业转型升级。

产业数字化转型推动产业跨界融合。数字技术创新开发出了关联性的技术、服务和产品，并渗透融合到其他产业之中，改变了原有产业的产品或服务的技术路线和原有产业的生产成本函数，为产业融合提供了动力。通过数字技术的渗透融合、产业间的延伸融合、产业内部的重组融合等方式推动产业跨界融合，助推产业转型升级，在中观层面为数字经济引领我国经济高质量发展提供驱动力。第一，数字技术及其相关产业向其他产业渗透、融合，并形成新的产业，助推产业转型升级。高新数字技术向传统产业不断渗透，不仅能够提高数字经济发展水平，还有利于提高传统产业的现代化发展水平，促进传统产业的高附加值化。第二，通过数字经济产业链的自然延伸，有利于打造融合型的产业新体系。服务业向第一产业和第二产业的延伸和渗透，推动农业和制造业朝着智能化、数字化方向发展，有利于优化产业布局，推动产业结构的优化升级。

产业数字化转型变革产业组织模式。新一轮科技革命与产业变革方兴未艾，数字经济与实体经济融合发展，从事数据搜集和匹配的平台企业应运而生。数字经济背景下，信息和数字技术为产业组织虚拟化与网络化发展提供了技术支撑平台。产业边界模糊化、产业集群虚拟化成为产业组织的新趋势，产业组织模式由产业链条式变为网络协同式。产业集聚的载体向实体地理空间和虚拟平台空间相结合转变，形成线上流动经济和线下地域经济紧密耦合的虚拟集聚新形态。借助于更广阔、更开放的平台体系与生态体系，平台企业通过合理分工和网络化协作，建立起更加高效的生产体系。

数字经济可以借助于创新环境来实现传统产业的升级改造并进行技术性变革，从而能够助推经济走向高质量发展阶段。数据要素能够弥补传统生产要素的不足、强化传统要素的生产力，使企业的管理、生产、销售流程发生转变，从而使要素的流动性显著增强，促进了产业的融合发展，催生一批新经济形态，为经济高质量发展提供助力。当前阶段，人工智能全产业链初步形成，从而带动了实体经济的转型升级。在纵向角度来看，人工智能可以促进产业链各个层级进行深度融通；在横向阶段上看，实体经济的数字化进程明显加快，以人工智能、工业互联网等为代表的数字产业热度逐渐提升，其原因大致在于技术创新活跃，创新为数字经济发展提供有力的技术支撑，数据要素作为关键生产要素，其收集、开发与利用均离不开技术创新与发展，创新水平发展有利于数字技术的更新迭代，使数字化技术更好地适应群众需求。同时，技术的创新发展还可以给数字经济提供新的发展思路，创新活动所带来的新兴技术可以催生出更多的新业态与新模式，例如人们的交通出行、家居用品、医疗健康等新型智能硬件产品层出不穷，产品共享化、智能化与应用场景多元化趋势日渐凸显。

传统行业的发展模式导致部分企业在进行扩张时容易遇到市场规模限制、消费群体变化、资源配置效率低下、运营成本提升等负面问题，这些问题极易造成企业乃至整个行业的发展滞缓，使企业难以做强做大、行业发展受到阻碍。进入到数字化时代以来，以数字化技术为基础的企业由于其规模效应、网络效应等特点并没有遇到这种发展阻碍，与之相反，以数据要素作为主要组成部分的数字经济可以通过第三方平台对各种数据进行筛选、分析、传输等，从而可以更好地确认用户的行为喜好以及市场相关信息等，这些数据资产在整个市场上流转，平台企业周围会形成大量围绕平台企业的中小企业以及上下游供应链企业，各大产业与平台企业共建共享，形成一个新的经济增长极。与此同时，平台企业具有的用户越多、市场规模越大越能够降低平均服务成本，平台会对用户产生一种更强的"滚雪球效应"，这能够在很大程度上强化企业间乃至行业间的竞争，带动行业发展。数字经济的发展并不仅仅局限于数字化行业，不同于传统产业的是，依托于数字化技术的产业与其他产业具有更高的融合性，数据资源可以推动不同产业之间的融合创新，从而不断地涌现出新的业态和新的发展模式。数字化技术应用于传统行业中，能够有效促进传统行业的效率提升以及实现传统行业的数字化改造升级，通过利用信息要素生成数据资产，拓宽发展空间。赵春江（2020）认为，数字经济能够显著促进农业产业结构优化升级，实现农业向知识密集型专业的转变。

新旧动能转换成为促进高质量发展的战略选择，党的十八大以来，我国加快推进供给侧结构性改革取得了明显成效，经济增长的内生动力不断增强。虽然我国动能转换加快、发展质量提档升级、现代优势产业集群发展壮大，科技创新动力持续增强，但同时长期积累的结构性矛盾和阶段性制约性因素叠加，经济发展过程中稳中存忧，在淘汰低效落后产能上，行业间与地区间的进展也不一致，而传统产业大多为被动改造，鲜少有主动突破，面对以上这些重点领域发展过程中遇到的难点，仍需不断培育新兴产业、注重战略思维、强化系统观点，才能推动我国高质量发展新局面，而推动数字经济发展必将会对我国新旧动能转化赋予新的意义。目前，我国已建成最大的数字基础设施网络，无论是在数量上，还是在普及率，都达到世界领先水平。到 2019 年，4G 用户总数达到 12.8 亿，占移动电话用户总数的 80.1%，移动宽带的占比超过发达国家平均水平，我国是世界上 4G 普及率最高国家。截止到 2021 年 6 月底，我国已建成 584 万个 4G 基站，覆盖 99% 的国土面积。我国移动宽带在农村地区也迅速普及，基本实现村村通宽带。完善的基础设施造就了规模庞大的用户群体，给数字经济提供了可观的市场想象力。随着互联网的发展与信息数据的日益增长，数据库的重要性愈加凸显，2020 年中国数据库市场总规模达到 247.1 亿元。

5. 基于微观视角研究数字经济赋能高质量发展的内在逻辑

不同于传统经济只关注产品本身价格与数量的盈利模式，数字经济在微观层面通过生产的规模经济、范围经济和网络经济，开创了产品之外的伴生利润来源，实现了多元化经营，满足了消费者多样化的消费需求，达到供给与需求的动态平衡，有助于提高企业盈利水平、提升企业运行效率、促进企业创新，以企业高质量发展为实现经济高质量发展夯实微观基础。

在微观企业层面上，数字经济兼具范围经济、规模经济与长尾经济的特征，企业可以通过进行数字化变革来开创新的盈利模式并提升管理效率和资源利用率，促进产业组织模式和产业结构的变化，形成新的产业组织形态，加速各产业之间的融合发展，为经济高质量发展培育新的动能与空间（闵路路等，2022）。一方面，数据要素作为一种新的生产要素投入生产过程中可以带来产出的增加，在与传统要素结合的过程中，能够有效消除由于信息不对称现象所带来的市场失灵，使资源得到优化配置，各要素配置效率显著提升，从而使产出大幅增加、生产力稳步提升。数字经济具有数据共享、知识外溢、优化资源配置以及降低交易成本的特性，能够打破经济活动的空间局限性，互联网作为数据传播的平台可以加速知识、信息、资金等要素的流动与配置，使各要素实现精准对接，有利于创造新的要素形式，从而激发企业的生产活力与创新能力。另一方面，数字技术所具备的较高的外部性特征使其能够广泛渗透到生产、分配、交换、消费的各个环节当中，有利于进行专业的分工合作以及改善要素投入比例，使数字技术与实体经济实现深度融合，持续赋能现代经济增长空间，实现边际报酬递增。数字技术赋能还可以改善原先的高污染、高耗能的粗放型经济增长模式，淘汰掉落后产能，实现绿色经济发展。

　　数字经济的规模经济效应。规模经济是指在一定技术水平下生产能力的增强，使长期平均成本下降的趋势。理论上，企业可以将生产规模控制在长期平均成本最低点以实现规模经济。然而，由于受到企业生产技术极限、管理体制极限与管理能力极限等因素的限制，企业的平均生产成本曲线呈现为开始随着产量增加而下降，达到最低点后，又随着产量的增加而上升的 U 形曲线。这表明，企业规模是有一定边界的，不能无限扩张。物联网是史上第一个通用技术平台，它可以将大多数经济组成部分的边际成本降至接近于零。因此，数字化企业的生产成本呈现出高固定成本和低边际成本的特征。由于边际成本趋近于零，理性厂商会尽可能地扩大生产规模，高固定成本被均摊，长期平均成本由此降低，平均成本不再随着产量的增加而上升，规模经济应时而起。此外，随着数字技术的不断深化，规模经济不仅产生于生产环节，也易发生于需求侧，消费者也可实现规模经济。当企业用户规模达到一定边界后，就会引发正反馈效应，促成供给与需求之间的良性互动，增强了供给对需求的适配性，形成供需的动态平衡，有利于扩大市场规模。

　　数字经济的范围经济效应。范围经济是指企业通过扩大经营范围，增加产品种类，生产两种或两种以上的产品而引起单位成本的降低。数字技术的应用不但引起企业规模的扩大，还促使企业开始关注产品多样化生产。数字经济弱化了传统范围经济所强调的产品关联性，其应用范围更加广泛，依托于某一种主营业务积累的海量用户资源与较高的市场占有率，企业可以低成本地开展多样化业务，赢得更加丰厚的利润。依托于主营业务平台积累的大规模黏性客户资源，衍生业务更易于传播并被客户接受，企业可以最大化地扩展经营范围。数字平台通过简化传统交易中那些不必要的中间环节，高效匹配供需。数字经济能够消除经济往来障碍、提升经济活动的互联互通性，打破地域界限，将生产者和消费者连接起来，通过定制化生产，高效地形成"长尾效应"。范围经济突破了传统经济的同质化生产模式，生产者能够满足大量尾部的、边缘化的消费需求，增强供给对需求的适配性，形成供需的动态平衡，有利于扩大市场规模。市场规模扩大又引起生产规模扩大，数字经济让企业之间联系更加紧密、企业市场范围更加广阔。数字经济融合了规模经济和范围经济，为经济高质量发展注入源源动力。

　　数字经济的网络经济效应。网络效应是数字经济中规模经济和范围经济产生的基础网络经济条件下的边际收益递增，是网络经济区别于传统经济的最主要的特征。根据梅特卡夫定律，网络价值以用户数量的平方的速度增长，网络价值等于网络节点数的平方，网络外部性是梅特卡夫法则的本质。网络信息在使用规模足够大的情况下，信息的来源就会自发生成或自然而然地产生，这一切由网络自身产生，每一个使用网络、接触网络的行为，都会被自动记载、自动归类整理、自动存储进入数据库，不用额外去采集和整理，并且在网络内自动整合，甚至生成层次更高、价值更大的综合性信息，形成积累增值的信息传递效应，信息作为数字经济的核心资源，本身具有边际成本递减性，随着信息使用规模扩大呈现出边际收益递增的趋势。另外，网络经济的发展伴随知识经济发展，知识网络及其流动规律对企业创新绩效产生着重要影响。由不同数字技术领域的知识元素为节点构成的知识网络体系、知识元素组合搭配等可以为企业带来更多创新机会。数字经济企业双重嵌入社会网络和知识网络之中，有利于企业创新绩效提升，为企业高质量发展赋能。

数据作为数字经济的一种重要构成成分，其可复制、共享性、无限次增长、边际成本低等特点成为推动产业结构升级与经济高质量增长的关键要素。数字经济作为一种以数据为主要构成要素、以平台为载体的新的经济发展形态，对于经济体系中的其他产业也产生重要的推动作用，给市场中的其他经济主体带来了创造性的增长。许多与数字经济并不相关的产业，在数字经济产品、技术等的输出过程中得到活化，从而迎来新的发展机遇。由于数据并非以单独的要素形式而存在的，而是嵌入在各种数字基础设施当中，通过各种网络平台为人力资本、创新等要素提供一种与实体经济相融合的更好方式，即数据要素与其他传统生产要素进行协同联动使作用发挥到极致，从而提升各企业的生产效率，推动经济稳中向好发展。随着数字技术与传统产业的融合性增强，数据作为联动不同产业集群的关键要素，能够促使传统产业转变生产方式与组织形式，形成新的经济发展业态。

数字经济的协同效应能够产生增效作用，即各种成分在一起所发挥的作用要大于单种成分所发挥的作用。数据要素与其他生产要素共同对实体经济产生的影响明显要比仅依靠传统生产要素所产生的影响大，数据要素所具有的禀赋特征使其克服传统要素的资源总量限制，形成了规模报酬递增的发展形势，使经济迈向高质量增长成为可能。

　　我国经济发展正处于增长动力转换的关键节点，原先由要素驱动经济增长的模式难以支撑经济发展，劳动力红利消失，给社会带来的边际收入呈现递减的倾向，因此迫切需要培养新的经济增长动力（周清香等，2022）。而数字技术的快速发展、技术与知识的广泛传递以及数字技术的赋能效应很大程度上推动了各大企业的技术创新与管理模式，使企业加大了资金投入来提升企业的数字化水平，从而减少了资源错配问题，实现了要素间的合理配置，创造了经济发展的新引擎。

　　从微观层面讲，生产环节要素效率的提升源自包含有效信息的数据要素，在投入生产过程中可以显著提升各环节以及与其他要素之间的协同性；在流通环节效率的提升主要表现为海量数据信息使信息不对称明显降低，资源要素配置效率提升。根据上文所述，提出命题 H8a。

　　H8a：数字经济能够对高质量发展产生正向积极影响。

4.8.2　金融活动在数字经济对高质量发展中的中介效应分析

　　金融活动是指金融机构在某时期所提供的产品与服务，以及有一定经济活动主体参与的一系列经济活动。金融发展作为现代社会经济运行的重心，有利于资本要素实现集聚，通过促进要素生产率的提升能够对资本进行优化配置。自我国进行金融市场和金融体制改革之后，金融发展不断深化，金融体系的效率也显著上升，金融市场逐渐成熟。当今我国正处于高速增长转向高质量发展的关键阶段，金融发展水平对经济高质量发展的影响更加显著。党的十九大报告中指出，当前需要着力加快建设实体经济、科技创新、现代金融与人力资源协同发展的产业结构体系，要健全金融监管体系，守住不发生系统性金融风险的底线（刘勇，2019）。在经济活动转向高质量发展阶段的过程中，新的经济发展形态不断涌现，对于金融的需求更加强调智能化与便捷性。在内生金融理论观点来看，金融活动自身发展能够对社会经济发展产生积极有利的影响，无论何种机构、何种金融产品都能够通过内部发展来促进金融增长。从金融活动自身角度来看，一个企业在进行金融活动时其目的在于获取更多的利益，企业将会得到健康发展，社会经济状况也随之进入高质量发展水平阶段。基于外生金融理论来讲，政府在金融发展的过程中发挥了很大的作用，我国的金融体系是由政府机关进行主导的，政府对金融活动的规制对于宏观调控起到了一定程度的促进作用，政府通过发布系列相关政策对金融活动进行规制，使社会整体经济发展水平进入良性循环当中（张增苗，2021）。金融作为现代市场经济体制下企业生存与发展的重要保障，其正常运转可以更好实现社会资源的优化配置，金融活动也可以为社会提供高水平、优质的服务，更好地满足社会需求，促进经济社会的发展。数字金融具有低成本、覆盖面广、效率高的特征，可以显著拓宽企业的融资渠道，为企业的创新发展提供支撑，促进企业创新能力提升，实现全要素生产率的稳步增长。

从支付宝、微信支付、京东白条等创新金融产品的发展情况来看，金融行业新业态逐渐发展壮大，为了响应十八届五中全会关于经济发展新常态的号召，不断加强金融发展，构建具有本地特色的金融发展体系。创新金融发展方式能够既能够改变传统粗放型经济增长模式又可以间接影响经济增长的质量与数量，对于地区经济发展具有良好的推动作用。由此，提出命题 H8b。

H8b：数字经济可以通过提高创新金融发展方式对高质量发展起到间接影响作用。

4.8.3　数字经济赋能高质量发展的空间效应分析

数字经济发展的溢出效应助推了地区经济快速增长，具体表现在其网络效应、规模经济、长尾效应方面。数字经济的发展模式打破了传统经济的局限性，能够对传统产业进行数字化转型升级，提高产业的生产效率以及部门要素的利用率，从而促进全要素生产率快速增长。在生产端，数字化技术的广泛应用可以将闲置资产进行更好的利用，优化资源配置；在消费端，能够显著提高对用户的需求响应，实现个性化生产，更好地满足客户需求从而极大地释放消费潜力。数字经济的发展不仅可以通过影响金融发展、投资出口、教育水平等直接促进本地区的经济发展水平，而且也会对周边地区的经济发展起到间接的影响作用。数字经济所具备的正外部性特征使之对周边地区经济发展产生明显的空间外溢效应。数据与信息作为数字经济的主要构成要素，不同于传统的劳动力、土地、资本等要素，数据具有极高的流动性特征，其传播、复制成本非常低,所以能够实现多个主体间的共享,且受到摩尔定律的影响,信息技术的快速发展使得其存储、处理、传播等成本呈现几何级数下降,这种特征使数字经济发展突破地域限制对周边地区的经济发展产生积极的正向促进作用。因此,提出命题H8c。

H8c:数字经济发展水平对高质量发展存在显著的空间溢出效应。

1. 数字经济对全要素生产率的空间效应影响

数字经济可以有效提高全要素生产率,促进经济高质量发展。数字经济的强渗透性、正外部性以及跨时空交流等特征可以显著促进全要素生产率的提升。杨路明等(2021)认为产业数字化与数字产业化的共同发展可以创造更具竞争力的数字产业集群,使生产网络得到重塑,生产效率显著提高,从而带动全要素生产率提升。索洛的全要素生产率理论认为,各种要素集合所产生的生产率之和大于各单个要素投入的生产率之和,其中的差额就是全要素生产率,又被称为广义技术进步,主要涉及投入要素质量提升、资源配置效率提高、技术进步、规模效益等。在此将全要素生产率分解为技术效率与技术进步来进一步阐释数字经济发挥的效能。

(1)数字经济可以有效地提高技术效率。技术效率表示生产者在既定生产要素条件下的最大产出能力,反映出对现有资源的合理配置与使用(郭吉涛等,2021)。依托于现代信息技术的数字化经济可以对现有数据资源进行高效利用并且通过传播进行数据资源共享,极大程度地摆脱了时空上的局限性,数字化技术还能够对各种要素进行整合、分析、处理,市场上的相关经济主体可以进行信息的全面沟通反馈,资源利用的空间范围显著扩大,提高了对市场信息进行预测和反应的灵活性,减少了由于信息不对称而导致的研发过程中的各种不确定性,各种生产要素的使用、处理效率明显提升。在数字经济时代,协同利用数字技术资源从而获取竞争优势是较为常见的现象,上下游产业通过利用智能化系统以及数字平台进行信息的高效互换,使产业价值链上中下游进行联通与协同,整个市场经济系统得到显著优化,极大地降低了搜寻成本、交易成本与信息沟通成本,打破了传统经济形态的信息交流壁垒,技术效率在很大程度上得到提升。宁朝山(2021)认为,数据要素属于知识密集型生产要素,可以与其他生产要素相互结合从而对传统要素

95

进行重构，提升传统要素的生产效率。大数据时代，各个企业的业务流程、组织形态、构成主体都发生了相应的变化，企业的供给体系更加具备柔性化，与上下游产业之间的合作效率得到提升，通过大数据分析进行价格制定也显著降低企业间的价格竞争，这种大环境的变化对于技术效率也产生了很大的影响。

（2）数字经济可以促进技术进步。技术进步作为一个技术不断发展、完善与新技术不断代替旧技术的过程，其主要表现为技术创新、技术扩散、技术转移与引进。中国经济正处于转变发展方式、优化经济结构、转换增长动力的关键时期，亟须加强自主创新水平，提高技术进步率（杨伟中等，2020）。过去以索洛模型为代表的新古典经济增长理论假定技术进步为外生性技术进步，但伴随着数字经济时代的到来，社会发生了巨大的变革，对于技术进步人们有了新的见解，认为技术进步并不是独立于经济体外的外生变量，所以内生性技术进步达到了更多人的认可，这种观点下认为技术进步是企业通过生产促进的知识性密集产业、技术性密集产业增多以及不断创新产品、改进产品质量的结果，可以破解各种要素积累造成的边际收益递减倾向，使经济得以转向高质量发展阶段。以数据作为关键生产要素，以互联网平台为载体的数字经济作为新常态下中国经济高质量增长的新引擎，具有高技术性、高协同性、强渗透性等特征，数字经济本身就是技术创新的一种体现，其发展高度依赖信息技术，相关产业的开发需要注入大量人力、物力，所以数字经济的高技术特性有助于推进全要素生产率的全面提升。综上所述，得出命题 H8d。

H8d：数字经济对全要素生产率具有明显的空间溢出效应。

2. 数字经济对产业结构的空间效应影响

数字经济可以重构市场结构与产业结构体系，促进经济高质量发展。

（1）数字经济加速了产业融合，催生新的经济形态。所谓新的经济形态是指数字经济发展模式下的、应用数字化技术、依托数据要素对其他要素进行重构、融合而发展出的新的业务模式与商业形态。进入数字经济时代以后，云计算、人工智能等通用技术正在逐渐模块化，其对于经济高质量发展的作用主要体现在其"赋能效应"上（李天宇等，2021），数字化技术的强渗透性、外部经济性等特征使其在与实体经济相结合时能够催生出更多的新经济形态与新发展模式，使整个产业体系得以升级换代。数字化技术的发展使在线教育、直播电商、共享经济等新业态不断地发展壮大，刺激了消费需求升级，拓宽了消费市场。

（2）数字经济可以倒逼市场主体创新，推动产业链优化升级。数字经济跨时空交流的特性打破了原先市场交易的空间限制，其无边界、全球性、全天候的特征改变了传统市场的载体结构（徐梦周等，2020），由于互联网扩展了市场的边界，各项经济活动不再受限于地域与时间，原先不能进行的远程经济活动都可以借此得以实现，极大地拓展了市场需求空间。传统的经济发展模式中，企业对于资本的依赖性非常强，中小型企业受到限制导致创新力度不够，而数字化技术的广泛应用使消费需求迸发出巨大的潜力，加上市场空间变大，中小企业迎来了创新发展的机遇。比如，在数字化时代，中小型企业进入市场比较容易，像直播带货、线上教育等新的经济形态能够通过提供多样化的服务来拉动消费需求。数字经济借助于数据要素不仅带动了相关产业的发展，也渗透到其他产业当中，推动产业链、价值链与供应链重塑，催生出一系列符合产业升级与消费升级的新业态，这种新兴业态加速了产业的融合与分工，有利于社会经济向高质量方向发展。

（3）数字经济赋能传统产业，推动传统产业升级改造。数字经济的发展为产业结构优化升级提供了有利的条件，促进了经济结构的调整转化。数字化技术应用于传统产业当中，优化了资源配置，使产业内部结构得以调整，促使传统产业的生产方式与组织结构发生转变，传统产业的生产效率显著提升，产品质量有了很大提高，有利于传统产业的转型升级。据中国信通院数据显示，2019年数字技术带动传统产业产出显著增长、产出效率明显增强，产业数字化的增加值规模达到28.8万亿元，同比名义增长16.8个百分点，占数字经济比重高达80.25%，传统产业与数字经济的融合为社会经济高质量发展注入了生机与活力。因此，得出命题 H8e。

H8e：数字经济对产业结构体系存在着显著的空间溢出效应。

3. 数字经济对资源要素配置的空间效应影响

数字经济可以有效促进微观市场主体活力，优化资源配置，促进经济高质量发展。

（1）数字经济可以有效改善传统企业的盈利模式，提升市场主体的活力，促进经济高质量发展。传统企业的盈利模式是基于企业提供产品的数量、售价与成本三要素的影响，在供给端，企业若想提升利润水平，需要通过扩大产量、提高效率与压缩成本来实现；从需求端来看，需要提升产品的质量、优化服务来提升产品的价格。数字经济的不同之处在于其突破了原有仅依靠成本、数量与价格的模式，提供了一种除产品本身的伴生利润来源，这主要来自其范围经济的特性（杨新铭，2017），在信息技术产业当中，范围经济可以更好地增强企业的竞争优势，例如同一个厂家在进行多个品种产品的生产过程中，在开发、经营、销售等方面的成本要比分开生产的成本低，并且数字化技术的发展极大地拓展了范围经济的应用场景。在数字经济时代，商业模式大多表现为企业在组织边界较为模糊、环境具有不确定性的情况下，通过对外部条件与内部资源进行有机整合，将企业本身与消费者、产业链各环节合作者获取一定的超额利润的战略主张，同时搭建联结多方的平台进行交易，实现共同发展的一种创新生产模式（马蓝等，2021）。例如，传统交易模式为点对点进行交易，而进入到数字经济时代以后，商业模式转向多对多的销售模式，客户可以线下接触商品而选择线上购买，这很大程度上节省了部分成本，部分传统产业也会因此失去自身价值而被数字化产业所取代，市场主体更具有创新性与活力，从而能够提高经济发展质量。

（2）数字经济可以优化资源配置，提高资源利用效率。借助数字经济的平台，企业不仅拥有专属性资源，同时也能进行资源交流和汇集，企业一方面可以满足消费者的需求，另一方面也能提供自身的防护机制。企业不断发现来自外界的威胁，也能降低满足需求的最低竞争成本。不同于传统经济时代下的技术资源，数字经济时代更重要的是平台聚合资源，数字平台实现了资源的有效利用和整合，能够推动企业产品研发和设计的进程。当前更多的数字平台上出现了"设计"一词，这是平台给予企业和消费者之间交流和创造复杂信息的过程，通过产品的设计，消费者的需求被具体化并且能够更好地满足。产品价值的实现是源自对资源的整理和利用进而产生新的资源，尤其是借助平台交流和信息互换的方式去拼凑和重组资源，只有满足消费者的需求和期望才能创造企业的品牌价值，最大限度地实现企业和顾客的供需平衡，这也是企业价值创造的重点。因此，可得出命题 H8f。

H8f：数字经济发展水平对资源配置效率存在着明显的空间溢出效应。

4.8.4　数字经济对高质量发展的非线性效应分析

党的十九大明确指出，要加快推动互联网、大数据、人工智能与实体经济实现深度融合。在此背景下，数字技术得到了创新发展，发展速度大大提高，并且逐渐向实体经济蔓延，逐渐与实体经济相融合，社会经济发展水平显著提升。但在数字经济发展的初期阶段，往往需要投入大量的数字基础设施建设以及大量的人力、物力与财力，其成本较高，容易导致"生产率悖论"，即在大数据、人工智能、工业互联网等领域的新一轮技术革命兴起的同时，按照传统产业统计方法计算的全要素生产率却明显减速，数字经济发展无法有效地提升经济运行效率，所以不能实现高质量发展。伴随着数字技术的进一步发展，当到达一定阶段，数字基础设施建设完善、数字技术应用范围扩大，各部门间的边际成本显著降低，即梅特卡夫法则在数字经济促进高质量发展中发挥了巨大的效应（宋跃刚，2022）。

数字经济的梅特卡夫准则、摩尔定律促使经济增长呈现网络外部性的特征，这种网络外部性与高度的产业关联性使其对经济高质量发展的影响并非呈现出简单的线性关系，当数字经济发展水平到达一定的阶段后，对于经济高质量发展的影响呈现出边际递增的特性。数字经济以数字要素为基础、以互联网平台为载体，所以具有高强度的网络外部性特征，这使得在经济活动中各个部门之间的联系更加紧密，社会的分工更加明确，市场规模得到扩展，经济活动的整体效率得到提升，使经济发展逐渐迈向高质量发展阶段。在数字经济发展的初期阶段，其发展规模较小，数字化基础设施建设不完备，这使得数字经济的网络效应难以得到有效发挥，导致信息的获取成本偏高、创新阶段的成本较高，但数字经济的发展特征表明，到达数字经济发展的中后期阶段，知识、技术等应用范围不断扩大，数字网络接触的用户变多，从而能够创造出更大的价值，所以伴随着数字化技术的迭代升级，数字经济发展可以降低获取信息、知识与技术的交易成本，使创新研发的边际成本降低，创新主体所获得的收益呈现出几何式增长（周清香，2022）。一方面，数字经济的跨时空特征使区域间的经济活动关联性增强，各个地区、部门之间能够进行信息的实时共享，数字经济的赋能效应显著，传统产业通过数字技术赋能进行转型升级，构筑了产业与产业、企业与用户之间的正向反馈连接，能够实现产出效应的规模递增。另一方面，数字化技术的普及应用使人们的生产生活方式都发生了深切的变革，既可以在生产方面整合资金流、信息流等实现价值增值，又能够对整个产业链实现价值改造，打破要素资源的限制，使各项资源得到合理的配置，降低交易费用，形成规模效应递增来促进经济提质增效。由此，得出命题 H8g。

H8g：数字经济对高质量发展产生一种边际递增的非线性效应。

第5章 数字经济对区域创新能力的影响效应检验

5.1 研究设计

5.1.1 计量模型构建

为检验数字经济影响区域创新能力的作用机制，本书构建以下计量模型：

$$rip_{i,t} = \beta_0 + \beta_1 dige_{i,t} + \beta_i X_{i,t} + \lambda_i + \varepsilon_{it} \tag{5-1}$$

其中，i 表示各个省份，t 表示时间；$X_{i,t}$ 为控制变量；ε_{it} 为随机干扰项；β_0 表示模型截距项；β_1 为数字经济变量系数。

除了式（5-1）所体现的数字经济对区域创新的直接效应，为了验证数字经济对区域创新可能存在的间接影响，在 β_1 显著通过检验的基础上，对人力资本存量和研发经费投入是否为二者间的中介变量（inv）进行验证。模型设定如下：

$$inv_{i,t} = \gamma_0 + \gamma_1 dige_{i,t} + \gamma_i X_{i,t} + \lambda_i + \varepsilon_{it} \tag{5-2}$$

$$rip_{i,t} = \alpha_0 + \alpha_1 dige_{i,t} + \alpha_2 inv_i + \beta_i X_{i,t} + \lambda_i + \varepsilon_{it} \tag{5-3}$$

为了检验数字经济在不同发展阶段对区域创新能力的影响差异，本书构建了门槛模型：

$$rip_{i,t} = \psi_0 + \psi_1 dige_{i,t} \times I(Adj_{j,t} \leq \theta) + \psi_2 dige_{i,t} \times$$
$$I(Adj_{j,t} > \theta) + \psi_i X_{i,t} + \lambda_i + \varepsilon_{it} \tag{5-4}$$

其中，$Adj_{i,t}$ 为数字经济、人力资本存量以及研发经费投入等门槛变量。$I(\cdot)$ 为指示函数；θ 为待定门槛值。

最后，为了讨论数字经济对区域创新能力的空间效应，进一步构建了空间计量模型。

$$\text{rip}_{i,t} = \beta_0 + \rho W \text{rip}_{i,t} + \phi_1 W \text{dige}_{i,t} + \beta_1 \text{dige}_{i,t} + \phi_c W X_{i,t} + \beta_i X_{i,t} + \lambda_i + \varepsilon_{it}$$

$$(5-5)$$

其中，ρ 表示空间自回归系数，W 表示空间权重矩阵。ϕ_1 和 ϕ_c 分别为核心变量和控制变量空间交互项的弹性系数。

5.1.2 变量测度与说明

1. 数字经济发展水平的测度

数字经济涉及内容的广泛性和复杂性使得无法用单一指标来反映数字经济的完整内容，必须建立一套科学、合理的数字经济测度指标体系来反映。指标选取主要遵循以下原则。第一，全面性原则。选取的指标具有代表性，能尽可能地全面反映数字经济发展的各个方面。第二，导向性原则。引导和促进城市数字化转型进程，推动各方面采取措施推动城市数字化转型向纵深发展。第三，可比性原则。指标体系能反映某城市数字化转型程度，也可以进行不同时期城市间数字化转型的比较，使得最终结果可以在横向（各城市）和纵向（各个时期）进行对比研究。第四，可操作性原则。所设置的指标均可获得较为准确的数据，使量化的评估和年度监测可以进行。第五，稳定性原则。选择的指标变化比较有规律性，即使受偶然因素影响也不会大起大落。第六，发展性原则。设置多个增速指标，反映与去年同期相比指标的变化程度，体现出该指标的增长性。

现有研究大多聚焦于数字经济发展指数的编制和增加值的测算。中国信息通信研究院通过编制数字经济指数，对中国的数字经济发展规模进行测算，并在此基础上分析了我国 200 多个城市的数字经济发展水平；埃哲森公司运用计量方法测度了数字经济的总体规模，并对信息通信技术软、硬件等产业总体规模进行了估算；康铁祥（2008）在分析我国现实情况的基础上，强调数字经济要从信息与通信行业基础设施、网络交易、企业与市场结构等方面进行测算。张雪玲（2017）认为数字经济的发展更多地表现在 ICT 技术实现数字化的过程中，最终选取信息通信基础设施、ICT 初级和高级应用、企业数字化、信息和通信技术产业发展这五个维度衡量数字经济发展水平。刘海荣（2021）构建了包含投入、环境、融合和效益四个方面的数字经济评价指标体系。万晓榆（2019）从投入产出角度和基础设施完善角度构建了数字经济发展的评价体系。综上所述，虽然当前研究为本书提供了理论参考，但也存在测算方法的局限性以及现有数据统计口径不适用等问题。数字经济测算体系的构建也尚未形成统一的标准，解决数字经济的测算问题，必须综合多方面思路，以有效反映数字经济的基本特点。

　　数字经济作为一种新型经济活动，以现代信息网络作为重要载体，能够通过使用数字信息生产要素实现经济效率提升和经济结构的转型升级。可以看出，数字经济的内涵主要包括以下四个方面：第一，在数字经济时代，数据信息成为关键的生产要素，这也是与农业、工业经济的最大区别；第二，人工智能、区块链、云计算等信息技术是推动数字经济发展的重要引擎；第三，数字经济以互联网平台为依托对其他行业赋能；第四，数字经济的关键作用在于通过向其他行业渗透，实现产业的转型升级与高质量发展。当前阶段对于数字经济发展指标的测度尚未完善，不同学者对于数字经济的测度体系也有所差异。在研究过程中，为了准确体现数字经济内涵，本书在严格按照数字经济定义和上述指标选择原则的基础之上，借鉴了李晓钟（2021）对数字经济发展指数的测度方法，主要从四个方面选取相关指标，共包括数字基础、应用能力、产业支撑、发展能力四个一级指标。二级指标共 14 个，分别为人均互联网宽带接入端口量、每百人网站拥有数量、单位面积长途光缆长度、数字电视用户比例、移动电话普及率、互联网普及率、在线政府指数、数字生活指数、信息传输与软件以及信息技术服务业城镇单位就业人员比例、电子信息产业主营业务利润率、信息经济产业结构指数、研发强度、信息经济发展方式指数、网络社会指数。[1]

---

[1]　李晓钟所构建的数字经济发展水平指标体系共包括数字基础、应用能力、产业支撑、发展能力 4 个一级指标，其权重分别为 0.63727、0.23231、0.08216、0.04826；二级指标共 14 个，分别为人均互联网宽带接入端口量、每百人网站拥有数量、单位面积长途光缆长度、数字电视用户比例、移动电话普及率、互联网普及率、在线政府指数、数字生活指数、信息传输、软件和信息技术服务业城镇单位就业人员比例、电子信息产业主营业务利润率、信息经济产业结构指数、研发强度、信息经济发展方式指数、网络社会指数，其权重分别为 0.35906、0.12365、0.00915、0.14541、0.04441、0.05214、0.00744、0.12832、0.03860、0.02273、0.02083、0.00988、0.02083、0.01755。另外，除特别说明，数字经济在接下来的实证章节中均作为核心解释变量，指标计算方式同上。

2. 区域创新能力的测度

中国仍处于创新的起步阶段，创新过程表现为对先进技术的模仿和吸收，对区域创新能力的测度研究并不完善。现有研究多采用专利申请数、新产品销售收入和专利授权数来表示创新水平。由于许多地区把专利申请数看作衡量企业创新绩效的标准予以奖励，因此可能存在一定的不合格申请，导致部分地区的创新测度出现偏差（张杰等，2016）。一般情况下，新产品销售收入数据难以获取，且存在一定的滞后性，因此也不予以采用（程广斌等，2022）。而专利授权数是国家知识产权局以企业申请专利的创造性为标准审核通过的，且包含发明、实用新型、外观设计等类别，能够反映研发产出水平（余冬筠等，2014）。因此，本书使用各省域层面专利授权数来代表区域创新能力，记为 rip。

3. 中介变量

（1）人力资本存量（human）。人力资本具有非竞争性和部分排他性特征，知识要素能够在区域间流动。随着人力资本的流动，知识溢出速度加快，进而影响区域创新能力。本书采用马明（2017）的方法，使用人均受教育时间来表示地区人力资本存量。

（2）研发经费投入（exp）。研发投入越多，区域创新投入也越多，进而可以激发创新主体的创新活力。本书借鉴赵滨元（2021）的做法，使用 R&D 内部经费支出衡量研发经费投入水平。

4. 控制变量

控制变量包括交通基础设施，知识产权保护程度，金融发展水平，外商直接投资水平以及人口聚集度。

（1）交通基础设施（tra）。交通基础设施具有的网络属性会降低区域间的运输成本和交易成本，提高了创新要素和中间产品在区域间的通达性（李雪等，2021）。此变量以每平方千米内的公路里程数来表示。

（2）知识产权保护程度（property）。知识产权保护提供了相对安全的创新环境，在鼓励发明创造、保护创新成果等方面起到了不可替代的作用。参照惠宁（2020）的做法，采用各省份技术市场成交额占 GDP 的比率来测度知识产权保护程度。

（3）金融发展水平（fd）。技术创新离不开充足的资金，金融资本可以为创新活动提供有力的财力支持。本书借鉴杨友才（2014）的方法，采用各省份金融贷款余额占 GDP 的比例来测算金融发展水平。

（4）外商直接投资（fdi）。跨国公司的资本、技术等与投资国的自然资源、市场规模等优势条件紧密结合，有力提升了区域创新水平。本书借鉴陈伟（2018）的研究方法，直接使用中国各省份历年外商直接投资额来衡量外商直接投资水平。

（5）人口聚集度（url）。在一定区域内，人口密度的增加不仅会扩大创新主体的市场规模，而且消费者产生的多样化需求会促使企业加大创新投入。此变量用平方千米内的常住人口数来表示。

5.1.3　数据来源

鉴于数据可得性，本书运用中国 30 个省份（我国台湾、香港、澳门、西藏地区除外）2015～2019 年的数据作为考察样本。本书数据主要来源于《中国统计年鉴》《中国科技统计年鉴》，各省份统计年鉴和国家统计局公布的数据。

105

5.2　数字经济对区域创新能力的
影响效应检验

5.2.1　基准回归结果

表5-1 为数字经济影响区域创新能力的线性回归结果。在模型（1）和模型（2）中，数字经济发展（dige）系数显著为正，表明数字经济能够提升区域创新能力。此外，本书在模型（2）中加入控制变量，并进行 Hausman 检验。回归结果显示，核心变量的回归系数依然为显著正相关。各地区交通基础设施（tra）的回归系数为负，说明交通基础设施的发展对区域创新能力并没有起到明显的正向作用。

表5-1 数字经济影响区域创新能力的回归结果

变量	基本模型		中介效应			
	rip		human	rip	exp	rip
	(1)	(2)	(1)	(2)	(3)	(4)
dige	0.930 *** (0.000)	0.380 *** (0.000)	0.040 *** (0.000)	0.995 *** (0.000)	0.977 *** (0.000)	0.066 (0.205)
human				1.635 ** (0.018)		
exp						1.019 *** (0.000)
tra		-0.273 ** (0.010)				
fd		0.550 * (0.051)				
fdi		0.142 *** (0.001)				
property		0.096 ** (0.010)				
url		1.082 *** (0.000)				
观测值	150	150	150	150	150	150
R^2	0.722	0.864	0.252	0.732	0.796	0.934

注：表中括号内为t值；* 、** 、*** 分别表示在10%、5%和1%水平下显著。

另外，本书选用中介效应模型来检验上述回归结果，见表5-1。在证实了数字经济对区域创新能力具有积极影响的基础上，模型（1）验证了数字经济是否促进了地区人力资本存量的提升，其回归系数均为正，且在1%的水平下显著。然后再将中介变量放回到数字经济对区域创新能力影响的回归方程中，人力资本对区域创新能力的影响系数同样显著为正。通过观察核心解释变量的回归系数以及显著性变化进行判断：模型（1）中数字经济对区域创新能力的影响系数相比基本回归模型有所下降，说明人力资本存量的提升是平经济促进区域创新能力的作用机制，该结果验证了命题 H1a。在以研发投入为中介变量的模型（3）和模型（4）中，也得到上述同样的结果。

5.2.2　非线性效应分析

通过自助法反复抽样 300 次之后，结果显示，除研发经费投入之外，数字经济发展水平显著通过双门槛检验，人力资本存量显著通过单一门槛检验。回归结果如表 5 - 2 所示。

表 5 - 2　　数字经济影响区域创新能力门槛模型的回归结果

变量	模型	
	（1）dige	（2）human
门槛值 Th1	1.09	3.02
门槛值 Th2	3.65	
$digei, t \times I$（Adj≤Th1）	0.074 (0.163)	0.096 (0.104)
$digei, t \times I$（Th1 < Adj≤Th2）	0.163*** (0.002)	
$digei, t \times I$（Adj > Th2）	0.208*** (0.000)	0.177*** (0.002)
tra	-0.111 (0.632)	0.107 (0.669)
fd	0.633*** (0.001)	0.659*** (0.001)
fdi	0.007 (0.841)	0.002 (0.949)
property	0.047 (0.112)	0.084** (0.011)
url	6.469*** (0.000)	7.203*** (0.000)

107

续表

变量	模型	
	（1）dige	（2）human
观测值	150	150
R^2	0.704	0.643

注：表中括号内为 t 值；*** 表示在 1% 水平下显著。

模型（1）是以数字经济发展水平作为门槛变量来探讨数字经济发展对区域创新能力的非线性关系。门槛回归结果显示，当数字经济发展水平值小于等于 1.09 时，数字经济的回归系数并不显著，这可能是因为在数字经济与区域创新融合初期，存在着投资成本高、回报周期长以及试错成本大等风险，加之数字经济发展快、规模小且具有较强的滞后性，数字经济的应用会导致区域创新模式发生改变，导致数字经济的促进作用并不显著；当数字经济发展水平位于 1.09 和 3.65 之间时，其估计系数为 0.163，且在 1% 的水平上显著，这说明在此区间内数字经济发展区域创新能力的推动作用开始显现；当数字经济发展水平值大于门槛值 3.65 时，在此区间内数字经济的正向影响进一步提升。平台一旦实现规模效应，其低边际成本优势便得以凸显。技术共享速度加快，创新产品周期缩短，知识积累持续增加，创新成本降低，激发了创新主体积极性，使得平台在提高创新效率中发挥的作用瞬间放大。因此，数字经济的正向且"边际效应"递增的非线性特征是存在的，随着数字经济水平提高，数字经济的边际效率持续提升。由此，命题 H1b 得到验证。

数字经济对区域创新能力的非线性效应还可能受到其他变量的影响。在以人力资本存量作为门槛变量的模型（2）中，当人力资本水平小于等于门槛值时，其对区域创新能力的回归系数为 0.096；当大于门槛值时，回归系数为 0.177。人力资本即人均受教育时间的增加必然会拉动一个地区整体的劳动力素质，进而提高该地区的创新质量与创新效率。因此，人力资本水平也是影响数字经济赋能区域创新因素之一，再次验证了本书提出的命题 H1b。

5.2.3　空间溢出效应分析

1. 空间权重矩阵的设定

邻接权重矩阵（W1）。邻接权重矩阵的设定是以省份是否相邻为标准（相邻为 1，不相邻为 0），创建对角线为 0 的 N × N 维对称空间矩阵。相邻标准参照自然资源部的中国标准地图。

地理距离权重矩阵（W2）。地理距离权重矩阵是根据两省之间地理距离的倒数进行权重设定，两省间距离越近，权重越大，反之则相反。

经济空间权重矩阵（W3）。经济空间权重矩阵为地理距离权重矩阵与经济空间矩阵的乘积。经济权重矩阵的主对角线为 0，非对角线值为 $x = \dfrac{1}{\mid Y_i - Y_j \mid}$（$i \neq j$），Y 为各地级市人均名义 GDP 的平均值。地理空间权重矩阵与经济空间权重矩阵均已经过标准化处理。

2. 空间自相关分析

在使用空间计量模型之前，首先需要对研究对象之间是否存在空间相关性进行检验。本书基于地理距离矩阵，采用 Moran's I 指数法计算了各年份数字经济发展指数与区域创新能力的空间效应，如表 5 - 3 所示。从表 5 - 3 中可以看出，2015 ~ 2019 年数字经济发展指数和区域创新能力在地理距离权重下的 Moran's I 指数均大于 0，而且其对应的 P 值均达到显著性水平，说明 2015 ~ 2019 年我国各省份的数字经济和区域创新能力具有显著的空间自相关性。因此可以引入空间计量模型。

表 5 - 3　　地理权重矩阵下数字经济及创新绩效的 Moran's I

年份	rip			dige		
	Moran's I	Z 值	P 值	Moran's I	Z 值	P 值
2015	0.279	3.291	0.000	0.262	3.124	0.001
2016	0.267	3.158	0.001	0.223	2.704	0.003
2017	0.257	3.061	0.001	0.213	2.591	0.005
2018	0.261	3.098	0.001	0.198	2.431	0.008
2019	0.268	3.170	0.001	0.216	2.629	0.004

　　表 5 - 4 列出了在 3 种不同空间权重矩阵下数字经济对区域创新能力的空间计量回归结果。为了比较结果的稳健性，本书还运用空间滞后模型（SAR）对估计结果进行稳健性检验。结果显示，在 3 种不同矩阵下，SDM 模型中 ρ 的估计值均显著为正，这表明各区域间的创新水平打破了区域壁垒，关联度较高。本地区与周围地区的创新水平相互促进，发挥正向的溢出效应。数字经济发展的系数显著为正，表明区域创新能力受益于本区域数字经济发展，数字经济发展水平越高，区域创新能力就越强。在区域创新过程中，数字经济为创新资源的在线获取、传播共享提供了技术支持，在提高资源配置效率，降低治理成本和交易成本等方面发挥着重要作用，从而有力支持创新能力的提升。数字经济发展的空间项（W×dige）系数也显著正相关，数字经济的连通性突破了区域之间的时空约束，创新主体通过信息交流、知识共享等方式，增强了区域之间要素的流动性以及创新活动的协作性，形成了开放式的创新模式。因此，提升周围地区数字经济发展水平与加大本地区创新能力具有高度的一致性，周围地区的数字经济发展水平会对本地区数字经济的发展起到示范作用。另外，本书还使用直接效应和间接效应来解释数字经济对区域创新能力的边际影响，从表 5 - 4 可以看出，数字经济对区域创新能力的间接效应显著存在。在 SAR 模型中，3 种不同矩阵下的数字经济对区域创新能力影响的回归系数也均为正向显著，数字经济对区域创新的正向溢出效应再次得到验证。由上述可知，命题 H1c 成立。

表 5 - 4　　　数字经济影响区域创新能力的空间模型回归结果

模型设定	SAR			SDM		
空间矩阵类型	地理距离	经济距离	邻接矩阵	地理距离	经济距离	邻接矩阵
ρ	0.672 *** (0.000)	0.757 *** (0.000)	0.447 *** (0.000)	0.595 *** (0.000)	0.546 *** (0.001)	0.355 *** (0.000)
dige	0.092 ** (0.044)	0.121 *** (0.010)	0.170 *** (0.001)	0.098 ** (0.041)	0.098 * (0.063)	0.145 *** (0.004)
W×dige				0.260 *** (0.007)	0.522 ** (0.019)	0.322 *** (0.000)

模型设定	SAR			SDM		
空间矩阵类型	地理距离	经济距离	邻接矩阵	地理距离	经济距离	邻接矩阵
tra	-0.208 (0.116)	-0.429*** (0.003)	-0.143 (0.331)	-0.182 (0.249)	-0.482*** (0.002)	-0.024 (0.887)
fd	0.340** (0.032)	0.342** (0.043)	0.457** (0.012)	0.267 (0.100)	0.228 (0.201)	0.216 (0.218)
fdi	0.034 (0.239)	0.046 (0.144)	0.032 (0.340)	0.026 (0.380)	0.031 (0.334)	0.031 (0.325)
property	0.038 (0.122)	0.031 (0.237)	0.045 (0.121)	0.008 (0.748)	0.025 (0.355)	0.030 (0.288)
url	1.289*** (0.000)	1.573*** (0.000)	1.309*** (0.000)	1.337*** (0.000)	1.559*** (0.000)	1.249*** (0.000)
直接效应	0.104** (0.040)	0.134*** (0.007)	0.181*** (0.001)	0.145*** (0.006)	0.147 (0.617)	0.183*** (0.000)
间接效应	0.170** (0.030)	0.383** (0.042)	0.124*** (0.001)	0.754*** (0.004)	1.783 (0.833)	0.546*** (0.000)
总效应	0.274** (0.026)	0.517** (0.016)	0.305*** (0.000)	0.899*** (0.002)	1.930 (0.825)	0.729*** (0.000)
R^2	0.785	0.836	0.780	0.822	0.833	0.845

注：表中括号内为 t 值；*、**、*** 分别表示在 10%、5% 和 1% 水平下显著。

5.2.4　区域异质性分析

由于我国各地区在资源条件和发展阶段等方面存在着不同，数字经济发展水平和区域创新现状也具有地区差异。因此在创新过程中，数字经济的积极效应也会存在地域异质特征。为了验证这一假设，本书将 30 个省份分为东部、中部和西部三个区域进行回归分析，如表 5 - 5 所示。

表 5 – 5　　　　　数字经济影响区域创新能力的区域异质性检验

变量	东部地区	中部地区	西部地区
dige	0.649 *** (0.000)	0.160 ** (0.027)	0.201 (0.268)
tra	-0.758 *** (0.004)	-0.299 (0.133)	-0.603 ** (0.042)
fd	-1.560 *** (0.000)	0.657 ** (0.024)	0.649 (0.231)
fdi	0.076 (0.276)	0.259 *** (0.000)	0.287 ** (0.049)
property	0.085 * (0.051)	0.181 *** (0.000)	0.039 (0.728)
url	0.846 *** (0.002)	1.330 *** (0.000)	1.777 *** (0.000)
样本数量	55	50	45
R^2	0.922	0.934	0.816

注：表中括号内为 t 值；*、**、*** 分别表示在 10%、5% 和 1% 水平下显著。

从表 5 – 5 可得，东部地区数字经济的回归系数在 1% 的水平下显著为正，说明数字经济有效推动了东部地区创新能力的提升，然而该作用在中西部地区并不显著。这可能是因为我国东部省份数字经济起步早，数字经济的红利能够得到更加充分的释放。另外，交通基础设施的回归系数为负数，说明其也是造成中西部地区创新能力落后于东部地区的重要原因。理论上交通基础设施的完善可以提高创新要素在区域间的通达性，提高创新效率，但是中西部地区在交通基础设施建设过程中产生的要素流失所带来的负向影响超过了要素流通与创新扩散的正向效应，使中西部地区的创新能力受到抑制。

5.2.5　稳健性检验

1. 内生性检验

数字经济不断推进区域创新能力提高，而区域创新能力的提升也不断为数字经济发展提供良好的技术环境。因此数字经济与区域创新能力间具有双向因果关系，这增加了内生性问题存在的可能性。本书使用工具变量法和系统广义矩估计来进行下一步检验，以减缓内生性带来的影响。结果如表 5 - 6 所示。

表 5 - 6　　　　　　　　　　　　　　内生性估计结果

变量	工具变量	系统 GMM
dige	0.437 *** (5.87)	0.931 *** (0.000)
控制变量	控制	控制
Cragg - Donald Wald F	847.16	
AR（1）		0.036
AR（2）		0.707
Sargan		0.948
样本数量	120	120

注：表中括号内为 t 值；*** 表示在 1% 水平下显著。

本书将数字经济的一阶滞后作为工具变量进行回归。经检验，工具变量的选择是合理的，而且数字经济对区域创新能力的影响依然正向显著。另外，将数字经济的一阶滞后作为代理变量，采用系统两阶段 GMM 进行检验。结果显示，代理变量的选取也是合理的，且数字经济系数依然显著为正。

2. 滞后性检验

由于数字经济对区域创新的影响具有传导的时间过程，可能存在一定的滞后性。因此，本书进一步检验第 n 期的数字经济对 n + 1，n + 2，n + 3 期区域创新能力的影响。具体结果如表 5 - 7 所示。

表 5 - 7　　　　　　　　　　　　　　滞后性检验结果

变量	rip1	rip2	rip3
dige	0.185 *** (0.009)	0.156 ** (0.019)	0.290 *** (0.001)

续表

变量	rip1	rip2	rip3
tra	0. 869 *** （0. 001）	－ 0. 361 ** （0. 015）	－ 0. 423 *** （0. 002）
fd	0. 723 *** （0. 004）	0. 204 （0. 383）	0. 336 （0. 155）
fdi	0. 020 （0. 651）	0. 069 * （0. 065）	0. 072 * （0. 054）
property	－ 0. 014 （0. 760）	0. 060 （0. 182）	0. 034 （0. 501）
url	8. 329 *** （0. 000）	1. 408 *** （0. 000）	1. 355 *** （0. 000）
样本数量	120	90	60

注：表中括号内为 t 值；* 、** 、*** 分别表示在 10% 、5% 和 1% 水平下显著。

可以看出，数字经济对区域创新能力在滞后期间的影响呈平稳状态，滞后期的回归系数均在 1% 或 5% 的水平下正向显著。因此，当期的数字经济并非仅仅影响当期的区域创新能力，在之后的滞后期内依然具有显著的正向影响。

3. 替换被解释变量

参考戴魁早（2016）的方法，采用新产品销售收入作为区域创新能力的替代指标，记为 sale。回归结果如表 5 - 8 列（1）所示。数字经济系数显著为正。

表 5 - 8   替换变量和增加控制变量后的检验结果

变量	sale	rip
	（1）	（2）
dige	0. 740 *** （0. 000）	0. 292 *** （0. 000）

变量	sale	rip
	（1）	（2）
tra	−0.240 （0.221）	0.117 （0.338）
fd	−0.918* （0.079）	0.108 （0.695）
fdi	0.176** （0.032）	0.095** （0.023）
property	0.163** （0.019）	0.204*** （0.000）
url	0.692** （0.023）	0.644*** （0.000）
open		0.432*** （0.000）
infra		0.023 （0.623）
样本数量	150	150
R^2	0.760	0.887

注：表中括号内为 t 值；*、**、*** 分别表示在 10%、5% 和 1% 水平下显著。

4. 增加控制变量

对外开放能够扩大地区市场规模，在为企业提供创新资源的同时，加剧了市场竞争，从而推动企业进一步创新；另外，基础设施的完善也会促进新技术开放，进而促进创新。因此增加对外开放度（open）和基础设施建设水平（infra）作为控制变量，对外开放度用进出口总额占 GDP 的比重来衡量，基础设施建设水平用各地区的邮电业务总量占 GDP 的比重表示。回归结果如表 5 - 8 列（2）所示。与表 5 - 1 结果一致。

5.3　研　究　结　论

通过对数字经济影响区域创新能力的传导机制和影响效应进行检验，得出以下结论：第一，数字经济能够显著促进区域创新能力的提升，已成为新时代我国区域创新发展的重要驱动力，并且数字经济能够通过吸引人力资本与研发投入间接提升区域创新能力；第二，数字经济对区域创新呈现明显的正向"边际效应"递增的非线性变化趋势，也可以通过中介因素间接强化数字经济对创新的非线性递增；第三，数字经济发展不仅可以促进本区域创新能力发展，对于相邻区域创新也同样发挥积极效应，表现为明显的溢出效应；第四，数字经济对区域创新的积极影响存在区域异质性，东部地区获得的数字经济创新红利明显高于中西部地区。

第6章 数字经济对产业结构优化升级的影响效应检验

6.1 研 究 设 计

6.1.1 模型选择

基于对数字经济、技术创新与产业结构转型升级之间的机制分析，本书设定模型如下，以此检验数字经济、技术创新与产业结构转型升级之间的关系。

$$\ln\text{ISR}_{it} = \alpha_0 + \alpha_1 \text{dige}_{i,t} + \alpha_j \text{Control}_{it} + u_{it} + \lambda_{it} + \varepsilon_{it} \quad (6-1)$$

$$\ln\text{ISH}_{it} = \alpha_0 + \alpha_1 \text{dige} + \alpha_j \text{Control}_{it} + u_{it} + \lambda_{it} + \varepsilon_{it} \quad (6-2)$$

式（6-1）中，ISR 为被解释变量产业结构合理化；式（6-2）中，ISH 为被解释变量产业结构高级化，为消除被解释变量的异方差，本书实证检验过程中被解释变量均采用对数形式；本书的控制变量包括政府控制水平（Gov）、市场化水平（Mar）、人力资本（Hum）、固定资产投资水平（Inv）、对外开放水平（Ope）；u 表示非观测的个体固定效应；λ 表示非观测的时间固定效应；下标 i，t 分别表示省份 i 和时间 t，ε 为随机误差项。在上述模型中，α_1 是核心估计参数，表示数字经济发展水平对产业结构转型升级的净影响。如果 α_1 为正，说明数字经济的发展对产业结构优化有促进作用，反之，则起到抑制作用。

产业结构转型升级离不开技术创新的推动作用，因此，进一步构建模型式（6-3）检验技术创新对产业结构转型升级的影响；数字经济依托互联网、大数据等现代科技载体不断发展，与技术创新关系紧密，因此，本书构建模型式（6－4）检验数字经济与技术创新的协同效应对产业结构转型升级的影响，具体模型如下：

$$\ln ISU_{it} = \alpha_0 + \alpha_1 Inn_{it} + \alpha_j Control_{it} + u_{it} + \lambda_{it} + \varepsilon_{it} \qquad (6-3)$$

$$\ln ISU_{it} = \alpha_0 + \alpha_1 dige_{i,t} \times Inn_{it} + \alpha_j Control_{it} + u_{it} + \lambda_{it} + \varepsilon_{it} \qquad (6-4)$$

在式（6－3）中，ISU 是被解释变量产业结构转型升级，包括产业结构合理化与产业结构高级化两项指标，α_1 是核心估计参数，表示技术创新对产业结构转型升级的净影响，$\alpha_1 > 0$ 说明数字经济的发展对产业结构转型升级有促进作用，$\alpha_1 < 0$ 则对产业结构转型升级起到阻碍作用。

在式（6－4）中，dige × Inn 表示数字经济与技术创新的交互效应，检验数字经济与技术创新的协同效应对于产业结构转型升级的影响，若 α_1 系数 >0 说明存在正向促进效应，反之则存在负向阻碍效应。

6.1.2　变量选取

1. 被解释变量

本书从产业结构合理化（ISR）与产业结构高级化（ISH）两个维度衡量产业结构升级。产业结构合理化是指资源在不同产业间的协调利用程度，是第一、二、三产业协调发展的最终追求目标，因此，本书使用泰尔指数的倒数衡量产业结构合理化水平。

$$ISR = 1 \Big/ \sum_{j=1}^{n=3} \Big(\frac{Y_{i,j,t}}{Y_{i,t}} \Big) \ln \Big(\frac{Y_{i,j,t}}{Y_{i,t}} \Big/ \frac{L_{i,j,t}}{L_{i,t}} \Big) \qquad (6-5)$$

其中，$Y_{i,j,t}$ 表示第 i 省份第 j 产业在 t 年的产值，$Y_{i,t}$ 表示 i 省份在第 t 年的 GDP 产值，$L_{i,j,t}$ 表示第 i 地区第 j 产业在 t 年的就业人员数，$L_{i,t}$ 表示 i 地区在第 t 年的就业人员总数。

产业结构高级化（ISH）是产业结构合理化的必然结果，是经济发展重心由第一产业向第二、三产业转移并趋向于更高层次发展的合理化状态。现阶段我国数字经济主要以带动第三产业发展为主，利用第二产业与第三产业的比值可以清晰反映经济结构的服务化倾向。因此，本书借助干春晖（2011）的研究范式，将第三产业占第二产业的比值用来衡量产业结构高级化（ISH）指标，如果比值结果呈上升趋势，说明服务化进程在加速，产业结构在不断转型升级。

2. 核心解释变量

技术创新（Inn）。通常认为，专利申请授权数量越多，区域技术创新水平越先进，因此，本书借鉴路畅等（2019）的研究，采取专利申请授权量这一变量用来衡量地区技术创新水平。在稳健性检验中，本书从投入视角检验技术创新水平在产业结构升级过程的作用，研发经费为区域技术创新提供了资金支持和保障，该指标可以表示区域技术创新投入能力和水平，本书参考朱金生和李蝶（2019）的研究，采用 R&D 投入经费作为衡量技术创新的替代性变量。

3. 控制变量

本书选取以下控制变量：一是政府控制（Gov），政府部门通过构建公共数据平台、提供小微贷款，降低准入门槛等方式激发数字化平台企业的发展活力，因此，本书用地方财政支出占 GDP 比值衡量政府对社会发展的控制水平；二是市场化水平（Mar），市场化发展水平在互联网影响产业结构转型升级的过程中发挥促进作用（甘行琼等，2020），本书采用非国企工业企业占规模以上工业企业的比值衡量数字经济的市场化水平；三是人力资本（Hum），人力资本是实现技术升级进步的关键因素，本书用各省份每十万人中高等学校学生人数的占比衡量区域人力资本水平；四是固定资产投资水平（Inv），本书使用地方固定资产投资总额与区域 GDP 的比值来表示；五是对外开放水平（Ope），本书使用外商投资企业进出口总额占 GDP 的比值来表示。本章变量如表 6-1 所示。

表 6-1　　　　　　　　　　变量描述性统计

变量	名称	样本量	均值	标准差	最小值	最大值
产业结构合理化	ISR	210	4.907	9.112	0.838	62.500
产业结构高级化	ISH	210	1.365	0.729	0.665	5.234
技术创新	Inn	210	10.17	1.363	6.219	13.176

变量	名称	样本量	均值	标准差	最小值	最大值
政府控制	Gov	210	0.267	0.113	0.12	0.753
市场化水平	Mar	210	0.522	0.138	0.119	0.805
人力资本	Hum	210	0.02	0.005	0.009	0.039
固定资产投资水平	Inv	210	0.881	0.307	0.215	1.597
开放水平	Ope	210	0.109	0.15	0.001	0.828

6.1.3　数据来源

为保证数据的真实性，本书选取的数据样本为我国 2013 ~ 2019 年 30 个省份面板数据（我国的香港、澳门、台湾及西藏地区除外），时间跨度为 7 年，样本量为 210 项。其中，电子商务交易额与采购额的数据来源于国家统计局网站，数字经济发展水平指标体系中的普惠金融数字化水平数据来源于北京大学数字金融研究中心 2013 ~ 2019 年数据（郭峰等，2020）。

6.2　实证结果分析

6.2.1　基本回归结果分析

1. 数字经济与技术创新的独立效应分析

如表 6 - 2 所示，在对模型（1）进行检验之前，本书首先对模型的固定效应和随机效应的估计结果进行了 Hausman 检验，检验结果支持使用固定效应模型，在引入时间虚拟变量后发现模型的时间固定效应显著，因此本书采用双向固定效应模型对模型进行参数估计。具体来看，模型（1）、模型（2）检验了数字经济发展对产业结构合理化的影响结果证明无论是否加入控制变量，数字经济发展可以显著促进产业结构合理化，加入控制变量后数字经济发展水平系数为 2.786，在 1% 的水平下显著为正，说明数字经济发展水平对于区域产业结构合理化具有显著的正向效应；模型（3）、模型（4）检验了数字经济发展对产业结构高级化的影响，结果证明无论加入控制变量与否，数字经济的发展对于产业结构高级化具有正向促进机制。可见，积极发展数字经济是推动产业结构转型升级的重要路径。无论是否加入控制变量，数字经济发展对于促进产业结构合理化与产业结构高级化的促进作用均在1%的置信水平显著，说明数字经济对促进产业结构转型升级的效应十分显著。数字经济对于产业结构转型升级具有显著的促进作用可能是因为数字经济的发展带动了物流、电商、旅游、教育等以服务业为主体的第三产业发展，合理调整了产业结构合理化水平，扩大第三产业占比。

表6-2　　　　　　数字经济对产业结构转型升级的影响

变量	（1）	（2）	（3）	（4）
	lnISR	lnISR	lnISH	lnISH
dige	3.392 *** （16.22）	2.786 *** （13.31）	1.056 *** （17.80）	0.916 *** （13.57）
Gov		0.0799 （0.23）		0.449 *** （4.05）
Mar		1.497 *** （6.46）		-0.298 *** （-3.98）
Hum		20.56 *** （3.53）		4.925 ** （2.62）
Inv		-0.519 *** （-3.93）		-0.181 *** （-4.24）
Ope		0.974 *** （4.12）		-0.267 *** （-3.50）
_Cons	-2.937 *** （-10.76）	-25.64 *** （-4.19）	-0.576 *** （-7.45）	-4.899 * （-2.48）
加入控制变量	No	Yes	No	Yes
个体固定效应	Yes	Yes	Yes	Yes

续表

变量	(1)	(2)	(3)	(4)
	lnISR	lnISR	lnISH	lnISH
时间固定效应	Yes	Yes	Yes	Yes
N	210	210	210	210
R^2	0.57	0.76	0.95	0.75

注：表中括号内为 t 值；*、**、*** 分别表示在 10%、5% 和 1% 水平下显著。

通过分析表 6 - 2 中的模型（2）、模型（4）中的控制变量发现，市场化水平、人力资本与对外开放度是推动产业结构合理化的重要因素，政府干预度、人力资本是促进产业结构高级化的重要因素。在产业结构转型升级的过程中，人力资本发挥关键作用，这是因为数字经济的发展建立在新一代信息科技载体之上，其需要大量专业技术人才为支撑；此外，政府财政支出、市场化水平等因素均在不同程度上促进产业结构转型升级。

技术创新是实现优化资源配置、提高整体产出效率的重要路径。根据表 6 - 3 可以发现，技术创新对于产业结构转型升级的促进机制显著。具体来说，模型（1）、模型（2）检验了技术创新对产业结构合理化的影响，无论是否加入控制变量，技术创新均对提升产业结构合理化水平起到促进作用；模型（3）、模型（4）检验了技术创新对产业结构高级化的影响，结果显示，技术创新实现产业结构高级化在 1% 的置信水平显著。技术创新是助推产业结构转型升级的关键技术内驱动力，加强技术投入，促进产业结构转型升级。数字经济的发展离不开技术创新的驱动，为此，本书进一步检验了数字经济与技术创新的交互效应对产业结构转型升级的影响。

表 6 - 3　　　　　　技术创新对产业结构转型升级的影响

变量	(1)	(2)	(3)	(4)
	lnISR	lnISR	lnISH	lnISH
Inn	0.162 *** (4.79)	0.261 *** (4.77)	0.154 *** (13.79)	0.0893 *** (5.94)

变量	（1）	（2）	（3）	（4）
	lnISR	lnISR	lnISH	lnISH
Gov		2.790 *** （4.74）		1.294 *** （7.52）
Mar		0.332 （1.06）		− 0.0581 （− 0.59）
Hum		29.27 *** （3.87）		19.55 *** （5.28）
Inv		− 0.794 *** （− 4.61）		− 0.0614 ** （− 2.69）
Ope		1.628 *** （5.38）		− 0.239 * （− 2.07）
_Cons	− 4.810 *** （− 17.04）	− 35.76 *** （− 4.45）	− 0.192 （− 1.36）	− 20.62 *** （− 5.66）
控制变量	Yes	No	Yes	No
时间固定效应	Yes	Yes	Yes	Yes
个体固定效应	Yes	Yes	Yes	Yes
N	210	210	210	210
R²	0.95	0.60	0.95	0.97

注：表中括号内为 t 值；* 、** 、*** 分别表示在 10%、5% 和 1% 水平下显著。

2. 数字经济与技术创新的交互效应分析

本书进一步检验了数字经济与技术创新之间是否存在双向影响机制，具体如表 6 - 4 所示，结果显示，数字经济与技术创新之间存在双向影响机制。无论是否加入控制变量，数字经济发展都能够显著促进对技术创新水平的提升，加入控制变量后，固定资产投资水平对带动技术创新具有促进效应；技术创新亦能够带动数字经济的发展，技术创新对数字经济的促进作用在 10% 的置信水平显著为正，除技术创新外，数字经济的发展还依赖于国家政策支持，人力资本的促进等多种因素。与数字经济对技术创新的显著促进机制相比，技术创新对数字经济的促进效应在10%的水平下显著，说明技术创新是推动数字经济稳健发展的重要因素之一，除此之外，人力资本、对外开放度等因素均是影响数字经济长远发展的重要因素，数字经济是信息技术商业化的重要载体，数字经济与技术创新融合发展可以有效提升产业专业化水平，优化资源配置水平。上述结果表明，数字经济作为一种新经济模式，与技术创新融合促进产业结构升级时，要特别注意与具备研发和技术创新能力的高技能劳动力之间的匹配，依靠数据支持与技术创新，以最低的技术研发成本产生最大的生产力效应。

表6-4　　数字经济与技术创新的交互效应对产业结构转型升级的影响

变量	(1)	(2)	(3)	(4)	(5)	(6)
	dige	dige	Inn	Inn	lnISR	lnISH
Inn	0.0417*** (3.55)	0.0548** (2.92)				
dige			0.469* (2.18)	0.0498* (2.07)		
Pla × Inn					0.197*** (14.34)	0.0163** (3.23)
Gov		0.0124 (0.06)		−0.206** (−2.89)	1.962*** (5.88)	1.299*** (7.08)
Mar		−0.266* (−2.15)		0.0172 (0.41)	0.867*** (3.97)	0.0251 (0.24)
Hum		3.350 (0.72)		3.254* (2.01)	22.12*** (3.94)	29.04*** (8.67)
Inv		0.0864** (3.04)		−0.00583 (−0.60)	−0.319* (−2.42)	−0.0917*** (−3.83)
Ope		0.140 (0.97)		0.0104 (0.22)	0.803*** (3.48)	−0.431*** (−3.73)
_Cons	0.410** (3.00)	0.200 (1.15)	11.17*** (27.70)	−0.728 (−0.44)	−28.01*** (−4.76)	−29.49*** (−8.78)

变量	(1)	(2)	(3)	(4)	(5)	(6)
	dige	dige	Inn	Inn	lnISR	lnISH
控制变量	No	Yes	No	Yes	Yes	Yes
时间固定效应	Yes	Yes	Yes	Yes	Yes	Yes
个体固定效应	Yes	Yes	Yes	Yes	Yes	Yes
N	210	210	210	210	210	210
R^2	0.89	0.89	0.99	0.98	0.78	0.96

注：表中括号内为 t 值；* 、** 、*** 分别表示在10%、5%和1%水平下显著。

6.2.2　区域异质性检验

为检验不同区域间数字经济发展对产业结构的影响，本书进行区域异质性检验，具体结果如表 6 - 5 所示。可以发现，数字经济对于产业结构转型升级的影响在我国东部地区最为显著，其次是西部地区的数字经济发展对推动产业结构转型升级具有促进效应，而中部地区的数字经济对于产业结构升级具有阻滞作用。导致这一结果的原因可能有以下几点：首先，我国东部地区数字经济发展较为成熟，例如阿里巴巴、百度、腾讯等互联网企业的公司总部均位于我国东部沿海地区，在全国范围内起到领率作用；其次，西部地区在乡村振兴战略与地方政府的"助农惠农"政策的引领下，通过电商平台、在线直播等方式在很大程度上促进了当地农业、制造业、旅游业等服务业发展，带动第三产业发展，为当地提升就业规模，促进特色产业发展以及促进经济进步发挥重要作用；然而中部地区的数字经济对产业结构合理化与产业结构高级化有明显阻碍作用，可能是由于中部地区的数字经济发展速度相对较慢，基础设施处于发展建设阶段，政府与企业投入的沉没成本尚未发挥作用，中部地区偏重第二产业发展，城市群发展处于起步阶段，经济总量偏小，经济外向度不高，产业集聚能力还有待提高，因此中部地区的数字经济尚未对产业结构起到促进作用。通过分析控制变量发现，人力资本、政府支出、市场化水平是促进产业结构转型升级的关键因素。政府财政支出对于促进各区域的产业结构高级化作用显著,市场化水平对于促进东部与西部地区的产业结构合理化具有显著的促进作用,对外开放水平更有助于促进中部与西部地区的产业结构优化,可能原因是"一带一路"政策促进了沿线地区经济发展与产业结构优化。

表6-5　　　数字经济对产业结构升级影响的区域异质性检验

变量	(1)	(4)	(2)	(5)	(3)	(6)
	lnISR	lnISH	lnISR	lnISH	lnISR	lnISH
East × dige	3.667*** (9.47)	1.086*** (11.02)				
Middle × dige			−0.714 (−1.68)	−0.335** (−3.44)		
West × dige					0.159* (2.39)	0.0607 (0.78)
Gov	1.303 (0.96)	2.142*** (6.19)	−1.738*** (−3.74)	1.684*** (5.75)	0.209 (1.34)	1.449*** (4.53)
Mar	2.950*** (5.91)	−0.0615 (−0.48)	−0.567 (−1.72)	−0.0819 (−0.63)	0.331** (2.93)	0.252 (0.95)
Hum	23.94* (2.34)	0.814 (0.31)	3.857 (0.33)	7.540 (1.27)	28.91*** (7.88)	28.43*** (6.81)
Inv	−0.519 (−1.70)	−0.214** (−2.75)	0.203 (1.41)	0.0814* (2.63)	0.00758 (0.38)	−0.108 (−2.00)
Ope	0.635 (1.85)	−0.386*** (−4.42)	−2.861* (−2.60)	3.596*** (4.51)	−0.124 (−0.39)	1.649** (3.04)
_Cons	−33.54*** (−3.46)	−3.076 (−1.25)	7.400*** (4.16)	−12.66* (−2.03)	−29.46*** (−7.73)	−0.218 (−1.43)
个体固定效应	Yes	Yes	Yes	Yes	Yes	Yes
时间固定效应	Yes	Yes	Yes	Yes	Yes	Yes

变量	（1）	（4）	（2）	（5）	（3）	（6）
	lnISR	lnISH	lnISR	lnISH	lnISR	lnISH
N	77	77	56	56	77	77
R^2	0.81	0.91	0.39	0.97	0.98	0.84

注：表中括号内为 t 值；*、**、*** 分别表示在 10%、5% 和 1% 水平下显著。

6.2.3　稳健性检验

为进一步检验上述结果的稳健性，本书采用更换核心解释变量的方法进行稳健性检验。

首先，本书采用电子商务销售额与采购额之和的对数作为检验数字经济发展水平的替代变量，稳健性结果如表 6 - 6 所示。结果显示，更换数字经济的测度指标后，数字经济对产业结构合理化与产业结构高级化的回归结果与先前结果基本一致，即数字经济对产业结构合理化与高级化的促进作用均在 1% 的置信水平显著。说明通过发展数字经济实现我国产业结构逐步协调发展具有可行性，且数字经济未来可能会成为推动产业结构转型升级的最为关键的路径之一。

表 6 - 6　　　　　更换核心解释变量的稳健性检验 （1）

变量	（1）	（1）	（2）	（2）
	lnISR	lnISR	lnISH	lnISH
dige	3.276 *** （18.41）	2.571 *** （11.19）	0.621 *** （8.14）	0.914 *** （13.04）
Gov		-0.172 （-0.46）		0.337 ** （2.93）
Mar		0.965 *** （3.95）		-0.469 *** （-6.30）
Hum		16.18 * （2.55）		3.148 （1.63）

续表

变量	(1)	(1)	(2)	(2)
	lnISR	lnISR	lnISH	lnISH
Inv		−0.269 (−1.76)		−0.0781 (−1.68)
Ope		0.904 *** (3.47)		−0.320 *** (−4.03)
_Cons	−2.423 *** (−11.23)	−19.88 ** (−2.99)	0.596 *** (4.20)	−2.713 (−1.34)
控制变量	No	Yes	No	Yes
个体固定效应	Yes	Yes	Yes	Yes
时间固定效应	Yes	Yes	Yes	Yes
N	210	210	210	210
R^2	0.63	0.73	0.92	0.74

注：表中括号内为 t 值；*、**、*** 分别表示在 10%、5% 和 1% 水平下显著。

进一步地，本书采用 R&D 投入经费的对数衡量技术创新水平作为检验技术创新的对产业结构转型升级影响的替代变量。具体结果如表 6-7 所示，更换技术创新的测度指标后，技术创新可以显著促进数字经济发展，且在 1% 的置信水平显著，说明在数字经济领域加大创新投入力度，将有利于数字经济不断提升竞争力；技术创新对产业结构合理化与产业结构高级化的影响依旧显著，并在 1% 的置信水平显著。可见，技术创新是产业链的高级化，对产业结构具有明显的带动作用，通过技术创新扩大数字经济体量，实现数字经济长远发展，助力产业结构转型升级的重要因素。

表 6-7　　　　　更换核心解释变量的稳健性检验（2）

变量	(1)	(2)	(3)	(4)	(5)	(6)
	Inn	Inn	lnISR	lnISR	lnISH	lnISH
dige	1.082 *** (4.49)	0.643 ** (2.80)				

变量	(1)	(2)	(3)	(4)	(5)	(6)
	Inn	Inn	lnISR	lnISR	lnISH	lnISH
Inn			0. 230 *** (4. 10)		0. 180 *** (8. 01)	
Pla × Inn				0. 140 *** (10. 33)		0. 0211 *** (5. 54)
Gov		− 0. 829 (− 1. 29)		1. 235 ** (3. 29)		1. 170 *** (6. 67)
Mar		1. 652 *** (4. 55)		0. 496 (1. 96)		− 0. 0585 (− 0. 58)
Hum		59. 96 *** (5. 83)		18. 74 ** (2. 88)		30. 47 *** (10. 63)
Inv		0. 155 (1. 85)		− 0. 316 * (− 2. 02)		− 0. 0676 ** (− 2. 95)
Ope		− 0. 0468 (− 0. 11)		0. 680 * (2. 43)		− 0. 174 (− 1. 41)
_Cons	13. 76 *** (30. 68)	− 48. 35 *** (− 4. 63)	0. 0436 (0. 05)	− 22. 72 ** (− 3. 33)	− 1. 106 ** (− 3. 11)	− 31. 25 *** (− 10. 78)
控制变量	No	Yes	No	Yes	No	Yes
个体固定效应	Yes	Yes	Yes	Yes	Yes	Yes
时间固定效应	Yes	Yes	Yes	Yes	Yes	Yes
N	210	210	210	210	210	210
R^2	0. 98	0. 99	0. 95	0. 71	0. 92	0. 96

注：表中括号内为 t 值；*、**、*** 分别表示在 10%、5% 和 1% 水平下显著。

6.3 研 究 结 论

随着我国经济发展迈入高质量发展阶段，产业结构不合理、供需矛盾突出、区域经济发展不均衡等结构性问题严重制约了经济发展。在此背景下，研究数字经济、技术创新与产业结构转型升级之间的关系，具有重要的理论与现实意义。本章基于全国 30 个省份面板数据，从产业结构高级化与产业结构合理化两个视角阐释数字经济与技术创新对产业结构转型升级的影响，主要研究结论如下：数字经济对产业结构合理化和产业结构高级化均有促进作用，由此可见数字经济对推动产业结构转型升级具有显著促进作用，但是这一促进作用存在区域异质性，东部地区的促进效果更为显著，西部地区次之；技术创新对助推产业结构转型升级的促进效果显著；数字经济与技术创新之间存在双向促进机制，且数字经济对技术创新的促进效应更为显著，数字经济与技术创新的交互效应可以有效推动产业结构转型升级；数字经济与技术创新相互融合，可以有效增进各要素之间良性互动，改善产业规模、产业效率及产业结构，促进产业间更加紧密融合发展。

第7章 数字经济对农业绿色发展的影响效应检验

7.1 模型构建与变量解释

7.1.1 基准模型的构建

为了验证上文提出的命题，拟对数字经济影响农业绿色发展的作用机制进行检验，构建的基本计量模型如下：

$$agri_{i,t} = \beta_0 + \beta_1 dige_{i,t} + \beta_i X_{i,t} + \lambda_i + \varepsilon_{it} \qquad (7-1)$$

其中，$agri_{i,t}$ 为 i 省份第 t 年的农业绿色发展水平；$dige_{i,t}$ 为 i 省份第 t 年的数字经济发展水平；向量 $X_{i,t}$ 为影响农业绿色发展的其他控制变量；ε_{it} 表示随机干扰项；β_0 表示模型截距项；β_1 为数字经济变量系数。

据前文分析，数字经济有助于提升农业绿色发展水平，但由于网络外部性的存在，该促进作用存在线性关系并不完全成立。为进一步识别数字经济对农业绿色发展的非线性促进作用，本书构建门槛模型以检验数字经济在不同发展阶段对农业绿色发展的影响存在何种差别。模型形式如下：

$$agri_{i,t} = \psi_0 + \psi_1 dige_{i,t} \times I(Adj_{i,t} \leq \theta) + \psi_2 dige_{i,t} \times$$
$$I(Adj_{i,t} > \theta) + \psi_i X_{i,t} + \lambda_i + \varepsilon_{it} \qquad (7-2)$$

其中，$Adj_{i,t}$ 为数字经济、居民消费水平等门槛变量；$I(\cdot)$ 表示指示函数，满足括号内的条件则为 1，否则为 0；θ 为待估计门槛值。

由于数字经济的外部性可能会超越时空限制，导致相邻地区的效益相互影响。本书在式（7-1）的基础之上引入空间相关项，设定空间计量模型。

$$agri_{i,t} = \beta_0 + \rho W agri_{i,t} + \phi_I W dige_{i,t} + \beta_I dige_{i,t} + \phi_c W X_{i,t} + \beta_i X_{i,t} + \lambda_i + \varepsilon_{it}$$

$$(7-3)$$

其中，ρ 为空间自回归系数，W 为空间权重矩阵。ϕ_I 和 ϕ_c 分别为核心变量和控制变量空间交乘项的弹性系数。

7.1.2　变量测度与说明

1. 农业绿色发展水平的测度

农业绿色发展的重心在于资源节约和环境友好，在强调减轻污染的同时更要提高资源利用效率（黄炎忠等，2017）。本书基于数据指标的可获得性和实用性，参照漆雁斌（2020）构建的绿色农业指标体系，从化肥、农药、农膜、农业机械、农业能源以及水资源利用情况 6 个层面测度各省份绿色农业发展水平，如表 7 - 1 所示。该指标体系突出了农业绿色生产过程中节能、高效和可持续发展等特征，符合农业绿色发展重心。由于各个指标单位对农业绿色发展的作用方向不一致，本书通过对各个指标进行极差标准化处理来减少误差，以得到作用方向一致且具有可比性的无量纲数据。最后，同样使用熵值法对各指标进行赋值，得到 2011～2020 年我国 30 个省份[①]的农业绿色发展指数。

表 7 - 1　　　　　　　　　农业绿色发展水平指标体系

指标	指标解释	指标属性
化肥使用效率	农林牧渔产值所消耗的化肥折纯量	负
农药使用效率	农林牧渔产值所消耗的农药	负
农膜利用效率	农林牧渔产值所消耗的农膜	负
农业机械使用效率	农林牧渔产值所投入的机械量	负
能源利用效率	农林牧渔产值所消耗的电力	负
水资源利用效率	有效浇灌面积占年底耕地总面积比率	正

① 我国的台湾、香港、澳门、西藏地区由于数据缺失不参与计算。

2. 控制变量

农业绿色发展除了受数字经济发展水平影响之外，还受其他控制变量的影响。本书的控制变量包括人力资本存量、农村经济增长水平、政策支持程度和受灾率。表7-2为各变量的具体解释。

表7-2　　　　　　　　　　　变量解释

变量类型	变量名称	变量符号	变量解释
被解释变量	农业绿色发展水平	agri	熵值法测度的农业绿色发展水平
门槛变量	居民消费水平	ret	社会消费品零售总额
控制变量	人力资本存量	human	每十万人高等教育学校平均在校生数
	农村经济增长水平	add	农林牧渔业增加值
	政策支持程度	policy	科技支出占一般公共预算支出的比例
	受灾率	dis	受灾面积占农作物总播种面积的比率

3. 数据来源

基本数据可得性，本书运用中国30个省份2011～2020年的平衡面板数据实证检验数字经济对农业绿色发展的影响，数据主要来源有《中国统计年鉴》《中国农村统计年鉴》《中国信息年鉴》《中国信息社会发展报告》等。

7.2　数字经济影响农业绿色发展的实证分析

7.2.1　基准回归结果

表7-3为数字经济影响农业绿色发展的线性估计结果。在模型（1）和模型（2）中，核心解释变量数字经济指数（dige）的回归系数均在1%的水平下显著为正，说明数字经济显著提升了农业绿色发展水平。此外，本书还对加入了控制变量的模型（2）进行检验。结果显

示，各地区人力资本水平（human）与农业绿色发展之间具有不显著的负相关关系，原因可能在于在数字农业发展初期，人力资本投入高、利用率低下，进而抑制农业生产效率；农村经济增长（add）与农业绿色发展之间存在显著的正相关关系，这说明农村经济水平的提高能够为当地提供充足的资金进行农业绿色化生产；政策支持（policy）的回归系数也显著为正，在政府的政策支持下，激发了农业经营主体向绿色生产转型的积极性，从而提升地区农业绿色发展水平；农业受灾率（dis）对地区农业绿色发展具有抑制作用，自然灾害会致使农业产量降低，增加农业生产成本，阻碍农业向绿色发展有效推进。

表 7 – 3　　　　　　　数字经济影响农业绿色发展的回归结果

变量	agri	
	（1）	（2）
dige	0.068 *** (0.000)	0.035 *** (0.001)
human		−0.004 (0.910)
add		0.216 *** (0.000)
policy		1.679 * (0.076)
dis		−0.069 (0.524)
观测值	300	300
R^2	0.560	0.760

注：表中括号内为 t 值；＊、＊＊＊ 分别表示在 10%、1% 水平下显著。

7.2.2　非线性效应分析

在进行门槛回归之前，本书需要使用 Bootstrap 法识别数字经济发展是否对农业绿色发展存在门槛效应。经过 300 次抽样之后，数字经济发展水平和居民消费水平均显著通过了双门槛检验。表 7 - 4 展示了门槛模型回归结果，不同的数字经济发展水平对农业绿色发展的影响存在显著差异。

表 7 - 4　　数字经济影响农业绿色发展门槛模型的回归结果

变量	门槛模型	
	（1）	（2）
门槛值 Th1	- 4.48	9.53
门槛值 Th2	- 3.92	12.01
dige，t × I （Adj ≤ Th1）	0.033 （7.23）	- 0.027 *** （0.000）
dige，t × I （Th1 < Adj ≤ Th2）	0.053 *** （9.75）	0.012 *** （0.004）
dige，t × I （Adj > Th2）	0.073 *** （10.49）	0.041 *** （0.000）
human	0.155 *** （4.98）	0.202 *** （0.000）
add	0.130 *** （6.17）	0.176 *** （0.000）
policy	1.996 *** （4.05）	1.842 *** （0.000）
dis	0.078 ** （2.56）	0.022 （0.418）
观测值	300	300
R^2	0.832	0.863

注：表中括号内为 t 值；** 、*** 分别表示在 5% 、1% 水平下显著。

模型（1）是将数字经济水平当作门槛变量，结果显示，随着数字经济发展水平的提高，其对我国农业绿色发展的促进作用呈现出显著的非线性动态特征。当数字经济发展水平低于门槛值 -4.48 时，数字经济的估计系数为 0.033，这可能是因为在数字经济与农业生产融合初期，存在着投资成本高、回报周期长以及试错成本大等风险，加之数字经济发展快、规模小，导致农业数字化改造动力不足，另外，数字经济具有较强的滞后性，数字技术的应用会导致农业生产模式发生改变，导致数字经济的促进作用并不显著；当数字经济发展水平位于 -4.48 和 -3.92 之间时，其估计系数为 0.053，且在 1% 的水平上显著，这说明随着数字经济的进一步发展，逐渐破除了数字技术与传统农业的融合壁垒，对农业绿色发展的正向效应正在显现；当数字经济水平越过门槛值 -3.92 时，数字经济的系数依然显著为正。这说明只有数字经济超过第一门限值之后，才会产生对农业绿色发展的推动作用，这可能是因为数字经济对农业生产的正向效应存在一个吸收融合的过程，当数字经济发展达到一个临界点之后，数字经济对农业绿色发展的促进作用才得以显现，而数字经济的规模效应会进一步增强该促进作用。这也验证了命题 H3b 的正确性。

数字经济对农业绿色发展的动态效应还有可能受到其他调节变量的影响。模型（2）是把居民消费水平当作门槛变量的回归结果。可以看出，当居民消费水平跨越 12.01 时，数字经济对农业绿色发展的推动作用呈现出显著增强的趋势，数字经济对农业绿色发展的边际效应递增的推进效应依然存在。这说明数字经济对农业绿色发展的动态影响还受到居民消费水平的调节，再次验证了本书提出的命题 H3b。

7.2.3　空间溢出效应分析

在运用空间计量模型测度数字经济对农业绿色发展的空间效应之前，首先需要考虑数字经济和农业绿色发展水平是否都具有空间相关性，本书采用地理距离矩阵来计算 2011～2020 年农业绿色发展水平的全局 Moran's I 指数，从而验证两者的空间自相关性。

由表 7-5 中可以看出，农业绿色发展水平的全局 Moran's I 指数均为显著为正，存在明显的空间正相关性。为了检验某一特定区域的空间相关性，本书绘制数字经济和农业绿色发展水平的局部 Moran's I 图。由图 7 - 1 和图 7 - 2 可知，各省份之间数字经济和农业绿色发展的 Moran's I 指数所对应的点绝大多数分布在第一和第三象限之内，呈现高—高集聚和低—低集聚特征，位于第一象限"高高"类型省份主要是以环京津省市与长三角（北京、天津、山东、浙江等地）为主，而位于第三象限"低低"类型的则主要是西部地区省份为主，因此，这种空间交互特征需要重点关注，未来如何深入开掘西部地区数字经济发展、如何打通空间溢出通道向较低发展水平地区释放空间传导效应、如何更好发挥东部沿海地区的领头作用来促进数字经济发展成为一个值得关注的问题。各省份数字经济和农业绿色发展水平在局部空间上具有显著的正关联性，与全局 Moran's I 检验的结果相一致。因此，使用空间计量模型进一步检验数字经济发展对绿色农业水平的空间溢出效应是合理的。

表 7 - 5　　地理权重矩阵下数字经济及农业绿色发展的全局 Moran's I

年份	agri		
	Moran's I	Z 值	P 值
2011	0.101	1.402	0.080
2012	0.099	1.383	0.083
2013	0.106	1.450	0.074
2014	0.111	1.509	0.066
2015	0.114	1.536	0.062
2016	0.107	1.468	0.071
2017	0.085	1.237	0.108
2018	0.082	1.209	0.113
2019	0.092	1.306	0.096
2020	0.102	1.408	0.080

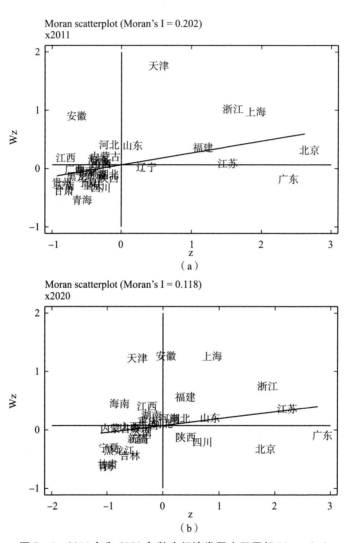

图 7 -1 2011 年和 2020 年数字经济发展水平局部 Moran's I

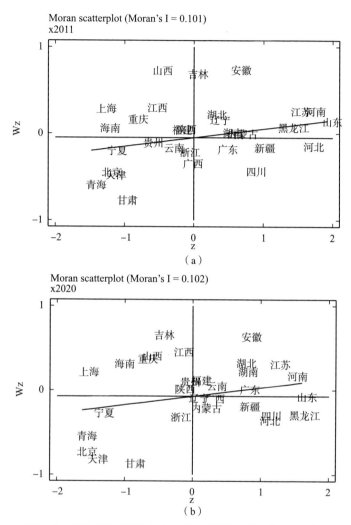

图 7 - 2　2011 年和 2020 年农业绿色发展水平局部 Moran's I

在选择具体空间计量模型时，首先对面板数据进行 LM 检验，检验显示变量模型的 LMERR 和 R - LMERR 均在 1% 的水平下显著，但 LM-LAG 未通过检验，最后确定使用空间误差模型（SEM）进行空间效应分析。另外，经 Hausman 检验，当选用 SEM 模型时，选择固定效应模型更优，因此使用固定效应模型进行分析。为了提高结果的稳健性，本书还使用空间滞后模型（SAR）对空间回归结果进行稳健性检验。表 7 - 6 列出了在 3 种权重矩阵下数字经济对农业绿色发展水平的空间计量结果。

表7-6　　　数字经济影响农业绿色发展的空间模型回归结果

变量	SAR			SEM		
	地理距离	经济距离	邻接矩阵	地理距离	经济距离	邻接矩阵
	(1)	(2)	(3)	(4)	(5)	(6)
ρ	0.441*** (0.000)	0.592*** (8.51)	0.358*** (6.99)			
λ				0.477*** (0.000)	0.543*** (0.000)	0.502*** (0.000)
dige	0.009* (0.054)	0.008* (1.81)	0.008* (1.69)	0.045*** (0.008)	0.043** (0.010)	0.041** (0.013)
human	0.130*** (0.000)	0.166*** (5.51)	0.094*** (2.88)	-0.128*** (0.001)	-0.057* (0.081)	-0.098*** (0.006)
add	0.112*** (0.000)	0.116*** (5.74)	0.159*** (8.61)	0.214*** (0.000)	0.219*** (0.000)	0.228*** (0.000)
policy	1.939*** (0.000)	2.268*** (4.74)	1.779*** (3.51)	2.076* (0.055)	2.138** (0.035)	2.739*** (0.006)
dis	0.074** (0.012)	0.078*** (2.64)	0.087*** (2.74)	-0.234** (0.028)	-0.149 (0.149)	-0.269*** (0.008)
直接效应	0.010* (0.054)	0.009* (1.81)	0.008* (1.69)			
间接效应	0.007* (0.053)	0.012* (1.74)	0.004* (1.67)			
总效应	0.016** (0.048)	0.021* (1.84)	0.012* (1.71)			
R^2	0.624	0.563	0.657	0.749	0.758	0.753

注：表中括号内为t值；*、**、***分别表示在10%、5%和1%水平下显著。

在SEM模型中，3种权重矩阵下数字经济的系数均在1%的水平下显著为正值，表明本省内的数字经济发展水平越高，农业绿色发展水平越高。区域内数字经济的应用对于加速农业生产数字化、提高农产品消费水平都发挥着积极作用，从供需两方面推动了区域农业绿色发展。λ的估计值也均在 1% 的水平下显著为正，这表明各区域间的农业绿色发展水平突破了区域壁垒，具有一定的关联性。本省的数字经济发展水平对其他省份的农业绿色发展具有明显的示范和带动作用，数字经济发展打破了区域间农业生产的时空限制，农业经营主体通过信息交流、知识共享等方式，实现区域间农业生产协调化和联合化，从而加速了农业生产要素的空间溢出，带动邻近地区的农业绿色发展。为了进一步解释数字经济对农业绿色发展的边际效应，还在 SAR 模型的基础上分析了数字经济对地区农业绿色发展的直接效应、间接效应以及总效应。由表 7-6可知，在三种权重矩阵下，数字经济对农业绿色发展水平的直接效应、间接效应和总效应均显著为正，这说明本省的数字经济发展不仅对本省的农业绿色发展具有正向推动作用，也是推动相邻省份农业绿色发展的有效途径，数字经济对农业绿色发展的正向溢出效应再次得到验证。由此可知，命题 H3c 成立。

7.2.4　稳健性检验

为了进一步确保上述回归结果的可靠性，本书通过以下两种方式进行稳健性检验：

（1）采用面板分位数回归方法，检验在不同农业绿色发展水平下数字经济对农业绿色发展的影响是否存在差异，结果见表 7-7 模型（1）。25%、50%、75% 三个分位点分别表示农业绿色发展的低、中、高水平。可以看出，在不同农业绿色发展水平下，数字经济对我国农业绿色发展的积极影响均呈显著状态。由此证实了本书实证结果的稳健性。

表 7-7　　　　　　　　　　　稳健性检验结果

变量	agri			
	（1）			（2）
	25%	50%	75%	
dige	0.029 **	0.035 ***	0.038 *	0.033 ***
	(0.010)	(0.004)	(0.065)	(0.003)

变量	agri			
	(1)			(2)
	25%	50%	75%	
human	0.060 ** (0.014)	− 0.033 (0.429)	− 0.052 (0.286)	0.005 (0.882)
add	0.172 *** (0.000)	0.200 *** (0.000)	0.218 *** (0.000)	0.213 *** (0.000)
policy	1.483 * (0.067)	3.988 *** (0.006)	0.666 (0.621)	2.295 * (0.053)
dis	− 0.076 (0.657)	− 0.060 (0.700)	− 0.388 ** (0.020)	− 0.088 (0.422)
open				0.009 (0.475)
fin				0.056 (0.174)
观测值	300	300	300	300

注：表中括号内为 t 值；* 、** 、*** 分别表示在 10%、5% 和 1% 水平下显著。

（2）增加控制变量，对外开放程度的提高会推动农业农村经济发展，创新农业发展模式，助力农业绿色发展；另外，加强农业财政支出也会促进农业技术研发，进而推动农业生产向绿色化转型。因此增加对外开放程度（open）和农业财政支出水平（fin）作为控制变量，对外开放程度用进出口总额占 GDP 的比重来衡量，农业财政支出直接用其占地区财政总支出的比重来测度。回归结果如表 7 - 7 模型（2）所示，核心解释变量数字经济的回归系数依然在 1% 的水平下显著为正，基准回归结果的稳健性再次得到检验。

7.2.5　区域异质性分析

由于我国各地区在资源条件和发展现状等方面存在着差异，数字经济发展水平和农业绿色发展水平也存在着明显的区域异质性。因此,数字经济对农业绿色发展水平的推动作用也可能存在区域差异。为了验证这一假设,本书将 30 个省份划分为东部、中西部两个区域进行回归分析,如表 7 − 8 所示。

表 7 − 8 数字经济影响农业绿色发展的区域异质性检验

变量	东部地区	中西部地区
dige	0.060 *** (0.000)	0.038 (0.390)
human	0.000 *** (0.000)	− 0.000 (0.420)
add	0.000 *** (0.000)	0.000 *** (0.000)
policy	− 0.029 (0.922)	1.394 ** (0.015)
dis	− 0.045 ** (0.037)	− 0.000 *** (0.917)
样本数量	110	190
R^2	0.970	0.780

注:表中括号内为 t 值; ** 、*** 分别表示在 5% 、1% 水平下显著。

从表 7 − 8 可得,东部地区数字经济的回归系数显著为正值,说明数字经济有效促进了东部地区农业绿色发展水平的提升,然而该作用在中西部地区并不明显。由此可以得出,整体上我国数字经济的发展促进了农业绿色发展水平的提升,但是对不同区域的推动作用存在明显差异,东部地区的积极效应更加显著。这种差异性的原因可能在于,我国东部省份的数字经济发展较早,发展水平相对较高,从而使得数字经济的红利能够得到更加充分的释放。另外,各地区人力资本水平、农村经济增长水平、政策支持程度以及农业受灾率等因素也是造成中西部地区农业绿色发展水平落后于东部地区的主要原因。

中西部地区的人力资本水平(human)的系数为负数,说明人力资本水平对于中西部地区的农业绿色发展并没有起到的促进作用，这可能是因为农业绿色化生产所需要的人力资本水平相对较高，而中西部地区教育水平较为落后，加之文化水平相对较高的劳动资源多向东部地区流入，大大降低了当地人力资本水平，进而抑制农业绿色发展。农业自然灾害（dis）的发生会加大化肥、机械以及劳动力等农业生产要素的投入，增加农业生产成本，降低农业技术效率，对全国农业绿色发展均存在明显的负向影响，由于中西部地区抵抗自然灾害的能力较低，因此自然灾害对中西部地区农业绿色发展的抑制作用更加明显。理论上农村经济增长（add）能够加大农业绿色生产投入，进而推动农业绿色化转型，但是由于中西部地区农村经济发展水平相对落后，导致对农业绿色发展水平的提升作用并不显著。在政策支持（policy）方面，部分地方政府部门没有改变传统的农业生产管理模式，不能准确采取适当手段引导农业绿色化转型，加之农村地区绿色化经营思想普及度较低，严重阻碍相关政策的贯彻落实，极大影响了中西部地区的农业绿色发展。

7.3 进一步拓展："宽带乡村"政策效应

根据上述结果可知，由于我国中西部地区数字经济发展水平相对落后，导致对农业绿色发展水平的推动作用并不显著。对于中西部地区而言，数字经济基础较为薄弱，特别是农村地区，数字经济发展所需要的数字基础设施仍处于落后状态。宽带建设作为基础网络设施，在加速推进数字技术向经济社会领域的渗透融合过程中发挥着功不可没的作用。为了加快中西部农村宽带建设，缩小数字经济发展差距，2014 年中央政府决定首先在四川和云南实施"宽带乡村"试点工程。入选试点工程后，当地将扩大网络覆盖范围，不断增加宽带用户规模，提升宽带普及率，大力推动宽带网络提速，从而实现数字经济高速增长。可以预期，受"宽带乡村"建设影响的地区，农村数字经济发展水平将得到显著的改善，这对当地农业生产技术进步和效率提升都会产生积极影响，从而促进当地农业绿色发展。同时，"宽带乡村"建设也为弥合东西部数字经济发展鸿沟提供了新契机。

本书引入双重差分法（different in different，DID）分析"宽带乡

村"试点工程对农村绿色发展的影响效应。由于试点城市的批复具有随机性，因此将 2014 年"宽带乡村"试点作为政策冲击的准自然实验。四川和云南在 2014 年就已展开"宽带乡村"建设，因此将四川和云南设为"实验组"。另外，由于重庆和贵州在地理特征、产业结构以及经济发展水平方面与四川、云南较为接近，具有一定的可比性，本书将重庆市和贵州省设为"控制组"。模型的具体形式如下：

$$\text{agri}_{i,t} = \alpha_0 + \alpha_1 \text{treat}_{i,t} + \alpha_2 \text{time}_{i,t} + \alpha_3 \text{did}_{i,t} + \alpha_j \text{controls}_{i,t} + \gamma_i + \mu_i + \varepsilon_{it}$$

$$(7-4)$$

式（7-4）中，agri 为各省份农业绿色发展水平；treat 为组别虚拟变量，包括试点省份（$\text{treat}_{i,t} = 1$）和非试点省份（$\text{treat}_{i,t} = 0$），time 为时间虚拟变量；did 表示组别和时间虚拟变量的交乘项。此外，controls 为可能影响农业绿色发展的一系列控制变量，γ 为个体效应，μ 为时间效应，ε 为随机误差项。

表 7-9 报告了"宽带乡村"建设对农业绿色发展的影响。模型（1）是在不加控制变量的情况下的回归结果，"宽带乡村"试点工程对农业绿色发展的估计系数为 0.035，在 10% 的水平下显著为正。说明"宽带乡村"建设推动地区数字经济发展，进而能够显著提升农业绿色发展水平。模型（2）在模型（1）的基础上加入了一系列控制变量，可以发现，"宽带乡村"试点工程的回归系数为 0.205，且在 1% 的水平下显著，显著性较模型（1）有所提高。根据回归结果可知，"宽带乡村"试点工程对推进数字经济赋能农业绿色化发展具有显著的政策效应，能够通过提高数字经济发展水平加速当地农村农业绿色发展。

表 7-9　　　　宽带建设与农业绿色发展的 DID 回归结果

变量	agri	
	（1）	（2）
treat × post	0.035 * （0.793）	0.205 *** （0.000）
human		-0.071 （0.225）

续表

变量	agri	
	(1)	(2)
add		0.429 *** (0.000)
policy		9.597 ** (0.027)
dis		0.062 (0.347)
观测值	40	40
R^2	0.567	0.967

注：表中括号内为 t 值；＊、＊＊、＊＊＊分别表示在 10%、5% 和 1% 水平下显著。

为了保证双重差分法所识别的"宽带乡村"试点工程对农业绿色发展的因果效应不受其他随机因素的影响，本书通过随机化各省份被确认为"宽带乡村"试点城市的年份，构建安慰剂检验对双重差分法所得结果的真实性进行检验。图 7 - 3 绘制了农业绿色发展水平作为被解释变量的估计结果的系数分布，可以看出，500 次随机抽样的系数核密度估计值都集中在 0 左右，可见上述估计结果是稳健的。

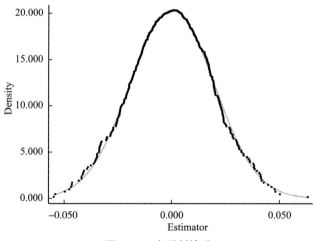

图 7 - 3　安慰剂检验

7.4 研 究 结 论

本书对数字经济影响农业绿色发展的传导机制和影响效应进行实证分析,得出以下结论:第一,数字经济能够显著提升农业绿色发展水平,通过重构农业产业链条、提高生产和经营决策效率,已成为我国绿色农业发展的内生动力,经过一系列稳健性检验,该结论依然成立。第二,数字经济对农业绿色发展呈现显著的正向"边际效应"递增的非线性趋势,平台用户的累积和数字技术的不断完善会加速农业技术成果转化,持续增强对农业绿色转型的积极效应;另外,该效应还可以通过居民消费水平这一潜在因素间接得到强化,与数字经济形成对农业绿色发展的合力效应。第三,我国各省份农业绿色发展水平具有显著的空间关联性,数字经济对我国农业绿色发展具有明显的空间溢出效应。通过政府引导和合理利用,有助于缩小地区间绿色农业发展差距,形成区域农业绿色协调发展新格局。但相较于数字经济产生的溢出效应,数字经济对当地农业绿色发展的直接效应更加明显。第四,数字经济对农业绿色发展的正向效应具有区域异质性,东部地区享受更多的数字经济红利,这意味着数字经济对中西部地区农业绿色发展产生的正面影响还有待加强。"宽带乡村"建设能够改善中西部农村数字经济状况,加速当地农业生产技术进步和效率提升,对于农业绿色发展具有显著的政策效应。

第8章　数字经济对提升碳排放效率的影响效应检验

8.1　模型、变量与数据

8.1.1　模型构建

1. OLS 模型

为研究数字经济发展对碳排放效率的直接影响，建立基本模型如下：

$$\ln CI_{it} = \alpha_0 + \alpha_1 dige_{it} + \alpha_2 X_{it} + \mu_i + \gamma_t + \varepsilon_{it} \qquad (8-1)$$

其中，$\ln CI_{it}$ 为被解释变量，代表第 i 省份第 t 年的碳排放强度（取对数）；$dige_{it}$ 为核心解释变量，代表第 i 省份第 t 年的数字经济发展水平；X_{it} 为一系列控制变量。α_1 为数字经济指数的回归系数；α_2 为控制变量的回归系数；μ_i、γ_t 代表省份个体固定效应和时间固定效应，ε_{it} 为随机扰动项，α_0 为常数项。

2. 中介模型

在上述机理分析的基础上，为分析间接影响的可能机制，本书从能源消费角度，选取中介变量对其进行检验。借鉴巴伦和肯尼（Baron and Kenny，1986）的研究方法，在式（8-1）的基础上构建如下中介模型：

$$M_{it} = \beta_0 + \beta_1 dige_{it} + \beta_2 X_{it} + \mu_i + \gamma_t + \varepsilon_{it} \qquad (8-2)$$

$$\ln CI_{it} = \rho_0 + \rho_1 dige_{it} + \rho_2 M_{it} + \rho_3 X_{it} + \mu_i + \gamma_t + \varepsilon_{it} \qquad (8-3)$$

其中，M_{it}代表中介变量，包括能源效率和能源结构。$\ln CI_{it}$、$dige_{it}$、X_{it}、μ_i、γ_t、ε_{it}含义与式（8-1）相同。

3. 空间计量模型

数字经济和碳排放均具有外部性特征，会对相邻地区产生影响。本书根据式（8-1）的基准回归模型引入空间相关项来设置空间模型，模型如下。

$$\ln CI_{it} = \vartheta_0 + \rho W \ln CI_{it} + \vartheta_1 dige_{it} + \vartheta_2 X_{it} + \delta_1 W dige_{it} +$$
$$\delta_2 W X_{it} + \gamma_t + \mu_i + \varepsilon_{it} \qquad (8-4)$$

$$\varepsilon_{it} = \lambda m_i' \varepsilon_t + \nu_{it} \qquad (8-5)$$

其中，$\ln CI_{it}$、$dige_{it}$、X_{it}、μ_i、γ_t、ε_{it}含义与式（8-1）相同。$W \ln CI_{it}$、$W dige_{it}$、$W X_{it}$代表地区碳排放强度、地区数字经济发展水平以及控制变量的空间滞后项。ρ代表空间自回归系数；ϑ_1、ϑ_2代表直接效应系数；δ_1、δ_2代表空间影响系数；ϑ_0为常数项；W是30×30阶的空间权重矩阵。

当$\lambda = 0$时，模型转化为空间杜宾模型（SDM）；当$\rho = 0$且$\delta = 0$时，模型转化为空间误差模型（SEM）；当$\lambda = 0$且$\delta = 0$时，模型转化为空间自回归模型（SAR）。

8.1.2　变量与指标选取

1. 被解释变量：碳排放强度（lnCI）

本书采用二氧化碳排放量与地区实际生产总值的比值来衡量区域碳排放效率，并进行对数处理。事实上，碳排放主要来源于化石燃料的燃烧。因此，关于碳排放量，本书主要选取煤炭、焦炭、原油、汽油、煤油、柴油、燃料油、天然气8个能源消耗指标，根据《中国能源统计年鉴》公布的各类能源折标准煤系数和政府间气候变化专门委员会（IPCC）公布的碳排放系数进行计算。碳排放量表征为不同类型含碳能源的消耗及其对应的二氧化碳排放因子的乘积。

$$TC_{it} = \sum_{i=1}^{8} E_{itm} \times H_m \times D_m \qquad (8-6)$$

$$CI_{it} = TC_{it}/GDP_{it} \qquad (8-7)$$

其中，TC_{it} 表示 i 省份第 t 年的碳排放总量；GDP_{it} 表示 i 省份第 t 年的实际 GDP；m 表示能源类型；E_{itm} 表示 i 省份第 t 年的能源消耗量；H_m 表示各类能源的折标准煤系数；D_m 表示碳排放系数。具体数值如表 8-1 所示。

表 8-1　　　　　　　　能源折煤系数和碳排放系数

系数	煤炭	焦炭	原油	汽油	煤油	柴油	燃料油	天然气
H_m	0.7143	0.9714	1.4286	1.4714	1.4714	1.4571	1.4286	13.3
D_m	0.7476	0.1128	0.5854	0.5532	0.3416	0.5913	0.6176	0.4479

2. 中介变量与控制变量

本书主要从能源消费角度选取中介变量，来检验数字经济发展对碳排放效率提升的间接影响，主要有能源效率和能源结构两个指标。能源效率（lnEE）：用能源强度来测度能源效率，即单位生产总值的能源消耗量越低，能源效率越高。能源结构（ES）：用煤炭消费量在能源消费总量中的占比进行测度，即煤炭消耗量占比越低，能源结构越优。在控制变量中，经济发展水平（RGDP）用地区生产总值的变化率作为衡量指标；人口密度（lnPOP）用年末人口与地区行政面积的比值表示，并进行对数处理；外商投资水平（FDI）：用外商直接投资与地区生产总值的比值表示；财政分权（FD）：用各省份人均财政支出与中央人均财政支出的比值表示；绿色产品创新（GPR）：各地区工业企业新产品销售收入与能源消耗量比值进行衡量；产业结构优化（OIS）：由第一、二、三产业产值与第一产业产值的比值求和得出，反映产业结构的多元优化水平。

8.1.3　数据来源与描述性统计

本书采用 2011~2019 年中国 30 省份的面板数据作为研究对象（考虑到数据可得性，本书将我国西藏、香港、澳门及台湾地区予以剔除）。样本数据主要来源于《中国统计年鉴》《中国能源统计年鉴》《中国信息产业年鉴》《中国电子信息产业年鉴》、各省份统计年鉴、中国互联网发展状况统计报告、北京大学数字金融研究中心编制的数字普惠金融指数以及国家统计局官网数据。对于少量缺失数据，本书采用插值法加以补全。各变量描述性统计分析详如表8-2所示。

表8-2 变量描述性统计

变量名称	变量代码	样本量	均值	标准差	最小值	最大值
碳排放强度	lnCI	270	-0.170	0.604	-1.521	1.318
能源效率	lnEE	270	-2.622	0.539	-3.872	-1.458
能源结构	ES	270	0.507	0.165	0.018	0.838
经济发展水平	RGDP	270	1.084	0.024	1.005	1.164
人口密度	lnPOP	270	5.460	1.284	2.079	8.251
外商直接投资	FDI	270	0.021	0.019	0	0.121
财政分权	FD	270	6.815	2.792	3.305	14.880
绿色产品创新	GPR	270	0.255	0.250	0.003	1.140
产业结构优化	OIS	270	0.269	0.559	0.039	3.673

8.2 数字经济发展对碳排放效率影响的实证检验

8.2.1 数字经济发展水平与碳排放强度测度结果

依据上述指标体系和相关数据，本书对中国数字经济发展水平和区域碳排放强度水平进行测度。具体结果如表8-3和表8-4所示。表8-3为2011~2019年中国数字经济发展平均水平，不同区域间数字经济发展水平存在较大差距，东部地区的数字经济发展水平明显高于全国平均水平，而中西部地区的数字经济发展水平则低于全国平均水平，由此可见，中国区域间数字经济发展不平衡，存在"数字鸿沟"。

表 8 - 3   2011～2019 年中国数字经济发展平均水平

年份	总体	东部地区	中部地区	西部地区
2011	1.5082	2.6438	0.8564	0.8466
2012	1.6614	2.8718	0.9716	0.8891
2013	1.6858	2.9453	0.9854	0.9096
2014	1.6972	2.9461	1.0494	0.9105
2015	1.7008	2.9484	1.0734	0.9132
2016	1.7102	2.9506	1.1066	0.9526
2017	1.7276	2.9878	1.1115	0.9615
2018	1.7947	3.0145	1.1181	0.9798
2019	1.7964	3.1064	1.2311	0.9895

表 8 - 4   2011～2019 年中国区域碳排放强度平均水平

年份	总体	东部地区	中部地区	西部地区
2011	0.9048	0.5983	0.7764	1.2989
2012	0.9188	0.6127	0.7953	1.3047
2013	0.9232	0.6225	0.8039	1.3108
2014	0.9345	0.6441	0.8327	1.3148
2015	0.9809	0.6722	0.8746	1.3668
2016	1.0457	0.6982	0.9158	1.4877
2017	1.1008	0.7384	0.9673	1.5603
2018	1.1726	0.8003	1.0534	1.6315
2019	1.2277	0.8518	1.1286	1.6757

表 8 - 4 为 2011～2019 年中国区域碳排放强度平均水平，本书以此来反映区域的碳排放效率，由表 8 - 4 可知，近年来经济发展所带来的碳排放量有上升趋势，即区域碳排放效率均有不同程度的下降，这说明中国当前仍然面临着较大的减排压力，双碳目标的实现依然任重道远，需要做好长期减排工作。

8.2.2　基准回归

本书在构建面板模型的基础上，首先进行基准回归，并进行豪斯曼检验，检验结果为 39.06，在 1% 的水平下显著。因此，本书选择固定效应模型进行分析，回归结果如表 8 - 5 所示。从回归结果来看，在加入控制变量后，核心解释变量的抑制作用保持不变且显著性水平有所提升，如表 8 - 5 列（3）所示，数字经济发展水平每提高 1 单位，二氧化碳排放强度会下降 9.85%，这说明数字经济发展对碳排放效率的提升具有正向促进作用。因此，假设 H4a 得以验证。同时，加入控制变量后，数字经济发展水平的估计系数比未加时的估计系数小，这说明控制变量的加入增强了数字经济对碳排放强度的抑制作用，促进了碳排放效率提升。

表 8 - 5　　　　　　　数字经济发展与碳排放效率基准回归结果

变量	（1）	（2）	（3）
	lnCI	lnCI	lnCI
dige	- 0.2299 *** (0.0167)	- 0.0970 * (0.0488)	- 0.0985 ** (0.0377)
RGDP			2.3008 *** (0.6305)
lnPOP			1.5448 ** (0.7379)
FDI			0.2954 (0.9959)
FD			- 0.0357 * (0.0210)
GPR			- 0.2564 * (0.1309)
OIS			- 0.0423 * (0.0237)
_cons	0.2202 *** (0.0475)	0.2207 *** (0.0775)	- 10.4642 ** (4.0675)

变量	(1)	(2)	(3)
	lnCI	lnCI	lnCI
N	270	270	270
R^2	0.3486	0.3453	0.4065
Province FE	No	Yes	Yes
Time FE	No	Yes	Yes

注：表中括号内为 t 值；*、**、*** 分别表示在 10%、5% 和 1% 水平下显著。

就控制变量而言，经济增长会提高二氧化碳排放强度，对碳排放效率的提升产生抑制作用，这说明当前经济增长与碳减排需求之间仍存在矛盾，经济发展的低碳转型仍然面临较大挑战。人口密度对碳排放强度的影响显著为正，也会对碳排放效率的提升产生抑制作用。虽然人口集聚对碳排放影响具有正外部性，通过要素共享，降低成本，减少交通运输距离，从而节约能源以降低碳排放，但人口过于集中会导致生产规模扩大，增加区域的能耗需求，致使碳排放强度增加。外商直接投资虽然对碳排放强度增加具有正向影响，但在统计意义上并不显著，没有印证外商直接投资带来具有污染天堂效应。财政分权水平提高对碳排放强度的影响在 10% 的水平下显著为负，能够促进碳排放效率的提升，近年来我国财政分权水平不断提高，财政体制不断完善，并在生态保护和环境治理能力上得到体现。工业行业是碳排放大户，工业企业的生产制造活动是二氧化碳排放产生的一大源头之一，绿色产品创新能够体现产品生产的经济效益和生态效益的统一，其创新水平每提高 1 单位，能促进二氧化碳排放强度下降 25.64%，对碳排放效率提升具有正向影响。产业结构优化对碳排放强度也具有负向影响，因此应不断推进产业结构的优化升级，提高产业结构高级化与合理化水平，促进碳排放效率水平的稳健提升。

8.2.3 内生性处理与稳健性检验

1. 内生性处理

为避免双向因果和遗漏变量引致的内生性问题，本书在此进行内生性讨论与处理。数字经济发展能够影响碳排放强度，同样碳排放强度大的地区在减排压力下，会增加高碳产业的运营成本，进而加快推动产业的数字化转型。因此，二者之间可能存在双向因果关系，故使用核心解释变量 dige 的滞后一期和滞后两期作为工具变量，采用广义矩估计（IV - GMM）方法进行内生性检验，检验结果见表 8 - 6 列（1）。经过内生性检验后，数字经济发展对碳排放强度的影响始终为负，且在 1% 的统计水平下显著。

2. 稳健性检验

为进一步验证前文回归结果的稳健性，本书采用如下方法进行稳健性检验。第一，替换被解释变量。借鉴单等（Shan et al.，2020）的碳排放量测算方法，利用碳核算数据库（CEADs）中的碳排放量对 30 省份的碳排放强度进行重新测算，并纳入回归模型中，结果如表 8 - 6 列（2）所示。第二，替换核心解释变量。借鉴赵涛（2020）的数字经济评价指标体系，从互联网 + 数字金融发展维度对数字经济发展水平进行测算，并纳入回归模型中，回归结果如表 8 - 6 列（3）所示。第三，改变样本量。利用截尾方式在 1% 的水平上剔除数字经济发展水平和碳排放强度的极端值，重新检验数字经济发展对碳排放效率的影响，结果如表 8 - 6 列（4）所示。可以发现，在经过更换被解释变量、核心解释变量和改变样本量后，核心解释变量 dige 始终显著为负，表明本书结论具有稳健性。

表 8 - 6　　　　　　　　内生性处理与稳健性检验

变量	（1）	（2）	（3）	（4）
	IV - GMM	替换被解释变量	替换核心解释变量	改变样本量
	lnCI	lnTCI	lnCI	lnCI
dige	- 0. 1422 *** （0. 0236）	- 0. 1111 ** （0. 0530）		- 0. 1037 ** （0. 0377）
Wdige			- 0. 1728 ** （0. 0653）	

续表

变量	(1) IV – GMM lnCI	(2) 替换被解释 变量 lnTCI	(3) 替换核心 解释变量 lnCI	(4) 改变样本量 lnCI
CV	Yes	Yes	Yes	Yes
N	210	270	270	270
R^2		0.2664	0.4127	0.4454
Centered R^2	0.6947			
Province FE		Yes	Yes	Yes
Time FE		Yes	Yes	Yes
Kleibergen – Paaprk LM statistic	21.575 [0.0000]			
Kleibergen – Paaprk Wald F statistic	1100.505			
Hansen J statistic	0.228 [0.6329]			

注：表中括号内为 t 值；** 、*** 分别表示在 5% 、1% 水平下显著。

8.2.4 中介效应检验

经过上述分析，数字经济发展对碳排放效率的提升具有正向影响，为进一步明确数字经济的碳减排机制，本书将在以下部分对能源效率机制和能源结构机制进行中介效应分析，并进行 Sobel 和 Bootstrap 检验。中介效应检验结果如表 8 – 7 所示。

表 8 – 7　数字经济发展对碳排放效率影响的中介机制检验

变量	(1) lnCI	(2) lnEE	(3) lnCI	(4) ES	(5) lnCI
dige	– 0.0985 *** (0.0305)	– 0.1087 *** (0.0337)	– 0.0263 (0.0212)	– 0.0260 ** (0.0137)	– 0.0631 *** (0.0244)

续表

变量	(1)	(2)	(3)	(4)	(5)
	lnCI	lnEE	lnCI	ES	lnCI
lnEE			0.6640 *** (0.0410)		
ES					1.3608 *** (0.1179)
CV	Yes	Yes	Yes	Yes	Yes
N	270	270	270	270	270
R^2	0.9873	0.9804	0.9941	0.9657	0.9920
Province FE	Yes	Yes	Yes	Yes	Yes
Time FE	Yes	Yes	Yes	Yes	Yes
Sobel Test		Z = -3.162（p = 0.0016）		Z = -1.875（p = 0.0607）	
Goodman - 1		Z = -3.157（p = 0.0016）		Z = -1.869（p = 0.0617）	
Goodman - 2		Z = -3.168（p = 0.0015）		Z = -1.882（p = 0.0598）	
Proportion of total effect that is mediated		0.7327		0.3590	
Bootstrap Test		Z = -3.19（p = 0.001）		Z = -1.70（p = 0.088）	

注：表中括号内为 t 值；** 、*** 分别表示在5%、1%水平下显著。

有关能源效率机制的检验结果如表 8 - 7 中列（2）和列（3）所示，数字经济发展对能源消耗强度具有显著的促降作用，即数字经济能有效提升能源效率。能源强度与碳排放同向变化，并在1%的统计水平上显著。能源效率机制在数字经济对碳排放效率的影响过程中发挥完全中介效应，中介效应在总效应中的占比达到73.27%。有关能源结构机制的检验结果如表 8 - 7 中列（4）、列（5）所示，数字经济发展有利于降低煤炭消费在能源消费中的比重，对优化能源结构具有积极影响。煤炭消耗量的增加对碳排放也具有正向影响，能源机制在数字经济对碳排放效率的影响过程中发挥部分中介效应，中介效应在总效应中的占比达到35.9%。因此，假设命题 H4b 得到成立。数字技术的应用在能源的供给端、输送端和消费端发挥重要作用，通过搭建全过程能源监管平台，能够实现能源生产和消耗的协同调配，智能响应能源变动需求，并为可再生能源的并网运输、消纳、储能等方面提供技术支持，降低清洁能源废弃率，不断促进能源结构优化与能源效率提升，进而在降低碳排放强度，提高碳排放效率等方面具有突出贡献。

8.2.5　空间溢出效应分析

数据要素具有开放共享、高渗透性的特征，能够突破时空限制，促进生产要素的区域间流动，并优化资源的配置效率，增进区域间的经济联系与协同发展。因此，相邻地区在产业结构、科技水平以及生产方式等方面具有相似性特征，因此二氧化碳排放作为经济活动的非预期产出也可能具有空间溢出效应。

1. 空间自相关检验

在分析数字经济发展对碳排放效率影响的空间影响之前，有必要考虑碳排放效率二者是否存在空间相关性。本书利用地理距离权重矩阵计算 2011~2019 年碳排放强度的 Moran's I 指数，验证二者之间潜在的自相关关系。如表 8-8 所示，碳排放强度的 Moran's I 指数为正向显著，说明 2011~2019 年我国地区间碳排放强度具有显著的空间正相关性，并且碳排放强度的空间相关性在 1% 的显著性水平下呈下降趋势，可能原因是近年来中国处于经济发展的转型期，在创新驱动发展战略及供给侧结构性改革的引导下，原有低效率、粗放式的经济发展方式得以转变，使得碳排放强度的空间相关性有所下降。因此，有必要研究数字经济发展对碳排放效率影响的空间溢出效应。

表 8-8　　　地理距离权重矩阵下碳排放效率的 Moran's I 指数

年份	lnCI		
	Moran's I	z - value	p - value
2011	0.301 ***	3.523	0.000
2012	0.305 ***	3.554	0.000
2013	0.290 ***	3.394	0.001

续表

年份	lnCI		
	Moran's I	z - value	p - value
2014	0. 292 ***	3. 415	0. 001
2015	0. 269 ***	3. 179	0. 001
2016	0. 262 ***	3. 103	0. 002
2017	0. 261 ***	3. 100	0. 002
2018	0. 263 ***	3. 131	0. 002
2019	0. 225 ***	3. 040	0. 002

注：表中括号内为 t 值；*** 表示在 1% 水平下显著。

　　为更好研究地区间的空间关联度，本书分别绘制了地理距离矩阵下 2011 年和 2019 年地区碳排放效率的 Moran's I 指数散点图，以直观反映在空间上的聚集特性。如图 8 - 1 所示，从局部空间自相关检验结果能够看出，大部分省份都位于第 Ⅰ、Ⅲ 象限，呈现"高—高""低—低"集聚态势，碳排放效率的空间依赖性特征显著。

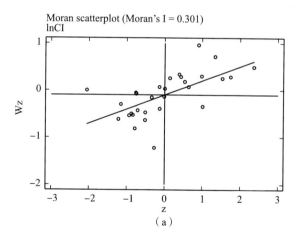

（a）

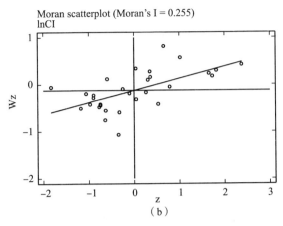

图 8 - 1　2011 年和 2019 年碳排放强度局部 Moran's I 指数散点图

2. 空间计量模型选择及回归结果分析

在进行空间溢出效应分析前，本书对面板数据进行 LM 检验、Hausman 检验和 LR 检验以确定使用何种空间模型。检验结果如表 8 - 9 所示。首先，利用 LM 检验，选择使用空间误差模型（SEM）进行空间溢出效应分析。其次，基于 Hausman 检验，当选择 SEM 模型时，使用固定效应模型较好。最后，根据 LR 检验得出选择 SEM 模型的双向固定效应模型进行空间溢出效应分析效果更佳。

表 8 - 9　　　　　　　　　　空间模型选择检验结果

变量	Statistic	p - value
LM_test_lag	2. 582	0. 108
Robust LM_test_lag	0. 362	0. 548
LM_test_sem	9. 213	0. 002
Robust LM_test_sem	6. 992	0. 008
Hausman Test	46. 59	0. 000
LR Test（ind or both）	55. 74	0. 000
LR Test（time or both）	860. 14	0. 000

为提高结果的稳健性，本书利用空间滞后模型（SAR）来检验空间

回归结果的稳健性。表 8 - 10 给出了空间接邻矩阵、空间地理距离权重矩阵和空间经济距离权重矩阵下数字经济发展对碳排放效率影响的测度结果。在空间误差模型（SEM）中，数字经济发展在 1% 的显著性水平下对碳排放强度的增加产生抑制作用，数字经济发展水平每提高 1%，碳排放强度会降低 10.47% ~ 11.57%，即数字经济发展促进了碳排放效率提升，并对区域发展经济发展的低碳转型具有积极影响。SEM 模型中体现碳排放强度空间关联程度的空间自相关系数 λ 的估计值在不同权重矩阵下均有显著且稳健的结果，说明区域间的碳排放强度存在空间关联效应，具有正向的空间相关性。为解释数字经济发展对碳排放效率提升的边际效应，本书利用空间滞后模型分析了其直接效应、间接效应和总效应。在三个权重矩阵下，数字经济发展对本地区和周边地区碳排放强度均呈负向影响，并且在接邻矩阵中的空间溢出效应尤为显著，说明在相邻省份之间，本地区的数字经济发展不仅能够促进当地碳排放效率的提高，同样会对邻居地区的碳排放效率提升产生正向促进作用。其他控制变量对碳排放强度的影响与基准回归结果基本一致。因此，数字经济发展会带来碳减排效应，并对周边地区的碳减排产生辐射带动作用，产生积极的空间溢出效应，发展数字经能够成为助力碳减排目标达成的有效途径。

表 8 - 10　　　　　　　　　空间计量模型回归结果

变量	SEM			SAR		
	邻接矩阵	地理距离矩阵	经济矩阵	邻接矩阵	地理距离矩阵	经济矩阵
dige	-0.1143 *** (-4.2372)	-0.1047 *** (-3.7594)	-0.1157 *** (-4.1776)	-0.1019 *** (-3.7769)	-0.1000 *** (-3.6343)	-0.1015 *** (-3.6521)
RGDP	1.9673 *** (4.4026)	2.1308 *** (4.5265)	2.3030 *** (4.9747)	2.1598 *** (4.7022)	2.2516 *** (4.8191)	2.2544 *** (4.7833)
lnPOP	1.9137 *** (7.2014)	1.6136 *** (6.0393)	1.6777 *** (6.5952)	1.6802 *** (6.6313)	1.5504 *** (6.0728)	1.5677 *** (6.0809)
FDI	0.2896 (0.6880)	0.3312 (0.7568)	0.4051 (0.9184)	0.2320 (0.5353)	0.2237 (0.5048)	0.3020 (0.6792)

续表

变量	SEM			SAR		
	邻接矩阵	地理距离矩阵	经济矩阵	邻接矩阵	地理距离矩阵	经济矩阵
FD	−0.0399 *** (−3.2799)	−0.0349 *** (−3.2228)	−0.0368 *** (−3.3623)	−0.0350 *** (−3.2773)	−0.0352 *** (−3.2356)	−0.0363 *** (−3.3114)
GPR	−0.2677 *** (−4.7266)	−0.2582 *** (−4.1920)	−0.2824 *** (−4.5920)	−0.2470 *** (−4.1108)	−0.2508 *** (−4.0948)	−0.2584 *** (−4.1911)
OIS	−0.0212 (−0.9567)	−0.0349 (−1.4894)	−0.0279 (−1.0745)	−0.0379 * (−1.6687)	−0.0432 * (−1.8706)	−0.0370 (−1.5682)
Spatial lambda	0.3711 *** (4.6205)	0.1977 * (1.7357)	0.2801 *** (2.6720)			
Spatial rho				0.2864 *** (3.5165)	0.2018 * (1.8041)	0.1314 (1.3052)
直接效应				−0.1034 *** (−3.6364)	−0.0999 *** (−3.5027)	−0.1010 *** (−3.5200)
间接效应				−0.0399 ** (−2.1330)	−0.0262 (−1.3871)	−0.0162 (−1.1488)
总效应				−0.1433 *** (−3.3358)	−0.1261 *** (−3.1016)	−0.1172 *** (−3.1822)
N	270	270	270	270	270	270
R^2	0.4311	0.4248	0.4224	0.4519	0.4352	0.4385
个体固定	Yes	Yes	Yes	Yes	Yes	Yes
时间固定	Yes	Yes	Yes	Yes	Yes	Yes

注：表中括号内为 t 值；*、**、*** 分别表示在 10%、5% 和 1% 水平下显著。

8.2.6 进一步讨论

1. 区域异质性分析

中国幅员辽阔，不同地区在资源禀赋、经济发展等方面存在差异，为检验数字经济发展对碳排放效率影响的异质性，分别分析数字经济对东部、中部、西部地区碳排放强度的影响。由表 8 – 11 实证分析可知，数字经济发展能够显著降低东部地区和西部地区的碳排放强度，提高碳排放效率。但在中部地区的减排效果并不明显。产生这种差异的可能原因是中国东部地区数字经济设施完善，互联网应用平台发展迅速，经济发展和技术创新产生"虹吸效应"，吸引更多要素流入，良好的市场发展环境能够发挥数字经济规模效应和结构效应，相应地减少碳排放，促进碳排放效率的提升。中部地区是中国重要的制造业产业集群，工业部门面临产业外向度不足及产业结构同构等问题。同时，中部地区的数字经济发展水平与东部地区相比存在差距，一方面，数字基础设施建设可能加大中部地区的能源消耗，对碳排放效率具有一定的负向影响；另一方面，相对薄弱的数字基建难以支撑工业部门的数字化转型，因此，数字经济发展对中部地区的碳减排效果并不显著。西部地区各类可再生能源资源丰富，数字技术赋能贯穿在清洁能源的生产端和消费端，降低清洁能源的开发运营成本，减少清洁能源的废弃率，促进能源配置和利用效率提高，减少化石燃料的使用，推动能源消费结构改善，并加快清洁能源产业集群产生，进而提高了西部地区的碳排放效率。而且西部地区原有的经济增长更多依赖于能源消耗和高污染高排放产业，导致碳排放量基数大，因此数字经济发展对西部地区的减排效果更为明显。因此，西部地区在实现"30·60"双碳目标的过程中具有强劲的后发优势。

表 8 – 11　　　　　　　　　　区域异质性检验结果

变量	(1)	(2)	(3)
	东部地区	中部地区	西部地区
	lnCI	lnCI	lnCI
dige	− 0.0876 *** (0.0128)	0.1506 (0.2189)	− 0.2665 ** (0.1232)
CV	Yes	Yes	Yes
N	99	72	99
R^2	0.7340	0.6632	0.6458
个体固定	Yes	Yes	Yes
时间固定	Yes	Yes	Yes

注：表中括号内为 t 值；** 、*** 分别表示在 5% 、1% 水平下显著。

2. 资源禀赋异质性

通过机制分析发现，数字经济发展能够通过提高能源利用效率和改变能源消费结构的路径，对碳排放效率的提升产生促进作用。而不同地区的能源使用与其自身的资源禀赋密切相关，本书将样本划分为资源型省份和非资源型省份，探究现阶段数字经济发展对拥有不同资源禀赋地区碳排放效率的影响。本书借鉴李等（Li et al.，2022）的做法，综合考虑资源型产业的产值和从业人员占比，选取山西、内蒙古、黑龙江、贵州、云南、陕西、青海、宁夏、新疆9个典型资源型省份作为研究对象进行分样本回归。检验结果如表8－12所示，数字经济发展能有效降低非资源型省份的碳排放强度，提升非资源型省份的碳排放效率，但对资源型省份的碳减排效应并不明显。因此，依托化石能源进行经济发展的地区仍然面临巨大的碳减排压力：一方面，这些资源型省份的数字经济发展水平总体较低，在基础设施建设、数字产业发展、数字人才吸引以及数字技术应用等方面均存在不足之处；另一方面，受限于自然条件、交通、产业结构等因素，导致数字经济对资源型省份的碳排放影响并不显著。因此，在碳减排的环境约束下，对资源型省份的碳减排规划与行动要有所侧重。

表8－12　　　　　　　　　　　资源禀赋异质性检验结果

变量	（1）	（2）
	资源型省份	非资源型省份
	lnCI	lnCI
dige	－ 0.0696 （0.1049）	－ 0.0689 *** （0.0262）
CV	Yes	Yes
N	81	189
R^2	0.3985	0.4980
个体固定	Yes	Yes
时间固定	Yes	Yes

注：表中括号内为 t 值；*** 表示在 1% 水平下显著。

8.3　研究结论

为更好助力"双碳"目标实现，探索节能减排新思路，本书使用2011～2019年30省份（除我国西藏及港澳台地区）的面板数据，通过构建线性回归模型、中介效应模型、空间计量模型考察数字经济发展对碳排放效率的影响，并检验能源效率和能源结构的中介机制，得出以下结论：第一，数字经济发展能够有效降低碳排放强度，提高碳排放效率，并且该结果在经过一系列稳健性检验之后依然成立。第二，机制分析发现，数字经济发展能够通过提升能源效率和改善能源结构间接促进节能减排目标实现。一方面，数据要素与传统生产要素的融合，能够提高能源资源的配置效率，缓解资源错配与资源浪费，并且数字技术的创新和应用会产生溢出效应，促进低碳转型和能源利用效率的持续提升，进而使碳排放效率得到改善。另一方面，能源生产和消费是主要的二氧化碳排放源，数字经济与能源产业的融合发展，能够增强清洁能源的产出和利用，促进能源消费结构改善，进而促进碳排放效率提升。其中，能源效率表现为完全中介效应，能源结构表现为部分中介效应。第三，数字经济发展对碳排放效率的改善具有空间溢出效应，大力发展数字经济不仅能促进当地碳排放效率的提高，并产生辐射带动作用，对邻居地域的碳排放效率提升也会产生正向促进作用。第四，数字经济对碳排放效率的提升具有区域异质性特征，具体而言，数字经济的碳减排效果在东部地区、西部地区以及非资源型地区更佳。

第9章 数字经济对就业结构优化升级的影响效应检验

9.1 研究设计

9.1.1 变量指标选取

1. 就业结构水平的测度

参考以往研究经验，借鉴张文等（2015）的测度方法，本书采取了就业结构演化系数（SE）作为衡量就业结构升级的主要指标，具体测度方式如下所示：

$$SE = \frac{第一产业增加值所占GDP比重}{第一产业占总就业人数比重} + \frac{第三产业占总就业人数比重}{第二产业占总就业人数比重}$$

若就业结构演化系数越大，则说明以农业为主的第一产业的劳动生产率越高，以服务业为主的第三产业越先进，社会劳动力的配置效率更高，而就业结构则呈现出高质量发展的特征。

2. 控制变量的测度

参考以往的研究文献对控制变量的选择，本书采用了如下指标进行衡量：交通通达度（人均邮电业务量/万元），以各省份邮电业务总量除以各省份年末总人数计算得到；人口老龄化（老年抚养比），从经济视角反映了社会人口老化对地区就业结构产生的影响；人力资本（平均受教育年限）：高等教育的迅速普及对于地区间的就业结构会产生一定程度上的影响作用，本书选取各个地区 2013～2017 年的平均受教育年限作为控制变量之一，测度方式为：（小学人口 ×6 + 初中人口 ×9 + 高中人口 ×12 + 中职 ×12 + 专科 ×15 + 本科 ×16 + 研究生 ×19)/6 岁以上总人口。

9.1.2　实证模型构建

从整个社会视角看，数字经济在社会各个领域的普及率越来越高，其应用也越来越广泛，对社会经济发展与劳动力就业产生的影响愈发深刻。数字经济发展能够通过增加就业岗位、改善就业结构的方式促进地区就业水平提高，使劳动力群体的就业选择增多，助推地区经济与就业发展。

本书通过建立如下线性回归方程来检验数字经济发展水平对地区就业结构产生的具体影响：

$$SE_{i,t} = \alpha_0 + \alpha_1 dige_{i,t} + \alpha_i X_{i,t} + \lambda_i + \varepsilon_{i,t} \qquad (9-1)$$

式（9-1）中 i 代表省份，t 代表年份，$X_{i,t}$ 为控制变量。对相关变量取对数以期消除异方差影响。式（9-1）作为基准回归方程，主要用于检验就业结构系数与数字经济发展水平之间的因果关系。

本书建立如下 SAR、SEM、SDM 模型以期对存在的空间溢出效应进行检验：

$$SE_{i,t} = \rho WSE_{i,t} + \phi_1 dige_{i,t} + \phi_i X_{i,t} + \lambda_i + \varepsilon_{i,t} \qquad (9-2)$$

$$SE_{it} = \phi_1 dige_{i,t} + \phi_i X_{i,t} + \lambda_i + \varepsilon_{i,t}, \quad \varepsilon_{i,t} = \delta W \varepsilon_{i,t} + \omega_{i,t} \qquad (9-3)$$

$$SE_{it} = \rho WSE_{i,t} + \phi dige_{i,t} + \phi_1 X_{i,t} + \phi_1 W dige_{i,t} + \phi_1 WX_{i,t} + \lambda_i + \varepsilon_{i,t}$$
$$(9-4)$$

上式中，ρ、ϕ 为空间相关系数；W 为对应的权重矩阵。其余变量内涵如式（9-1）所述。

为使样本数据更能够合理进行量化，本书构建三种空间权重矩阵类型进行分析。

1. 地理矩阵

地理矩阵能够较好地解释在地理空间上相接近但并不邻近的区域之间所存在的影响关系。地理权重矩阵计算方式如下：

167

$$W_{ij} = \begin{cases} \dfrac{2}{(d_{ij}^2)}, & i \neq j \\ 0, & i = j \end{cases} \qquad (9-5)$$

2. 经济矩阵

除去上述影响方式外，必然还会有其他许多非地理邻近因素对数字经济发展产生综合性的影响，因此本书通过构建经济矩阵以期进行更加合理的量化。式（9-6）即为经济特征空间权重矩阵的具体计算公式：

$$W_{ij}^e = W_{ij}^d \, \text{diag}(\overline{Y_1}/\overline{Y}, \ \overline{Y_2}/\overline{Y}, \ \cdots, \ \overline{Y_n}/\overline{Y}) \qquad (9-6)$$

W_{ij}^d 为反距离权重矩阵，即 $W_{ij}^d = \begin{cases} \dfrac{1}{d_{ij}}, & i \neq j \\ 0, & i = j \end{cases}$。

其中，$\overline{Y}$ 为 2013~2017 年所有地区生产总值的均值。经济特征空间权重矩阵揭示了高经济发展水平区域相对于低经济发展水平区域来讲其空间影响更为强大。

3. 邻接矩阵

邻接矩阵内各元素的判断准则如下所述：若两个单位在空间上存在着相邻的关系，那么其取值为 1，若两个单位间不存在相邻关系，则取值为 0。W_{ij} 的取值方式如下：

$$W_{ij} = \begin{cases} 1, & \text{城市 i 与城市 j 相邻接} \\ 0, & \text{其他} \end{cases} \qquad (9-7)$$

9.1.3 数据来源与描述性统计

所用数据皆来自《中国统计年鉴》《中国劳动统计年鉴》《中国第三产业统计年鉴》《中国人口与就业统计年鉴》以及国家统计局网站。根据描述性统计结果显示（见表 9-1），各个省份在不同年份的就业结构变动具有较大差异，就业结构演化系数越大说明其就业结构更加合理，部分省份的就业结构优化程度较高，而也有部分省份的就业结构尚需进行转型升级。数字经济发展水平较高的省份其就业结构系数大多高于均值水平，说明其就业结构更加合理化、高级化。

表 9-1   各变量的描述性统计

变量类型	变量	样本量	平均值	标准差	最小值	最大值
被解释变量	SE	145	2.043775	0.8660951	1.051802	5.323514
中介变量	IS	145	236.5806	12.42285	219.4	280.1263
控制变量	Ppts	145	0.0387662	0.0557814	0.0044152	0.305533
	Odr	145	13.68883	2.603775	8.75	20.04
	Hc	145	9.18889	0.8999906	7.473942	12.66511

9.2　数字经济对就业结构优化升级的实证检验

9.2.1　基准估计结果分析

通过分析表 9-2 数字经济发展水平对就业结构产生的影响可知数字经济的估计系数显著为正，表明数字经济可以促进就业结构优化调整。在进行 Hausman 检验后，本书采取固定效应进行分析，结果如表 9-2 所示。对结果进行分析发现，数字经济的发展能够对就业结构起到积极影响作用，即有利于就业向高质量阶段发展，数字化技术的发展应用一方面能够使传统产业中融入新的要素来改进固有的生产组织方式、推动就业结构的调整；另一方面，以大数据、智能化等数字化技术的普及标志着技术上的进步，这种技术进步使社会上出现许多新的就业岗位，就业规模得到提升，产业重心逐渐转向第三产业，有利于促进就业结构优化升级。对于控制变量，人均邮电业务量系数为负说明人均邮电业务水平并未使就业结构得到很好的优化升级，其原因很大程度上在于部分农村与偏远地区的邮电业务尚未得到全面覆盖，这在一定程度上阻碍了就业结构的优化。老年人口抚养比的回归系数显著为负，代表人口老化不利于就业结构的调整升级，老年抚养比越高代表一个青年劳动力所承担的社会家庭责任越重，其就业选择会受到多方面的阻碍。表 9-2 当中人力资本水平系数显著为正，这代表人们的平均受教育年限越长则对于就业结构优化越有利，通过进行高质量的素质教育，劳动者不仅掌握了各种技能、学识，同时其创新能力、综合素质等也得到很好的培养，更有

169

助于推动就业发展。因此命题 H5a 得以验证。

表 9 – 2 基准回归结果

变量	SE
dige	2. 259 ** (0. 917)
Ppts	– 6. 805 *** (1. 853)
Odr	– 0. 102 *** (0. 0242)
Hc	0. 390 *** (0. 0973)
N	145
R^2	0. 310

注：表中括号内为 t 值；** 、*** 分别表示在 5% 、1% 水平下显著。

9.2.2　空间溢出效应分析

在进行具体模型的选择时，基于不同的权重矩阵类型，本书进行 LM 检验以判定采取何种空间计量模型进行实证检验。被解释模型的 R – LMERR 和 R – LMLAG 均在 1% 的显著性水平下通过了检验，且 R – LM-LAG 比 R – LMERR 在统计上更加显著，根据安瑟琳等（Anselin et al.，2004）的判断准则，本书选择空间滞后模型进行空间效应分析。对于采用固定效应或是随机效应进行分析，本书根据 Hausman 检验以及综合上述各种条件的考虑，为了使研究分析更加贴近实际情况，决定采用固定效应进行检验，最终回归结果如表 9 – 3 所示。

表 9 – 3 数字经济影响就业结构的空间回归结果

变量	SAR		
	地理矩阵	经济矩阵	邻接矩阵
ρ	0. 453 *** (0. 109)	0. 356 *** (0. 0915)	0. 410 *** (0. 0951)

续表

变量	SAR		
	地理矩阵	经济矩阵	邻接矩阵
dige	0.696 ** (0.270)	0.929 *** (0.242)	0.790 ** (0.251)
控制变量	Yes	Yes	Yes
直接效应	0.733 ** (0.280)	0.971 *** (0.250)	0.837 *** (0.261)
溢出效应	0.524 ** (0.208)	0.476 ** (0.166)	0.500 ** (0.177)
总效应	1.257 ** (0.418)	1.447 *** (0.345)	1.337 *** (0.374)
LogL	126.7714	126.2694	127.4202
R^2	0.0854	0.095	0.0736

注：表中括号内为 t 值；**、*** 分别表示在 5%、1% 水平下显著。

从表 9-3 结果可看出，无论是基于何种权重矩阵，在 SAR 模型中，数字经济发展指数的回归系数均通过了 1% 或 5% 的显著性检验，表示数字经济发展能够对就业结构产生优化作用，除此之外，数字经济发展不仅可以直接对当地的就业结构调整产生促进效用，并且可以带动周边地区的就业结构的调整升级。数字经济发展水平对于就业结构产生的空间溢出效应表现为正值，其中的原因可能在于数据要素的流动性、跨区域传播的特点超脱了时空边界，减少了区域间的信息不对称现象，各地区之间进行协作交流的机会大大增加，加上网络平台的推动作用，信息能够在更大范围内进行传递，逐渐渗透在各产业、各地区之间，从而造成一种溢出现象。这也意味着数字经济的网络外部性、高渗透性以及突破时空界限的特征使邻近地区数字经济发展水平的提高会促进本地区就业结构的升级；若是本地区的数字经济水平得到提升，将会加快要素的跨区域流动，从而促进周边地区的就业结构调整。由表 9-3 可以看出，一个地区数字经济的发展会对周边地区产生明显的溢出效应，能够间接对周边地区的就业结构产生影响、促进就业质量的提升。命题 H5b 得以证实。

9.2.3 稳健性检验

由于在上述模型中可能具有内生性问题，本书将核心解释变量的滞后一期进行回归以期解决可能出现的问题，使检验更具稳健性。根据表9-4中检验结果显示，在充分考虑到内生性问题之后，数字经济发展水平仍旧对就业高质量发展产生促进作用，与表9-2的结论一致。通过稳健性检验进一步证实数字经济发展有助于就业结构的调整升级，对经济高质量发展产生正向影响，而对于控制变量的检验结论与上文也都无明显差别。

表9-4　　　　　　　稳健性检验：解释变量滞后一期回归

变量	回归结果
dige	0.235 * (0.135)
Ppts	− 0.384 ** (0.157)
Odr	− 0.390 *** (0.121)
Hc	2.974 *** (0.723)
_cons	− 8.661 *** (2.818)
N	174
R^2	0.297

注：表中括号内为 t 值；＊、＊＊、＊＊＊分别表示在10%、5%和1%水平下显著。

9.3　机制检验与异质性分析

9.3.1　机制检验

1. 间接影响机制检验

为了验证数字经济对就业结构可能存在的间接影响机制，根据前文所述，在此对产业结构升级系数（IS）是否为二者的中介变量进行检验。徐德云（2020）将产业结构升级界定为劳动力占比重心和国民收入占比重心从第一产业向第二、三产业转移的过程，并且通过三次产业加权法建立了"产业结构升级系数"来衡量产业结构水平。

$$IS = \sum_{i=1}^{3} Y_i \times i = Y_i \times 1 + Y_i \times 2 + Y_i \times 3 \qquad (9-8)$$

式（9-8）中，Y 为国民收入占比，i 代表产业，IS 表示产业结构升级系数，由于在产业结构升级的过程当中，第二、三产业的地位会逐渐提升，所以分别给予它们高的附加值，赋值为 $1 \leqslant IS \leqslant 3$，数值越大则代表产业结构升级的程度就越高。

为检验数字经济能否通过产业结构升级来影响就业结构，本书构建如下中介效应模型：

$$IS_{i,t} = \gamma_0 + \gamma_1 dige_{i,t} + \gamma_i X_{i,t} + \lambda_i + \varepsilon_{i,t} \qquad (9-9)$$

$$SE_{i,t} = \beta_0 + \beta_1 dige_{i,t} + \beta_2 IS_{i,t} + \beta_i X_{i,t} + \lambda_i + \varepsilon_{i,t} \qquad (9-10)$$

上述方程式中，式（9-9）是对中介变量产业结构升级系数与数字经济发展水平进行回归，探究二者之间的关系；计量方程式（9-10）是检验控制了中介变量后，数字经济发展水平对就业结构影响的变化。在上述公式中，如果数字经济发展指数本身能够显著影响就业结构升级系数，而且数字经济发展指数又能显著影响产业结构升级系数，在对中介变量进行控制之后，数字经济发展水平对就业结构升级的影响有所减小，那么就可以认为产业结构升级系数是一个合理的中介变量。

本书选择中介效应模型对作用机制进行检验，通过采用逐步回归系数法，借鉴温忠麟（2014）的研究思路，首先检验总效应系数 α_1 的显著性，如果显著则将其暂定为存在中介效应，之后进行后续检验；若不显著则检验结束，则可认为中介变量产业结构升级系数在整个过程中发挥了遮掩效应（方昊炜等，2021）。若系数 α_1 显著，然后对系数 γ_1、β_1、β_2 进行检验，检验结果可能会出现以下四种情况：一是 γ_1 与 β_2 显著，β_1 不显著，则不存在直接效应，只有间接效应，即完全中介效应，可以解释为数字经济对于促进高质量就业产生的影响完全能够通过产业结构升级来实现；二是若 γ_1、β_1、β_2 全部显著，并且 $\gamma_1\beta_2$ 与 γ_1 符号相同，那么可以认为存在部分中介效应，即数字经济对就业结构高质量发展的影响有一部分是通过产业结构升级系数来实现的；三是 γ_1

和 β_2 中至少一个为不显著，在 Bootstrap 检验中 $\gamma_1\beta_2$ 显著不为 0，且符号与 β_1 相同，也能够说明存在部分中介效应；四是如果在第二、三种情况当中，$\gamma_1\beta_2$ 与 β_1 异号，则可以认为是产业结构升级系数在整个过程当中发挥了遮掩效应。式（9-9）实证结果表明产业结构升级系数会在 5% 的显著性水平下促进就业结构优化提升；式（9-10）中加入了产业结构升级系数这个中介变量，结果显示数字经济对就业结构的影响系数依旧显著为正，但相比基准回归模型有所下降，这说明产业结构升级是数字经济促进就业结构高质量发展的作用机制。由表 9-5 可验证数字经济能够通过产业结构升级对就业结构高质量发展起到强化作用。综上所述，产业结构升级系数在数字经济对就业结构高质量发展的影响中表现出部分中介效应，即一方面数字经济可以直接促进就业结构向高质量发展，另一方面也可以通过影响产业结构升级来促进就业结构优化调整。一般来讲，产业结构升级不但能够通过实现生产要素的再配置，从而使资源可以流向最合理的部门实现效益最大化；还能够随产业结构的不断升级优化，使新的产业、技术层出不穷，各种技术通过与智能化技术相融合迸发出前所未有的活力，推动就业市场的良性运转。本书命题 H5c 得以证实。

表 9-5   数字经济对就业结构的中介效应估计结果

变量	IS	SE
dige	1.380 ** (0.511)	2.065 ** (1.008)
IS		0.00517 (0.0110)
控制变量	Yes	Yes
年份固定效应	Yes	Yes
省份固定效应	Yes	Yes
N	145	145
R^2	0.049	0.311

注：表中括号内为 t 值；** 表示在 5% 水平下显著。

2. 门槛效应检验

在"网络效应"与"梅特卡夫准则"的支配作用下，数字经济发展可能会对促进就业结构优化升级的非线性动态溢出造成影响，为了对其进行验证，在此借鉴布鲁斯和汉森（Bruce E and Hansen，1999）的门槛面板模型对其进行考察，在基本模型的基础上构建式（9 − 11）：

$$\ln SE_{i,t} = \psi_0 + \psi_1 \ln dige_{i,t} \times I(\ln dige_{i,t} \leq \theta) + \psi_2 \ln dige_{i,t} \times$$
$$I(\ln dige_{i,t} > \theta) + \psi_i X_{i,t} + \lambda_i + \varepsilon_{it} \tag{9 − 11}$$

本书的门槛变量为 $dige_{i,t}$；$I(\cdot)$ 是指示函数，满足括号内的条件则取值为 1，若不能满足括号内的条件则取值为 0；其他变量的定义同式（9 − 1）。

本书主要通过采用门槛检验性方法来测度数字经济发展水平所存在的非线性效应，首先需要进行面板门槛的检验并且确定各门槛变量个数，再通过 Bootstrap 反复抽样 300 次，结果表明显著通过了双重门槛检验，在此基础上本书设定双重门槛变量回归模型，检验结果如表 9 − 6 所示。

表 9 − 6　　　　　数字经济对就业结构的门槛模型回归结果

变量	SE
门槛变量	DE
门槛值 Th	0. 3930 0. 7420
E × I （Adj < Th1）	1. 040822 ** （0. 3126551）
E × I （Th1 < Adj < Th2）	1. 322298 *** （0. 2921548）
E × I （Adj > Th2）	1. 770828 *** （0. 3317367）
控制变量	Yes
观测值	145
F 值	28. 02
R^2	0. 636

注：表中括号内为 t 值；** 、*** 分别表示在 5% 、1% 水平下显著。

表9-6的估计结果显示，数字经济发展水平的提高使我国数字经济发展对就业结构升级表现出了显著的动态非线性关联。本书门槛值为0.3930和0.7420，在数字经济发展水平值低于0.3930时，数字经济发展水平的回归系数为1.041，这说明在此区间数字经济对高质量就业有着显著的正向影响，能够充分发挥数字经济的生产率效应与创造吸纳效应，使就业结构得到更加合理的发展；当数字经济发展水平值介于门槛值0.3930与0.7420之间时，数字经济发展水平回归系数为1.322，这说明在这个区间数字经济对高质量就业的促进作用依然存在；当数字经济发展水平回归系数大于门槛值0.7420时，其系数为1.771，表明数字经济对就业结构的促进效应进一步增大，数字经济发展对于就业结构产生的促进效应远远大于替代效应，替代作用被进一步削弱，出现这种现象的原因很大程度上在于，一方面传统产业与数字经济融合，实现了资源的有效利用，大大提高了生产效率，对就业结构起到了优化作用；且利用大数据进行供需匹配与资源整合可以极大地降低交易成本，使各部门之间联动的边际成本得到减轻；另一方面，我国目前阶段数字技术发展仍未成熟，数字经济对于低技能劳动力的影响较大，而伴随着数字技术的不断强化发展，社会对于拥有高技能的劳动者的创造性吸纳作用将会显著增强，当数字技术发展成熟，上下游产业链必将会发展出一系列高新技术产业，这必将会加大对创新型人才的需求。综上所述，数字经济发展对于促进就业向高质量水平推进表现出了显著正向促进作用，并且具有"边际效应"递增的动态非线性特征。本书命题H5d证实。

9.3.2 区域异质性分析

上述均为全国省级层面的研究结果，研究显示数字经济发展在一定程度上会促进就业结构的优化升级，数字经济对就业产生的促进效应明显大于替代效应，但是我国由于幅员辽阔，各个地区无论是数字经济发展水平还是就业结构现状，由于发展阶段不同会导致区域上的差异。所以，数字经济发展水平对于高质量就业也在很大程度上存在着区域异质性，考虑到数据的可得性，本书在剔除了我国香港、澳门、台湾及重庆、西藏地区后将其余29省份分为东部与中西部分别进行回归分析，分析结果如表9-7所示。

表 9 – 7　　　　　　　　　数字经济对就业结构的区域异质性分析

变量	东部	中西部
dige	3.176 * (1.811)	3.224 *** (0.858)
Ppts	− 7.017 ** (2.808)	8.364 * (3.536)
Odr	− 0.128 ** (0.0482)	− 0.114 *** (0.0194)
Hc	0.665 *** (0.164)	0.0372 (0.0920)
常数项	− 3.803 ** (1.419)	2.051 ** (0.820)
F 值	11.78	52.26
R^2	0.485	0.699

注：表中括号内为 t 值；＊、＊＊、＊＊＊分别表示在 10%、5% 和 1% 水平下显著。

由表 9 – 7 可知，东部地区数字经济的回归系数为 3.176 且通过 10% 的显著性检验，说明数字经济发展在一定程度上可以优化东部地区的就业结构，东部地区是我国的经济发达地区且由于受到数字技术的影响导致数字贸易环境较为优越，这将吸引更多的企业入驻，同时会新增众多就业岗位，吸纳更多的就业者来东部地区就业；中西部地区回归系数为 3.224，且在 1% 的显著性水平下通过检验，这说明数字经济发展对于中西部地区就业结构的转型升级也起到了十分显著的影响，但是通过对两种模型进行比较，发现数字经济对于中西部地区就业结构的促进作用明显强于东部地区，这一现象出现的原因很可能在于以下两个方面，一方面是数字经济具备的跨时空特征改变了原先传统产业碍于地理位置而产生的产业集聚现状，实现了跨区域合作，并且使东部与中西部地区产品与服务相互无差别传递，极大地降低了地区间的合作成本，促进了中西部地区就业结构的转型升级与高质量发展；二是数字经济互联互通的特性为中西部地区对内对外开放、突破地理与经济格局的束缚创造了良好的条件，中西部地区的就业现状得到改善、就业结构得以调整，东中西部地区存在的差距得到有效缓解。综上分析证实了数字经济对于中西部地区就业结构的影响强度要显著高于东部地区。

9.4　研　究　结　论

本书使用 2013~2017 年我国 29 省份面板数据，在理论分析基础之上，从空间溢出效应、中介效应、门槛效应检验了数字经济对就业结构产生的影响，得出的具体结论如下：第一，数字经济可以对就业结构调整产生积极影响，可以带动就业向更高水平发展；第二，产业结构升级在数字经济促进就业结构高质量发展的过程中起到了强化作用；第三，数字经济具备空间集聚特征，数字化技术的应用极大地弱化了就业结构边界，突破传统经济的地理位置上的局限，可跨越时空界限进行交易，在此过程中，大大降低了企业的运营成本，生产规模显著扩大，起到带动就业的正向影响；与此同时，借助于数据要素的流动性特征，一个地区的数字经济发展在促进本地区就业水平提高的同时也可以对周边地区就业结构产生深刻影响；第四，通过对区域异质性进行检验，发现数字经济对于中西部地区就业结构的影响系数在 1% 水平下显著为正，中西部地区有望抓住数字经济发展红利实现"弯道超车"，在各种政策的支持下，中西部地区借助于数字经济自身发展特征吸纳各种有用资源，对传统产业进行数字化升级以及适应数字化发展红利进行平台化产业新生态的发展，实现地区产业结构优化升级，从而逐渐减缓与东部地区间存在的发展不平衡现状。

第10章 数字经济对就业质量的影响效应检验

10.1 变量、模型与数据

10.1.1 变量与指标选取

（1）因变量：就业质量，为反映数字经济发展对就业质量的影响，本书从客观与主观两个层面进行指标选取，选取小时工资率、工作时长、社会保障项目参与（养老保险、医疗保险）以及工作满意度作为劳动者就业质量的衡量指标。

（2）控制变量：根据中国社会状况综合调查（CSS）数据，并借鉴已有文献做法，本书控制了可能会对就业质量产生影响的变量，主要包括年龄、性别、户籍、政治面貌、受教育程度、婚姻状况在内的个体特征变量，以及包括老年人占比和未成年子女占比在内的家庭控制变量。

（3）就业类型划分：本书参考已有研究，将中国综合社会调查（CSS）问卷中"您在这份非农就业中的身份"这一问题，将回答自己是"雇主（或老板）"以及"自营劳动者"的受访者视为自雇就业，其余则视为受雇就业。在受雇就业群体中，本书进一步筛选出正规受雇就业者和非正规受雇就业者，将签订劳动合同（包括固定期限劳动合同和非固定期限劳动合同）视为正规受雇就业；将不需要签订劳动合同（如公务员或国家机关、事业单位编内人员）同样视为正规受雇就业；而将未签订劳动合同和签订其他合同的就业人员视为非正规受雇就业。

因此，非正规就业即为自雇者（雇主或老板以及自营劳动者）和非正规受雇就业的总和。

10.1.2 模型构建

（1）OLS 模型：本书在研究数字经济发展与对劳动者小时工资率和工作时长的影响时，考虑到劳动收入与工作时长为连续变量，故使用最小二乘法（OLS）进行回归分析，模型设定如下：

$$\ln Y_{ijt} = \alpha + \beta dige_{j,t-1} + \sum_{p=1}^{m} \gamma_p X_{pijt} + \varepsilon_{ijt} \qquad (10-1)$$

其中，$\ln Y_{ijt}$ 表示在地区 i、时间 t 下个体 i 的小时工资率或工作时长（取对数）。$\beta dige_{j,t-1}$ 表示个体 i 所在省份滞后一期的数字经济发展水平，β 为数字经济指数的回归系数。X_{pijt}（$p=1，2，\cdots，m$）为个体、家庭控制变量，γ_p（$p=1，2，\cdots，m$）为第 p 个控制变量的回归系数。ε_{ijt} 为随机扰动项，α 为常数项。

（2）二元 Probit 模型：在因变量中，由于养老保险和医疗保险的参与情况为二元离散变量，故采用二元 Probit 模型进行回归分析。本书建立如下模型来检验数字经济发展对劳动者社会保障项目参与产生的影响：

$$I_{ijt}^* = \theta + \rho dige_{j,t-1} + \sum_{p=1}^{m} \vartheta_p X_{pijt} + \mu_{ijt}^* \qquad (10-2)$$

其中，I_{ijt}^* 表示社会保障项目参与的潜变量，$dige_{j,t-1}$、X_{pijt}（$p=1，2，\cdots，m$）的含义同式（10-1）。ρ 为数字经济指数的回归系数；ϑ_p（$p=1，2，\cdots，m$）为第 p 个控制变量的回归系数。假设 μ_{ijt}^* 为服从标准正态分布的随机扰动项，θ 为常数项。个体的选择规则为：

$$I_{ijt} = \begin{cases} 1, & I_{ijt}^* \geq 0 \\ 0, & I_{ijt}^* < 0 \end{cases} \qquad (10-3)$$

由于在非线性模型中估计系数并不是参数的边际效应，因此本书报告二元 Probit 模型的边际系数，即自变量变动一个单位，因变量取值概率变动的单位数。

（3）有序 Probit 模型：在因变量中，由于工作满意度为多元有序离散变量，故采用有序 Probit 模型进行回归分析。本书设立如下模型来检验数字经济发展对劳动者工作满意度产生的影响：

$$Z_{ijt}^* = \varphi + \varnothing \mathrm{dige}_{j,t-1} + \sum_{p=1}^m \omega_p X_{pijt} + \epsilon_{ijt}^* \qquad (10-4)$$

其中，Z_{ijt}^* 表示工作满意度的潜变量，$\mathrm{dige}_{j,t-1}$、X_{pijt}（p = 1，2，…，m）的含义与式（10-1）相同。$\varnothing$ 为数字经济指数的回归系数；ω_p（p = 1，2，…，m）为第 p 个控制变量的回归系数。假设 ϵ_{ijt}^* 为服从标准正态分布的随机扰动项，φ 为常数项。个体选择规则为：

$$Z_{ijt} = \begin{cases} 1, & Z_{ijt}^* \leqslant a_1 \\ 2, & a_1 < Z_{ijt}^* \leqslant a_2 \\ \cdots \\ K-1, & a_{K-2} < Z_{ijt}^* \leqslant a_{K-1} \\ K, & Z_{ijt}^* \geqslant a_{K-1} \end{cases} \qquad (10-5)$$

其中，a_K 是截点，$-\infty \leqslant a_K \leqslant \infty$。同样，由于在非线性模型中估计系数并不是参数的边际效应，因此本书报告多元有序 Probit 模型的边际系数。此外，为便于分析，本书仅汇报 Z_{ijt} 取最大值，即工作满意度最佳时的边际效应，即自变量增加一个单位，Z_{ijt} 取最大值的概率增加的单位数。

10.1.3　数据来源与描述性统计

本书的数据来源于中国社会状况综合调查（CSS）数据、中国统计年鉴、国家统计局官方网站以及各省份统计年鉴。由于本书的研究对象为劳动年龄人口，并且中国社会状况综合调查数据的受访者年龄均在 18 岁及以上，故选取 18 ~ 60 岁的受访者作为研究对象，并剔除以务农为主要工作的受访者。各变量描述性统计如表 10-1 所示。

表 10-1　　　　　　　　变量描述性统计

变量	变量名称	样本量	均值	标准差	最小值	最大值
hsr	小时工资率（取对数）	9752	2.851	0.925	-0.875	8.809
mwh	工作时长（取对数）	9752	5.287	0.506	1.099	6.612
pension	养老保险参与	9748	0.628	0.483	0	1
insurance	医疗保险参与	9750	0.857	0.350	0	1

变量	变量名称	样本量	均值	标准差	最小值	最大值
satisfy	工作满意度	9705	7.081	2.159	1	10
age	年龄	9752	40.03	10.30	18	60
gender	性别	9752	0.547	0.498	0	1
status	政治面貌	9752	0.149	0.356	0	1
edu	受教育程度	9752	11.26	3.926	0	20
marige	婚姻状况	9752	1.923	0.472	1	4
huji	户籍状况	9752	1.542	0.660	1	3
oldrate	家庭老年人口占比	9752	0.075	0.142	0	0.714
youngrate	家庭未成年子女占比	9752	0.157	0.173	0	0.700

10.2 数字经济发展对就业质量影响的实证检验

10.2.1 基准回归

为了对就业质量进行较为全面的分析，本书选取小时工资率、工作时长、养老保险参与、医疗保险参与以及工作满意度作为就业质量的衡量指标，检验数字经济发展对劳动者就业质量在不同维度的影响。OLS模型的回归结果见表10-2列（1）、列（2），结果表明，在其他变量不变的情况下，数字经济发展在总体上能够提升劳动者的小时工资率，并降低劳动者的工作时长。数字经济发展指数每增长一个标准差，劳动者的小时工资率就会提高0.1292个单位，而工作时长则会降低0.0227个单位。列（3）和列（4）为二元Probit模型的回归结果。结果表明，数字经济发展能够降低劳动者的社会保障项目参与水平，数字经济指数每增长一个标准差，劳动者参与养老保险的概率会下降0.0170个单位，参与医疗保险的概率同样会下降0.0072个单位。列（5）为有序Probit模型的回归结果。结果表明，数字经济发展能显著地提升劳动者的工作满意度，并且数字经济发展指数每增长一个标准差，劳动者工作满意度达到最佳状态的概率会增加0.0157个单位。

表 10 - 2　　　　　　　　数字经济发展对就业质量的影响

变量	（1）小时工资率	（2）工作时长	（3）养老保险	（4）医疗保险	（5）工作满意度
dige	0. 1292 *** （0. 0119）	- 0. 0227 *** （0. 0071）	- 0. 0170 *** （0. 0059）	- 0. 0072 * （0. 0044）	0. 0157 *** （0. 0033）
年龄	- 0. 0069 *** （0. 0011）	- 0. 0019 *** （0. 0006）	0. 0110 *** （0. 0005）	0. 0042 *** （0. 0004）	0. 0019 *** （0. 0003）
性别	0. 3925 *** （0. 0176）	0. 0101 （0. 0104）	- 0. 0058 （0. 0091）	- 0. 0077 （0. 0071）	- 0. 0289 *** （0. 0053）
政治面貌	0. 0355 （0. 0261）	- 0. 0271 ** （0. 0136）	0. 1216 *** （0. 0150）	0. 0673 *** （0. 0125）	0. 0746 *** （0. 0075）
受教育程度	0. 0604 *** （0. 0028）	- 0. 0108 *** （0. 0016）	0. 0317 *** （0. 0014）	0. 0113 *** （0. 0011）	0. 0107 *** （0. 0008）
婚姻状况	0. 0120 （0. 0234）	0. 0406 *** （0. 0143）	0. 0604 *** （0. 0120）	0. 0266 *** （0. 0098）	- 0. 0040 （0. 0069）
户籍状况	0. 0614 *** （0. 0150）	- 0. 0395 *** （0. 0086）	0. 0685 *** （0. 0077）	0. 0018 （0. 0060）	- 0. 0003 （0. 0043）
老年人口占比	0. 0139 （0. 0599）	- 0. 0204 （0. 0334）	0. 0185 （0. 0320）	0. 0627 ** （0. 0255）	- 0. 0510 *** （0. 0180）
未成年子女占比	0. 1510 *** （0. 0556）	- 0. 0188 （0. 0323）	- 0. 1043 *** （0. 0280）	- 0. 0496 ** （0. 0221）	0. 0664 *** （0. 0165）
N	9752	9752	9748	9750	9705
R^2/Pseudo R^2	0. 1552	0. 0168	0. 1301	0. 0459	0. 0132
地区效应	已控制	已控制	已控制	已控制	已控制

注：表中括号内为 t 值；＊、＊＊、＊＊＊分别表示在 10％、5％ 和 1％ 水平下显著。

183

就控制变量而言，年长者的收入水平和工作时长均下降，但社会保障项目的参与水平与工作满意度会提升。男性的收入水平明显高于女性，但工作满意度与女性相比则相对较低。受教育水平作为人力资本的重要因素之一，能够对劳动者就业质量的提升产生显著的影响，具体表现为能够提高劳动者的小时工资水平、社会保障项目参与以及工作满意度，并缩短工作时长。已婚劳动者较未婚劳动者的工作时间更长、社会保障项目的参与水平更高。非农业户口者与农业户口者相比，其小时工资水平更高、工作时间更短、社会保障项目参与也更为健全。与此同时，劳动者的就业质量还会受到其家庭特征的影响，老年人口占比会负向影响劳动者的工作满意度，而未成年子女占比会正向影响劳动者的收入水平，并提高其工作满意度。

10.2.2　内生性处理与稳健性检验

（1）内生性处理。在数据处理过程中，将数字经济指数滞后一期并进行标准化处理以避免反向因果带来的内生性偏差。尽管如此，实证分析中仍然可能存在遗漏变量等内生性问题。因此，本书采取工具变量二阶段最小二乘法（2SLS）和条件混合过程（CMP）来减轻模型中的内生性问题。参考鲁德曼（Roodman，2011）的做法，对于包含内生变量的 Probit 模型和 Oprobit 模型，将工具变量和 CMP 估计法相结合，能够较好地解决模型内生性问题。本书针对连续因变量采用二阶段最小二乘法（2SLS），用于分析数字经济发展对小时工资率和工作时长的影响；针对离散因变量采用条件混合过程法（CMP），用于分析数字经济发展对社会保障项目参与及工作满意度的影响。关于工具变量的选择，本书将不同省份的互联网普及率作为工具变量，互联网作为数字经济发展的重要载体，一个地区互联网的普及程度与数字经济的发展水平密切相关，故满足有效工具变量的"相关性"，并且一个地区的数字经济发展水平越高则该地区的互联网普及率也越高，互联网基础设施的建设与使用只能通过影响数字经济的发展水平进而对个体就业质量产生影响，故满足有效工具变量的"外生性"。表 10-3 汇报了运用两种方法得到的回归结果，内生性检验结果与基准回归一致。

表10-3　数字经济发展对就业质量的内生性检验

变量	(1)	(2)	(3)	(4)	(5)
	小时工资率	工作时长	养老保险	医疗保险	工作满意度
互联网普及率	0.572*** (0.0055)	0.572*** (0.0055)	0.747*** (0.0067)	0.747*** (0.0067)	1.49*** (0.0152)
dige	0.224*** (0.0172)	-0.04*** (0.0100)	-0.06*** (0.020)	-0.122*** (0.0234)	0.13*** (0.027)
控制变量	已控制	已控制	已控制	已控制	已控制
N	9752	9752	9748	9750	9705
R^2/Pseudo R^2	0.1490	0.0161	0.1282	0.0434	0.1391
地区效应	已控制	已控制	已控制	已控制	已控制

注：表中括号内为 t 值；*** 表示在1%水平下显著。

（2）稳健性检验。为进一步验证前文回归结果的稳健性，本书采取改变样本量的方法进行稳健性检验，利用截尾方式在5%的水平上剔除相应数据即分别剔除劳动者小时工资率的极端值、劳动者月工作时长的极端值、劳动者年龄的极端值，重新检验数字经济发展对就业质量的影响。回归结果如表10－4所示，说明回归结果较为稳健。

表10－4　　　　　数字经济发展对就业质量的稳健性检验

变量	（1）小时工资率	（2）工作时长	（3）养老保险	（4）医疗保险	（5）工作满意度
dige	0.0991 *** （0.0085）	－ 0.0094 ** （0.0045）	－ 0.0171 *** （0.0061）	－ 0.0075 * （0.0045）	0.0142 *** （0.0035）
控制变量	已控制	已控制	已控制	已控制	已控制
N	8052	8093	8926	8927	8887
R^2/Pseudo R^2	0.1733	0.0387	0.1216	0.0387	0.0135

注：表中括号内为t值；＊、＊＊、＊＊＊分别表示在10%、5%和1%水平下显著。

10.2.3　不同就业类型就业质量的对比分析

数字经济发展在总体上能够促进劳动者小时工资率的增长，工作时长的缩短，社会保障项目参与水平的降低，最终会提升劳动者的工作满意度。在我国，劳动者的就业类型又分为正规就业与非正规就业，数字经济发展对不同类型劳动者的就业质量又存在怎样的影响呢？对于非正规就业者来说，又可以细分为自雇者与非正规受雇就业者。近年来，数字经济发展为创业活动的决策提供了信息基础，增进了个体对创业机会的识别能力并缓解了创业活动的资金约束，促使个体创业成为雇主或老板。数字经济发展催生数字经济的产生与发展，也产生了大量的就业岗位，如自媒体从业者、配送专员等，并且国家发展改革委等部门联合发布的《关于支持新业态新模式健康发展　激活消费市场带动扩大就业的意见》指出通过网络平台开展经营活动的经营者，可使用网络经营场所登记个体工商户，成为自雇劳动者。与此同时，以信息通信技术为支撑的数字经济与零工经济的产生与发展促进新业态与新商业模式的兴起，并进一步催生了大量灵活就业的新就业形态，进而促进大量的非正规受

雇就业人员的产生。在非正规就业者内部，本书考察了数字经济发展
对自雇者和非正规受雇者就业质量的差别影响，回归结果如表 10 - 5
和表 10 - 6 所示。

表 10 - 5　　　　　　数字经济发展对自雇就业者的影响

变量	(1)	(2)	(3)	(4)	(5)
	小时工资率	工作时长	养老保险	医疗保险	工作满意度
dige	0.0954 *** (0.0287)	- 0.0325 * (0.0167)	- 0.0386 *** (0.0122)	- 0.00004 (0.0092)	0.0109 * (0.0061)
控制变量	已控制	已控制	已控制	已控制	已控制
N	2520	2520	2520	2519	2505
R^2/Pseudo R^2	0.1657	0.0172	0.0654	0.0219	0.0083

注：表中括号内为 t 值；* 、*** 分别表示在 10% 、1% 水平下显著。

表 10 - 6　　　　　　数字经济发展对非正规受雇就业者的影响

变量	(1)	(2)	(3)	(4)	(5)
	小时工资率	工作时长	养老保险	医疗保险	工作满意度
dige	0.1585 *** (0.0187)	- 0.0346 *** (0.0121)	- 0.0235 ** (0.0100)	- 0.0142 * (0.0081)	0.0209 *** (0.0054)
控制变量	已控制	已控制	已控制	已控制	已控制
N	3353	3353	3351	3353	3334
R^2/Pseudo R^2	0.1553	0.0189	0.1250	0.0446	0.0124

注：表中括号内为 t 值；* 、** 、*** 分别表示在 10% 、5% 和 1% 水平下显著。

由表 10 - 5 可知，数字经济发展能够提升自雇者的小时工资率，降
低其工作时长，数字经济指数每增加 1 个标准差，自雇者的小时工资率
会增加 0.0954 个单位，工作时长会降低 0.0325 个单位，说明数字经济
发展能够提升自雇者单位时间的工作效率和收入水平。相对于其他就业
者，自雇者属于个体劳动，收入高低完全取决于自身工作付出的多少，
因此自雇者的工作时间往往更长，数字经济的发展及数字技术的应用为
自雇者的工作带来便利，使其工作时长缩短的幅度较总体更明显，因此

增加了自雇者工作之外的自由时间，增强了自雇者的工作自主性，并进一步提高了自雇者的工作满意度。但数字经济发展显著降低了自雇者养老保险的参与水平，小时工资率增长与工作时长带来就业质量提升的正向影响与养老保险在内的社会保障参与水平降低的负向影响共同作用，使自雇者的工作满意度的提升幅度较总体有所下降。实证结果表明，数字经济指数每增长 1 个标准差，自雇者的工作满意度达到最佳的概率将提升 0.0109 个单位。与此同时，针对非正规受雇就业者，由表 10 - 6 可知，数字经济发展对其小时工资率提升和工作时长缩短的促进作用较总体与自雇者更加明显，但同时也会降低其社会保障项目参与，且与总体就业人群相比该效应也更为强烈，具体表现为数字经济指数每增长 1 个标准差，非正规受雇就业者参与养老保险和医疗保险的概率分别会降低 0.0235 个单位和 0.0142 个单位，由于该部分劳动者多以灵活就业形势参与劳动，而多数灵活就业人员工作稳定性差、流动性高、散布范围广，并且灵活就业的岗位门槛相对较低，且与企业间的劳动关系较为模糊，导致非正规就业者的社会保险覆盖不足和参保观念低下，进而导致社会保障参与水平明显下滑。值得关注的是，尽管非正规受雇就业者的社会保障项目参与不足，但是其就业满意度却出现明显提升，并且提升幅度大于自雇者和劳动者整体工作满意度的提升幅度。其中可能的解释为：工作满意度作为衡量劳动者就业质量的主观指标会受到多种因素的影响。第一，数字经济发展进一步细化了劳动分工，促进产业转型并带来经济集聚效应，为劳动力市场提供了大量就业机会，即伴随数字经济发展所产生的就业需求效应与就业创造效应，进一步改善了就业环境。第二，互联网技术的应用和数字平台的发展使信息流通更有效率，强化了市场主体获取信息的能力，提高了劳动者信息搜寻效率，降低了人们工作搜寻与匹配成本，增强了劳动者的就业能力。第三，数字平台的发展，突破了时间与空间的限制，使劳动者的工作内容、工作时间与工作地点更加灵活，能够充分发挥个人在劳动过程中的主动性，使劳动者的工作满意度提升。结合上述分析以及数字经济发展带来的非正规就业者小时工资水平的提升和工作时长下降导致工作满意度的提升幅度可能会大于社会保障项目参与不足带来的工作满意度下降幅度，并最终表现为非正规就业劳动者整体工作满意度出现提高趋势。

对于正规就业者群体，本书也考察了数字经济发展对其就业质量的影响，回归结果如表 10 - 7 所示。实证结果表明，数字经济发展能够提升正规就业者的小时工资率，但对缩短其工作时长并未产生显著影响。一个可能的解释为：数字经济的发展能够提升企业的生产效率，获得更多收益，进而对雇员的工资分配产生积极影响，同时也能进一步激发员工的工作积极性，使正规就业者的小时工资率得到提高。但由于正规就业者的工作时间缺乏弹性，因此，数字经济发展对其工作时长的影响不明显。与非正规就业者不同，数字经济发展能够促进正规就业者社会保障项目的参与，这是因为数字经济发展水平的提高通常会带动数字技术应用水平的提升，进而促进企业规模的扩大和经营效益的提升，职工的福利保障水平也会得到相应改善。同时，数字经济发展不断在数字产业、数字生活等领域产生新职业，既增加了现有就业机会，也进一步扩大了社会保障项目的覆盖范围，因而对正规就业者的社会保障项目参与水平的提高具有积极作用。同样，数字经济发展水平的提高也会促进正规就业者工作满意度的提升。

表 10 - 7　　　　数字经济发展对正规就业者就业质量的影响

变量	(1)	(2)	(3)	(4)	(5)
	小时工资率	工作时长	养老保险	医疗保险	工作满意度
dige	0.1435 *** (0.0162)	- 0.0087 (0.0082)	0.0298 *** (0.0106)	0.0084 (0.0071)	0.0126 ** (0.0057)
控制变量	已控制	已控制	已控制	已控制	已控制
N	4062	4062	4060	4061	4049
R^2/Pseudo R^2	0.1668	0.0408	0.1304	0.0919	0.0128

注：表中括号内为 t 值；** 、*** 分别表示在 5% 、1% 水平下显著。

10.3　研　究　结　论

本书从劳动者小时工资率、工作时长、社会保障项目参与水平和就业满意度四个维出发，将数字经济指数与中国社会状况综合调查（CSS）数据相匹配，考察了数字经济发展对就业质量的影响。本书得出结论如下：第一，数字经济发展对劳动者就业质量提升的促进作用体现在总体上能够显著提高劳动者的小时工资率，并降低工作时长。针对不同就业类型的劳动者而言，小时工资率的提高和工作时长缩短在非正规受雇就业者中的作用最为明显。第二，数字经济发展对劳动者就业质量的抑制作用体现在会对劳动者社会保障项目的参与水平产生消极影响，并且该影响在非正规就业者群体中尤为突出，进一步说明数字经济背景下新业态就业者的社会保障项目参与明显不足。而对正规就业者而言，数字经济发展则会促进其社会保障项目参与水平的提高。第三，不同类型就业群体的工作满意度均有所增加，说明在劳动者主观层面认为数字经济发展带来的就业质量提升效应大于抑制效应，即数字经济发展促进劳动者小时工资率提升的正向作用大于其社会保障项目参与不足带来的负向影响，进而提高了劳动者的工作满意度。因此，随着数字经济发展水平的不断提高，应把握和发挥数字经济发展对就业质量提升的正向影响，同时密切关注伴随新就业形态产生的劳动者社会保障项目参与不足等问题，不断完善就业服务体系，助推高质量就业目标的实现。

第11章 数字经济对城乡收入差距的影响效应检验

11.1 研究设计

11.1.1 模型构建

为验证上述研究命题，使理论分析更具有合理性，本书设定如下基准回归模型用以检验数字经济发展对城乡收入差距产生的具体影响：

$$\text{Theil}_{i,t} = \alpha_0 + \alpha_1 \text{dige}_{i,t} + \alpha_2 \text{dige}_{i,t}^2 + \alpha_3 \text{Instr}_{i,t} + \alpha_4 \text{Hc}_{i,t} +$$
$$\alpha_5 \text{Gfi}_{i,t} + \alpha_6 \text{Ur}_{i,t} + \mu_i + \vartheta_t + \varepsilon_{i,t} \tag{11-1}$$

式（11-1）当中，$\text{Theil}_{i,t}$ 为被解释变量，表示城乡收入差距。μ_i 和 ϑ_t 分别为地区固定效应和时间固定效应，用以控制地区不随时间变化的因素及时间趋势对城乡收入差距所产生的影响。$\varepsilon_{i,t}$ 为随机误差项。上式中，如果 $\alpha_1 > 0$ 且 $\alpha_2 < 0$，说明 $\text{Theil}_{i,t}$ 与 $\text{dige}_{i,t}$ 存在倒 U 形关系。如果 $\alpha_1 < 0$ 且 $\alpha_2 > 0$，则表示二者间为 U 形关系。在 $\alpha_2 = 0$ 的情况下，$\alpha_1 < 0$ 意味着能够使城乡收入差距得以收敛，$\alpha_1 > 0$ 则证明会加深城乡间收入差距。

数字经济的跨时空与无边界特征使要素传播成为可能，这种要素外溢现象强化了城乡区域间的关联性。例如，某省份数字经济的发展可能会对周边省份的城乡收入产生影响。因而本书选择用空间面板模型来研究数字经济发展对城乡收入差距产生的作用。在此之前，先进行全局 Moran's I 检验，设定公式如下：

$$\text{Moran's I} = \left[\sum_{a=1}^{m} \sum_{b=1}^{m} W_{ab} (Y_a - \overline{Y})(Y_b - \overline{Y}) \right] / \left[\lambda^2 \sum_{a=1}^{m} \sum_{b=1}^{m} W_{ab} \right]$$

$$(11-2)$$

上述公式中，m 指代地区数量，Y_a 为 a 地区观测值，Y_b 为 b 地区观测值，$\overline{Y}$ 为 30 省份 Y 的均值，λ^2 为方差，W_{ab} 为空间权重。Moran's I 指数值为正数则表示存在空间正相关关系，为负数则代表存在空间负相关，指数值为 0 表示没有空间相关性。

为进一步探讨数字经济对城乡收入差距产生的溢出效应，本书分别运用空间杜宾模型、空间滞后模型与空间误差模型来进行检验，具体模型如下所示：

$$\text{Theil}_{i,t} = \beta_0 + \rho W \text{Theil}_{i,t} + \beta_1 \text{dige}_{i,t} + \beta_2 \text{dige}_{i,t}^2 + \beta_3 X_{i,t} + \varphi W \text{dige}_{i,t} + \mu_i + J_t + \varepsilon_{i,t}$$

$$(11-3)$$

$$\text{Theil}_{i,t} = \beta_0 + \beta_1 \text{dige}_{i,t} + \beta_2 \text{dige}_{i,t}^2 + \beta_3 X_{i,t} + \varepsilon_{i,t}, \quad \varepsilon_{i,t} = \lambda W \varepsilon_{i,t} + \mu_{i,t}$$

$$(11-4)$$

$$\text{Theil}_{i,t} = \beta_0 + \beta_1 \text{dige}_{i,t} + \beta_2 \text{dige}_{i,t}^2 + \beta_3 X_{i,t} + \rho W \text{Theil}_{i,t} + \mu_i + J_t + \varepsilon_{i,t}$$

$$(11-5)$$

其中，β 为空间自回归系数，W 代表空间权重矩阵，其余变量内涵与上文相同。

11.1.2 变量指标的选择与描述性统计

1. 城乡收入差距的测度

目前国内测度城乡收入差距的方式主要包括基尼系数、泰尔指数和城乡居民可支配收入比三种。基尼系数是国际上用来衡量一个国家或者地区居民收入差距的惯用指标，但是这种方法往往很难把城乡收入差距与总体收入差距区分开。用城乡收入比测度城乡收入差距的缺点在于可能会导致忽视城乡人口结构方面的因素。相较之下，运用泰尔指数法可以将城乡收入差距分为组内、组间差距。它能够实现静态视角向动态视角的转变，且兼顾整体收入差距与城乡人口结构两个指标，所以能够更好地衡量收入差距的变动情况。鉴于此，本书将以泰尔指数（Theil）来衡量城乡间的收入差距，计算公式如下：

$$\text{Theil}_{it} = \sum_{i=1}^{2} \left(\frac{y_{it}}{y_t} \right) \times \ln \left[\frac{y_{it}}{y_t} \bigg/ \frac{x_{it}}{x_t} \right] \qquad (11-6)$$

式（11-6）中，若 i 为 1，则代表城镇地区，若 i 为 2，则代表农村地区。y_{1t} 是指城镇地区在第 t 年的总体可支配收入，y_{2t} 是指农村地区在第 t 年的总体可支配收入。x_t 代表第 t 年的总人口数。

2. 控制变量的选取

本书主要选用产业结构、人力资本、政府财政支出、城镇化率作为控制变量进行实证检验。中国作为发展中国家，多以劳动密集型产业为主。第三产业所占比重越高就越能够使农村剩余劳动力就业机会增加，城乡收入差距也会更小。第一产业产值所占比重较高则说明城乡收入差距较小，可以对农村劳动力产生巨大的吸纳效应，进而可以增加农民的收入使城乡收入降低，所以产业结构发展水平用下式进行计算：

产业结构水平 =（一产增加值/各省份 GDP + 三产增加值/

各省份 GDP）×100%　　　　　　　　　(11-7)

有研究表明，教育水平可以增加人力资本存量。从现实情况来看，农村地区居民的受教育水平较低，而城镇地区往往会聚集更多的高技能劳动者，拥有较高技能的劳动者工资水平也较高，这就导致城乡之间存在收入差距。对于人力资本水平的测度，本书依据《中国统计年鉴》上的方法进行计算。其具体测量公式如下：

人力资本水平 =（小学人数 ×6 + 初中人数 ×9 + 高中人数 ×12 +

中职 ×12 + 专科 ×15 + 本科 ×16 + 研究生 ×

19）/6 岁以上总人口　　　　　　　　　(11-8)

关于政府财政支出，不同学者对于财政支出与城乡收入差距的研究结论也有所不同。通过梳理已有文献，本书认为政府财政支出会在一定程度上对城乡收入差距产生影响。因此，采用各省份财政支出/地区生产总值对此进行衡量。

当人口向城镇地区输送时，城市规模得到明显扩张，城乡资源得以整合、当地产业结构得以调整升级，进而对城乡收入产生一定程度的影响。关于城镇化水平，本书选用城镇常住人口/总人口数来进行测量。

本书所用全部数据均来自国家统计局网站、《中国统计年鉴》《中国统计摘要》，变量选择如表 11-1 所示。

表 11 - 1   变量选择

变量类型	变量名称	变量符号
被解释变量	城乡收入泰尔指数	Theil
控制变量	产业结构发展水平	Instr
	人力资本水平	Hc
	政府财政支出	Gfi
	城镇化水平	Ur

3. 变量的描述性统计

表 11 - 2 呈现了本书所使用变量的描述性统计结果。结果显示，各个变量观测值均为 330 个，被解释变量（Theil）的均值约 0.10，最小值与最大值分别约为 0.02 和 0.26。通过对数据进行分析，发现数字经济发展水平与城乡收入差距在不同地理区域所展现出来的发展程度也存在较大差异性。

表 11 - 2   变量的描述性统计

变量类型	变量	样本量	平均值	标准差	最小值	最大值
被解释变量	Theil	330	0.1030734	0.0487446	0.0195286	0.2559128
控制变量	Instr	330	55.31526	8.608749	40.95457	83.84265
	Hc	330	9.034738	0.9434325	6.763946	12.68113
	Gfi	330	2427.986	1011.165	964.0102	6283.552
	Ur	330	0.5641442	0.1276394	0.2989	0.896

11.2　实证检验：数字经济对城乡
收入差距的影响分析

11.2.1　现实依据分析

相关数据表明，中国于 2014 ~ 2019 年的乡村人均可支配收入增速约为 7.17%，比相同年份 GDP 增长速度快 0.33%，而同一时期城镇人均可支配收入增速仅为 6.02%。出现这一结果的原因很大程度上在于数字化技术发展初期对于农村地区经济提速起到良好助益作用。从互联网在农村地区的普及应用程度来看，截至 2020 年 12 月底，中国乡村地区网民规模已经达到 3.09 亿，这在中国总体网民当中占比高达 31.3%。互联网普及率也已上升到 55.9%，这充分说明数字化技术在农村地区得到进一步普及应用。

　　为使实证分析更贴近现实，本书以 2014 年"宽带乡村"战略试点政策为依据，描绘了 2009~2019 年推进"宽带乡村"试点省份与非试点省份的城乡收入差距变化情况图表。从改革开放以来，中国东部临海地区在各项政策条件的支持以及外部环境优势的加持下得到良好发展，相较之下中西部地区发展较为缓慢。为强化中西部地区发展、努力缩小这种发展不平衡现象，近年来出台诸多支持西部地区发展的政策文件。

　　"宽带乡村"试点省份均集中于中西部地区，从图 11-1 可以得到两种判断：第一，无论试点前或者试点后，参与试点的省份城乡收入差距仍然要大于非试点省份。初步推测，其原因在于试点省份都位于中西部地区，基于历史因素与地理因素，西部地区无论是在经济、政治、文

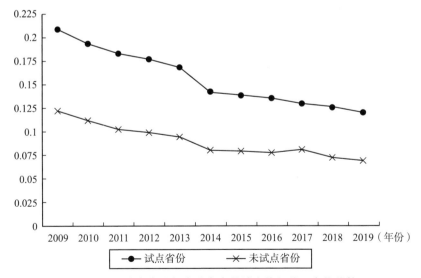

图 11-1　试点省份与未试点省份城乡收入差距变化趋势

化、科技等诸多方面均落后于东部地区，其固有的贫富差距较大且难以在短期内缓解，所以导致出现上述现象。第二，通过对试点省份与未参与试点省份的城乡收入变化趋势进行观测，在2014年试点政策实施以后，参与试点的省份其城乡收入差距变化的幅度要大于未试点省份。初步推测在中国所处的目前阶段，"宽带乡村"试点工程能够带动农村经济发展、缓解城乡间发展不平衡的现象。

11.2.2 基准估计结果分析

为验证数字经济是否对城乡收入差距产生一种"先抑制后扩大"的U形关系，本书对此进行实证检验，具体结果如表11-3所示。模型（1）为未添加控制变量下的回归结果，数字经济发展系数为负值，且通过0.1%的显著性检验，表明数字经济的发展会对城乡收入差距起到抑制性作用。在加入控制变量之后，基准回归结果仍旧显著为负，如列（2）所示。模型（3）与模型（4）分别列示了在加入数字经济发展指数的平方项之后未添加控制变量与添加控制变量的结果。从表11-3中数据来看，两种情况下的数字经济发展指数均在0.1%水平下显著为负，而其平方项在0.1%水平下显著为正，这意味着在数字经济发展初级阶段，城乡收入差距将会明显收敛。原因在于数字经济本身所具有的跨时空交流特性打破了城乡之间存在的物理隔阂，生产要素得以在城乡之间进行流转，促进了区域间的协同发展，为农村经济发展注入新的活力，"数字红利"带来的效果显著。当数字经济发展到更高阶段时，由于固有的"城乡二元结构"使城乡一体化发展受到限制，这就容易加剧农业与非农产业之间的发展不均衡现象，"数字鸿沟"问题将会更加凸显，从而造成城乡收入差距拉大。本书根据模型（4）回归结果对U形曲线的拐点进行测算，发现拐点处数字经济发展指数大约是0.540。在描述性统计结果中显示各省份数字经济发展指数的平均数约为0.365。由此可见，在当前发展阶段，"数字红利"产生的影响要大于"数字鸿沟"，即数字经济仍处于发展初期阶段，对于城乡收入差距的抑制性作用效果比较显著。由此，本书的命题H7a得到验证。

表 11 - 3　　　　　　　　　　　基准回归结果

变量	(1) Theil	(2) Theil	(3) Theil	(4) Theil
dige	-0.207*** (0.0120)	-0.0504*** (0.0122)	-0.393*** (0.0444)	-0.242*** (0.0326)
dige2			0.216*** (0.0418)	0.224*** (0.0310)
Instr		0.000237 (0.000249)		0.0000898 (0.000225)
Hc		-0.00708* (0.00342)		-0.00943** (0.00304)
Gfi		0.00000900*** (0.00000120)		0.00001000*** (0.00000122)
Ur		-0.210*** (0.0234)		-0.189*** (0.0221)
_cons	0.179*** (0.00531)	0.269*** (0.0182)	0.212*** (0.0102)	0.318*** (0.0178)
Province	Yes	Yes	Yes	Yes
Year	Yes	Yes	Yes	Yes
N	330	330	330	330
R^2	0.492	0.767	0.521	0.797

注：表中括号内为 t 值；＊、＊＊、＊＊＊分别表示在 10%、5% 和 1% 水平下显著。

11.2.3　空间溢出效应与区域异质性分析

本书在分析空间效应之前首先进行空间自相关检验，通过利用 Moran's I 指数法测度地理权重矩阵下存在的空间效应，具体结果如表 11 - 4 所示。结果显示，在地理权重矩阵下，城乡收入差距（Theil）的 Moran's I 指数大于 0，并且分别通过 0.1% 与 1% 的显著性检验。这表示中国各个省份的城乡收入差距具有显著的空间自相关特征。2009 ~ 2019 年城乡收入差距的 Moran's I 指数值同样均在 0.1% 的水平下显著为正

197

值，空间集聚表现特征同数字经济相类似。

表 11 – 4　　　　2009～2019 年城乡收入差距 Moran's I 指数

年份	Theil	
	Moran's I	Z 值
2009	0. 210 ***	5. 851
2010	0. 210 ***	5. 851
2011	0. 202 ***	5. 650
2012	0. 202 ***	5. 649
2013	0. 201 ***	5. 635
2014	0. 205 ***	5. 766
2015	0. 205 ***	5. 758
2016	0. 202 ***	5. 679
2017	0. 105 ***	3. 399
2018	0. 197 ***	5. 574
2019	0. 195 ***	5. 539

注：表中 *** 表示在 1% 水平下显著。

　　本书分别采用空间杜宾模型、空间滞后模型与空间误差模型来探究数字经济发展对城乡收入差距产生的空间溢出效应，结果如表 11 – 5 所示。在三种空间面板模型下，基于地理矩阵进行测度，数字经济发展水平系数均表现为负且在 0.1% 水平下显著，而数字经济发展水平的二次项系数均显著为正，再次验证了数字经济与城乡收入差距之间所存在的 U 形关系。为进一步对此进行验证，本书在经过 LM 检验、LR 检验之后选择用空间杜宾模型对结果进行解读。从直接影响效应来看，数字经济发展指数的回归系数表现为 – 0. 546，且在 0.1% 水平下显著，其二次项系数显著为正，说明在本地区二者间的 U 形关系显著。从间接效应来看，数字经济发展指数的回归系数表现为 – 2. 503，平方项系数为 1. 399，在 0.1% 水平下显著为正。从溢出效应来看，W × dige 系数为 – 1. 393 且通过 0.1% 的显著性检验，而 W × dige2 系数为 0. 773，同样在 0.1% 水平下显著。这组数据充分验证了上文中提出的研究假设，数字经济与城乡收入差距之间存在明显的空间溢出影响。其原因在于数字经济作为一种新兴技术具有典型的示范作用，且其强烈的扩散性特征容易导致出现空间上的外溢。

表 11 - 5　　　　　　　　　　　空间模型回归结果

变量	地理矩阵		
	SDM	SAR	SEM
dige	- 0. 502 *** (0. 000)	- 0. 596 *** (0. 000)	- 0. 612 *** (0. 000)
dige 2	0. 324 *** (0. 000)	0. 385 *** (0. 000)	0. 398 *** (0. 000)
W × dige	- 1. 393 *** (0. 000)		
W × dige 2	0. 773 *** (0. 001)		
dige_Direct	- 0. 546 *** (0. 000)	- 0. 666 *** (0. 000)	
dige_Indirect	- 2. 503 *** (0. 000)	- 2. 288 ** (0. 030)	
dige_Total	- 3. 049 *** (0. 000)	- 2. 954 *** (0. 007)	
dige 2_Direct	0. 347 *** (0. 000)	0. 429 *** (0. 000)	
dige 2_Indirect	1. 399 *** (0. 002)	1. 474 ** (0. 036)	
dige 2_Total	1. 746 *** (0. 000)	1. 903 *** (0. 010)	
rho	0. 353 ** (0. 016)	0. 774 *** (0. 000)	
lambda			0. 657 *** (0. 000)

199

变量	地理矩阵		
	SDM	SAR	SEM
Obs	330	330	330
R^2	0.271	0.268	0.517

注：表中括号内为 t 值；** 、*** 分别表示在 5% 、1% 水平下显著。

上述研究均立足于全国层面，随着数字经济的广泛应用，数字化技术的特质改变了传统的城乡分割局面，城乡之间的要素流动加强了地区间的分工与协作，使城镇化进程明显加快。然而，不同地区城镇化发展水平也大不相同。东部沿海地区经济发达，无论是产业基础、地理位置、基础设施建设还是市场化水平等各方面都处于领先水平，所以其城市化水平建设也优于中、西部地区。这就导致数字经济所带来的"技术红利"在不同区域存在明显差异，进而导致数字经济对城乡收入差距产生的影响也具有异质性特征。基于这一考虑，将我国除香港、澳门、台湾、西藏地区以外的 30 个省份按照城市化发展水平的不同划分为东、中、西三部分进行检验，具体分析结果如表 11 - 6 所示。在模型（3）与模型（9）中，东、西部地区分别在 0.1% 与 5% 水平下显著为负，通过对系数绝对值大小进行比较，西部地区受到的影响更为明显。从数字经济发展指数的平方项来看，仅东部地区通过了显著性检验，中西部地区均不显著。此项结果表明，在经济发展水平最高、数字基础设施建设最完善的地区，数字经济发展与城乡收入差距之间存在明显的 U 形关系，而在中西部地区，两者间不存在非线性关系。在模型（1）、模型（4）与模型（7）中，仅探究数字经济发展指数的一次项与城乡收入差距之间存在的影响关系，发现系数均于 0.1% 下显著为负，且系数绝对值大小呈现出"西部最大，中部次之，东部最小"的特征。分析上述现象的原因大致在于东部地区数字化技术发展水平较高且发展速度较快，所以相较之下会更早地越过 U 形曲线拐点位置，并且经济越发达的地区其固有的城乡收入差距越小。反观欠发达地区，其本身存在的城乡收入差距较大，因而数字经济发展对于西部地区城乡收入差距产生的抑制性作用更加强烈。由此，本书命题 H7c 得以验证。

表 11-6 区域异质性

变量	Theil								
	东部			中部			西部		
	(1)	(2)	(3)	(4)	(5)	(6)	(7)	(8)	(9)
dige	-0.121*** (0.0109)	-0.290*** (0.0487)	-0.135*** (0.0249)	-0.175*** (0.0243)	-0.495*** (0.139)	-0.264 (0.141)	-0.275*** (0.0239)	-0.560*** (0.130)	-0.272* (0.129)
dige 2		0.167*** (0.0469)	0.0883*** (0.0241)		0.538* (0.231)	0.348 (0.221)		0.446* (0.201)	0.284 (0.172)
Controls	No	No	Yes	No	No	Yes	No	No	Yes
_cons	0.124*** (0.00551)	0.161*** (0.0118)	0.230*** (0.0131)	0.156*** (0.00775)	0.197*** (0.0192)	0.288*** (0.0616)	0.231*** (0.00780)	0.270*** (0.0191)	0.409*** (0.0605)
F值	124.94	74.86	198.94	51.81	29.68	16.48	132.53	71.43	53.32
N	121	121	121	110	110	110	99	99	99
R²	0.512	0.559	0.913	0.324	0.357	0.490	0.577	0.598	0.777

注：表中括号内为 t 值；*、***分别表示在10%、1%水平下显著。

11.2.4 稳健性检验

为使结果更具稳健性，需要考虑模型内生性问题，本书采取如下两种方法进行稳健性检验。

滞后性检验。基于表 11 - 3 的基准回归结果，数字经济发展初期阶段有助于缩小城乡收入差距，而进入到中长期阶段则会导致城乡收入差距扩大，但是这一结果的出现也不能排除内生性问题的影响，因此本书选择对数字经济发展水平的滞后一期与滞后两期进行分析，结果如表 11 - 7 列（1）、列（2）所示。数字经济发展水平无论滞后一期还是两期，均在 0.1% 水平上显著为负，其二次项系数均在 0.1% 水平下显著为正，这充分表明数字经济发展水平对城乡收入差距存在 U 形影响关系。因此，在考虑了内生性问题之后，上述回归结果仍然具有稳健性。

表 11 - 7   滞后一期检验

变量	Theil		
	（1）	（2）	（3）
dige	- 0. 156 *** （0. 000）	- 0. 109 *** （0. 000）	- 0. 242 *** （0. 000）
dige 2	0. 138 *** （0. 000）	0. 095 *** （0. 000）	0. 224 *** （0. 000）
Instr	0. 000 （0. 933）	- 0. 000 （0. 582）	0. 000 （0. 714）
Hc	- 0. 007 ** （0. 041）	- 0. 002 （0. 523）	- 0. 009 *** （0. 002）
Gfi	0. 000 *** （0. 000）	0. 000 *** （0. 000）	0. 000 *** （0. 000）
Ur	- 0. 212 *** （0. 000）	- 0. 236 *** （0. 000）	- 0. 190 *** （0. 000）
Lm			- 0. 000 （0. 960）

变量	Theil		
	（1）	（2）	（3）
Inf			0.001 （0.765）
_cons	0.284 *** （0.000）	0.252 *** （0.000）	0.316 *** （0.000）
N	300	270	330
R^2	0.774	0.761	0.797

注：表中括号内为 t 值；** 、*** 分别表示在5%、1%水平下显著。

增加控制变量。由于城市地区非农产业的快速发展需要有更多劳动力要素的投入，而农业劳动生产率的提高则不断迫使农村的大量富余劳动力流往城市非农产业，在短时间内，城乡之间存在的这种农村劳动力转移情况能够为缩小城乡收入差距提供有利条件。除此之外，公路基础设施建设能够缩小城乡之间存在的时空距离，降低流通成本，从而有助于实现要素报酬的均等化，对缩小城乡收入差距起到有利的影响。因此，本书增加农村劳动力转移（Lm）与公路基础设施建设（Inf）作为控制变量。农村劳动力转移指标用农村人口流动率来衡量，公路基础设施建设指标用各省份面积占公路里程数的比重来进行衡量，具体检验结果如表 11 - 7 列（3）所示。结果显示，数字经济发展水平在 0.1% 水平下显著为负，其二次项系数在 0.1% 水平下显著为正，再次验证了表 11 - 3 基准回归结果具备稳健性。

11.3 进一步分析

为缓解城乡之间存在的"数字鸿沟"现象，强化农村地区数字基础设施建设，中国出台了系列相关政策文件用以支持农村的数字化发展。系列政策的出台目的在于提高农村居民对数字化技术的应用能力，扩大数字网络的覆盖面积，使全体居民都能享受"数字化红利"。本书以"宽带乡村"试点政策作为一项外生准自然实验，通过采用双重差分法来识别其对城乡收入差距的具体作用机制。数字经济是以数据为主要生产要素的经济发展形态，而"宽带乡村"政策与之具有紧密的联系，"宽带乡村"政策内容使互联网技术优势得以凸显。鉴于此，本书选用"宽带乡村"试点省份为实验组，其余省份为对照组，建立如下DID模型来进一步检验影响机制：

$$Theil_{it} = \alpha_0 + \alpha_1 DID_{it} + \alpha_1 treated_{it} + \alpha_2 post_{it} + \alpha_3 \sum \chi_{it} + \mu_i + \lambda_i + \varepsilon_{it}$$

$$(11-9)$$

式（11-9）中，treaded 为政策虚拟变量，即试点省份为 1，未实行试点政策的省份为 0。post 作为时间虚拟变量，在 2014 年之前为 0，2014 年之后为 1。DID_{it} 综合反映了数字经济对于城乡收入差距的影响。X 代表系列控制变量，其余变量内涵皆与上文相同。本书研究样本如表 11-8 所示。

表 11-8 研究样本

实验组	内蒙古、四川、贵州、云南、陕西、甘肃
对照组	北京、天津、河北、山西、辽宁、吉林、黑龙江、上海、江苏、浙江、安徽、福建、江西、山东、河南、湖北、湖南、广东、广西、海南、重庆、青海、宁夏、新疆

11.3.1 平行趋势检验

双重差分方法的有效使用前提为政策实施发生前，实验组与对照组具有共同趋势。因此本章在进行 DID 检验之前，先进行平行趋势检验来验证 DID 方法的有效性。检验结果显示（见图 11-2），在 2014 年政策实施之前，对照组与实验组排除了政策之外的其他控制变量对因变量没有显著差异。在政策实施后，虚线与 0 轴没有交点，代表实验组与对照组排除了政策之外的其他控制变量对因变量有显著性差异，而引起这种显著性差异变化的就是试点政策因素。从政策动态效应来看，"宽带乡村"试点政策实施之后，估计值显著为负，这充分说明试点政策对于缩小城乡收入差距具有显著影响。因此，满足平行趋势检验，可以使用 DID 方法进行后续检验。

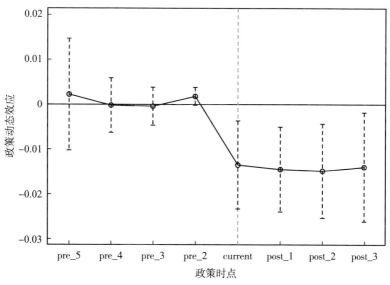

图 11 - 2　平行趋势检验

11.3.2　基准回归

表 11 - 9 汇报了"宽带乡村"政策与城乡收入差距的基准回归结果。其中,模型(1)未加入控制变量,模型(2)为加入控制变量之后的检验结果。表中结果显示试点政策虚拟变量均通过了 0.1% 的显著性水平,这充分证明"宽带乡村"政策试点有助于缩小城乡数字鸿沟,抑制城乡收入差距扩大现象。其原因可能在于,以宽带建设为核心的网络基础设施使信息得以快速传播,以接入为典型特征的数字鸿沟正在不断被填平。与此同时信息交流成本明显降低,数据资源得以在不同区域之间共享交流。农村地区借助于数据传播进行生产决策,很大程度上降低了生产成本,使农村地区收入水平整体提升。应用鸿沟与收入鸿沟逐渐被弥合,城乡间收入差距得以缩小,缓解了区域间发展不均衡的现象。

表 11 -9　　　　　　　　　基准回归

变量	(1)	(2)
Treat × time	- 1.525 *** (0.214)	- 0.587 *** (0.182)

续表

变量	(1)	(2)
Instr		−0.479 *** (0.103)
Hc		−0.889 *** (0.226)
Gfi		0.163 *** (0.0370)
Ur		−1.645 *** (0.108)
treat		−0.323 ** (0.141)
post		0.00156 (0.0378)
_cons	−2.377 *** (0.0289)	−1.093 (0.838)
时间固定	Yes	Yes
地区固定	Yes	Yes
N	330	330
R²	0.134	0.869

注：表中括号内为 t 值；** 、*** 分别表示在 5% 、1% 水平下显著。

11.3.3　安慰剂检验

"宽带乡村"试点工程产生的影响是否是由某些随机因素导致的尚待确认，本书选用反事实检验对此进行分析。作为一种常用的政策评估方法，其作用机理在于，估计一个反事实的政策变量不会产生相对应的政策效果。本书使用了 2009～2014 年的数据进行估计，分别假设于2010 年、2011 年、2012 年实施试点政策，具体结果如表 11-10 所示。根据反事实检验结果显示，无论是将政策提前到 2010 年、2011 年还是2012 年进行，结果都不再表现为显著。这意味着 2014 年的试点政策对于减小城乡收入差距没有受到非试点政策影响，进一步证实了"宽带乡村"试点政策能够逐渐弥合城乡间存在的数字鸿沟现象。

表 11 - 10　　　　　　　　　　反事实检验

变量	2010 年	2011 年	2012 年
DID	- 0. 459 (0. 586)	- 0. 495 (0. 463)	- 0. 469 (0. 436)
treat	- 0. 810 (0. 537)	- 0. 863 ** (0. 380)	- 0. 959 *** (0. 311)
_cons	- 2. 238 *** (0. 0406)	- 2. 238 *** (0. 0405)	- 2. 238 *** (0. 0405)
时间固定	Yes	Yes	Yes
地区固定	Yes	Yes	Yes
N	180	180	180
R^2	0. 143	0. 145	0. 145

注：表中括号内为 t 值；** 、*** 分别表示在 5% 、1% 水平下显著。

11. 4　研 究 结 论

在理论机制分析基础上利用中国 2009～2019 年省份面板数据进行实证检验，充分探讨了数字经济发展对中国城乡收入差距产生的影响效应。研究结果显示：第一，数字经济发展与城乡收入差距之间存在显著的 U 形关系。第二，数字经济与城乡收入差距之间存在明显的空间关联性特征与空间溢出特性，即相邻地区的数字经济发展会对本地区城乡收入差距产生影响。第三，考虑到中国各区域城市化水平的不同，推进数字化建设的程度也不相同，因此将区域异质性纳入模型当中进行检验。研究结果显示，数字经济发展对城乡收入差距产生的影响在西部地区表现更为强烈，影响强度总体上呈现出"西部最强，中部次之，东部最弱"的梯形分布特点。第四，将"宽带乡村"建设作为一项外生冲击变量构建 DID 模型探究其对城乡收入差距产生的影响，结果显示对城乡收入差距有明显抑制性作用。"宽带乡村"试点工程使农村地区能够实现信息通信设施的跨越式发展，提高农村地区对于数字化技术的应用能力，从而有效减少城乡数字鸿沟问题。在推进试点政策之后，试点省份的城乡收入差距变化明显大于非试点省份。这意味着"宽带乡村"建设有助于收敛城乡间的收入差距。

第12章 数字经济赋能高质量发展的总体效应检验

12.1 计量模型的构建

为了验证上文提出的命题，首先对数字经济影响高质量发展的作用机制进行检验，构建的基本计量模型如下：

$$hqd_{i,t} = \beta_0 + \beta_1 dige_{i,t} + \beta_i X_{i,t} + \lambda_i + \varepsilon_{it} \qquad (12-1)$$

式（12-1）为双向固定效应模型。其中，$hqd_{i,t}$为第 t 年 i 省份的高质量发展水平；$dige_{i,t}$为第 t 年 i 省份的数字经济发展水平；向量 $X_{i,t}$为影响高质量发展水平的其他控制变量；β_0表示模型截距项；β_1为数字经济变量系数；ε_{it}表示随机干扰项；φ_i为个体固定效应，φ_t为时间固定效应。

除了式（12-1）所体现的数字经济对高质量发展的直接效应，为了验证数字经济对高质量发展可能存在的间接效应，根据前文所述，对金融发展水平是否为二者之间的中介变量进行检验。具体检验步骤如下：在数字经济发展指数对高质量发展影响的线性回归模型式（12-1）中的回归系数 β_1显著性通过了检验的基础上，分别构建数字经济对中介变量的线性回归方程，以及数字经济和中介变量对高质量发展的回归方程，通过系数 γ_1、α_1 和 α_2 的显著性来判断中介效应是否存在。具体的模型形式设定如下：

$$inv_{i,t} = \gamma_0 + \gamma_1 dige_{i,t} + \gamma_i X_{i,t} + \lambda_i + \varepsilon_{it} \qquad (12-2)$$

$$hqd_{i,t} = \alpha_0 + \alpha_1 dige_{i,t} + \alpha_2 inv_i + \beta_i X_{i,t} + \lambda_i + \varepsilon_{it} \qquad (12-3)$$

据前文分析，数字经济有助于提升高质量发展，但由于网络外部性的存在，该促进作用存在线性关系并不完全成立。为进一步识别数字经济对高质量发展的非线性促进作用，本书通过构建门槛模型以检验数字经济在不同发展阶段对高质量发展的影响存在何种差异。模型形式如下：

$$hqd_{i,t} = \psi_0 + \psi_1 dige_{i,t} \times I(Adj_{j,t} \leq \theta) + \psi_2 dige_{i,t} \times$$
$$I(Adj_{j,t} > \theta) + \psi_i X_{i,t} + \lambda_i + \varepsilon_{it} \qquad (12-4)$$

其中，$Adj_{i,t}$ 为数字经济、金融发展水平等门槛变量；$I(\cdot)$ 为取值 1 或 0 的指示函数，满足括号内的条件则为 1，否则为 0；θ 为待估计门槛值，能将本书的省份样本划分为两个区间，不同样本区间内的数字经济回归系数 Ψ_1 和 Ψ_2 存在着差异。

经济发展具有空间自相关性，同时也会受到邻近地区发展水平的影响，需要借助空间计量模型。空间计量模型考虑了变量间的空间依赖性，可以测度空间上的影响，常见的模型包括空间滞后模型（SAR）、空间误差模型（SEM）以及空间杜宾模型（SDM）。空间杜宾模型同时纳入了因变量和自变量的空间效应，可以有效避免空间误差模型或空间滞后模型遗漏部分的空间效应而导致估计结果存在误差的情况，在衡量自变量滞后项和因变量间的相关性时具有较好的拟合效果，还可以分解出自变量变动所引起的直接效应、间接效应和总效应。基于此分析，本书构建的基准空间杜宾模型如下：

$$hqd_{i,t} = \beta_0 + \rho Whqd_{i,t} + \phi_1 Wdige_{i,t} + \beta_1 dige_{i,t} + \phi_c WX_{i,t} + \beta_i X_{i,t} + \lambda_i + \varepsilon_{it}$$
$$(12-5)$$

其中，ρ 代表空间自回归系数，W 为空间权重矩阵，为提高实证结果的稳健性，本书采用了地理距离矩阵、经济距离矩阵和邻接矩阵 3 种方法进行回归。ϕ_1 和 ϕ_c 为核心解释变量以及控制变量空间交互项的弹性系数。

12.2 变量选择说明与数据来源

12.2.1 被解释变量

高质量发展水平（hqd）。既有研究关于如何测度高质量发展仍没有达成一致。陈诗一（2018）采用人均 GDP 这一单一指标来衡量经济高质量发展水平，但其难以反映高质量发展的多维特征。李林汉（2022）运用包括期望产出和非期望产出的绿色全要素生产率来表示本书的被解释变量高质量发展。在一定程度上全要素生产率可以反映经济发展质量，但缺乏对环境因素的考量导致结果产生偏误问题。杨新洪（2017）根据高质量发展的内涵和外延，将能够反映创新、协调、绿色、开放、共享等发展状况的指标作为测度高质量发展的二级指标。张宏（2022）分别从经济发展的有效性、稳定性、可持续性三个方面选取 13 个一级指标用熵权法合成共同衡量高质量发展。通过构建测度指标体系虽然可以从经济、社会及环境等多个维度来反映高质量发展的内涵，但其各维度是非均衡的，如何赋予其权重没有标准，导致估计结果的不一致性。高质量发展作为一个综合性概念，当前学术界并没有形成统一标准。

高质量发展作为一种创新驱动型经济的增长方式，具有高效、节能、环保以及高附加值的特点，是在经济发展环境复杂多变、解决经济发展难题亟待解决的大背景下，意在推动经济结构优化、发展模式转换以及发展动力提升的经济发展战略。在宏观层面，高质量发展具有以下特征：一是经济发展结构均衡，不会出现影响经济循环正常流转运行的问题；二是产业技术边界可以不断向前拓宽，创新成为提高经济增长效率的来源，而并非只依靠规模扩大；三是在一定程度上降低由于行业、地区之间的资本错配而带来的效率耗损。对于中观层面，高质量发展就是保持产业结构、地区结构和收入分配结构的动态均衡，并推动其不断优化发展。从微观上看，高质量发展就是创建能够最大限度激发市场主体活力的营商环境，让市场充分发挥实现资源有效配置的决定性作用。综合考量，本书从宏观、中观和微观三个维度，分别用全要素生产率、产业结构水平、资源配置效率来反映高质量发展水平。

1. 全要素生产率（tfp）

全要素生产率是推动经济增长的重要动力，主要体现为经济增长中产出与投入之间的比例关系。全要素生产率的提高能够反映经济发展过程中技术、组织结构等生产要素的改善。现有研究中测量全要素生产率的主要方法有代数指数法、索洛残差法、潜在产出法和半参数法等。这些计算方法各有利弊：代数指数法是把全要素生产率表示为产出数量指数与所有投入要素加权指数的比率的一种测算方法，索洛残差法是先估算出总量生产函数，然后采用产出增长率扣除各投入要素增长率后的残差来测算全要素生产率，这些方法虽然具有计算简便的优势，但是其使用受到生产函数设定的约束，在解决不同类型企业的差异性方面存在困难，且容易放大全要素生产率的内涵边界。潜在产出法将要素投入增长、技术进步和效率提升看作经济增长主要动力，其最大的优点在于全面考虑了技术进步和效率提升对全要素生产率增长的影响，但它的缺点也很明显，该方法的运用建立在产出缺口估算基础上，因此估算误差是不可避免的，从而导致全要素生产率增长率的估算出现偏差，且采用潜在产出计量方法会使得计算过程复杂且无法克服参数内生性问题。

本书借鉴葛世帅等（2022）的思路，采用基于 DEA 模型的 Malmquist 指数测算 2012 ~ 2019 年 30 个省份（我国香港、澳门、台湾和西藏地区除外）的全要素生产率。此方法不需要估计生产函数，还可以具体分析推动全要素生产率增长的来源状况，适用于面板数据，反映决策单元效率的时序变化。DEA 模型通过确定生产前沿的距离函数和决策单元来判断决策单元的技术有效性。同时，Malmquist 指数模型基于规模收益不变（CRS）模型定义生产前沿，通过比较不同时期的决策单元效率值，得到决策单元的全要素生产率增长率。在 n 期的技术条件下，从 n 到 $n+1$ 期的全要素生产率公式如下：

$$M(x^{n+1}, y^{n+1}, x^n, y^n) = EC(x^{n+1}, y^{n+1}, x^n, y^n) \times$$
$$TECH(x^{n+1}, y^{n+1}, x^n, y^n)$$

$$(12-6)$$

其中：

$$EC(x^{n+1}, y^{n+1}, x^n, y^n) = \frac{C_0^{(n+1)}(x^{n+1}, y^{n+1})}{C_0^{(n)}(x^n, y^n)}$$

$$TECH(x^{n+1}, y^{n+1}, x^n, y^n) = \left[\frac{C_0^t(x_{n+1}, y_{n+1})}{C_0^{t+1}(x_{n+1}, y_{n+1})} \times \frac{C_0^t(x_n, y_n)}{C_0^{t+1}(x_n, y_n)} \right]^{1/2}$$

在进行测算时，选择各省份的地区生产总值为产出指标，按照当年价格的产出指标分别选取 2012 ~ 2019 年各省份的地区生产总值；投入指标为劳动力投入和资本要素投入。劳动投入指标采用各省份的就业人员衡量，资本投入采用固定资本存量衡量，固定资本存量使用永续盘存法进行估算，即 $K_{it} = I_{it} + (1 - \delta_{it}) K_{i,t-1}$。其中，$K_{it}$ 为 i 省份第 t 期的资本存量，$K_{i,t-1}$ 为 i 省份第 t−1 期的资本存量，I_{it} 为 i 省份第 t 期的实际投资额，δ_{it} 为 i 省份第 t 期的资本折旧率，参照国内文献的通常测算方法，选取 9.6% 为固定资产形成总额折旧率；基期资本存量的计算公式参考单豪杰（2008）的计算方法：期资本存量 = 下期实际固定投资额/（包括下期在内的近五年实际资产投资额平均增长率 + 平均折旧率）。

2. 产业结构水平（stru）

产业结构升级能够推动社会生产率不断提高，进而实现经济健康可持续增长，是推动经济高质量发展的重要驱动力。随着经济社会的转型发展，产业结构重心逐步开始由第一产业向第二、三产业倾斜，产业结构升级具体表现为第一产业比重逐渐降低的同时第二产业和第三产业的比重在逐步提高，同时内部利润率平均化程度的一致性以及投入产出水平的提高等。现有文献大多采用第二产业或者第三产业产值占 GDP 的比重来衡量产业结构水平，但这种衡量方式只能简单表现出产业结构的变动，并没有体现产业结构升级。王兰平（2020）、陈小辉（2020）等人，根据配第—克拉克定理对于产业结构升级的演变规律，且鉴于产业结构升级的指标设定的特殊性，在测度时采用的指标为产业结构升级系数，其计算公式如下：产业结构升级系数 = 1 × 第一产业比重 + 2 × 第二产业比重 + 3 × 第三产业比重。其中，产业结构升级系数的取值范围在 1~3，当产业结构升级系数趋于 1 时，产业结构水平相对较低，则该地区的产业升级速度也较慢；当产业结构升级系数趋于 3 时，产业结构水平相对较高，该地区的产业升级速度也越快。

3. 资源配置效率（res）

资源配置效率的提高能够缓解资本错配，从而有效地推动经济高质量发展，本书采用资本错配指数衡量资源配置效率，指数越小，配置效率越高。资本错配指数包括资本错配指数（kmis）和劳动错配指数（lmis），基于数据的可得性，本书参照白俊红（2018）的方法测算各省份的资本错配指数和劳动错配指数，其公式如下：

$$\text{kmis}_i = \frac{1}{\gamma_{K_i}} - 1, \quad \text{lmis}_i = \frac{1}{\gamma_{L_i}} - 1 \qquad (12-7)$$

其中，γ_{K_i} 和 γ_{L_i} 分别为资本价格扭曲系数和劳动力价格扭曲系数，计算方法如下：

$$\gamma_{K_i} = \left(\frac{K_i}{K}\right) \bigg/ \frac{s_i \beta_{K_i}}{\beta_K}, \quad \gamma_{L_i} = \left(\frac{L_i}{L}\right) \bigg/ \frac{s_i \beta_{L_i}}{\beta_L} \qquad (12-8)$$

其中，s_i 为 i 省份产出占全部总产出的比重，$\frac{K_i}{K}$ 为 i 省份使用的资本占资本总量的份额，$\frac{s_i \beta_{K_i}}{\beta_K}$ 表示资本有效配置时 i 省份资本的使用比重，β_{K_i} 表示运用生产函数估计的各省份的资本产出弹性，γ_{K_i} 代表资本错配程度；$\frac{L_i}{L}$ 为 i 省份的劳动占劳动总量的比重，$\frac{s_i \beta_{L_i}}{\beta_L}$ 表示劳动有效配置时 i 省份使用劳动的比重，β_{L_i} 表示运用生产函数估计的各省份劳动产出弹性，γ_{L_i} 代表劳动错配程度。根据 2012～2019 年的平衡面板数据，可计算出资本产出弹性和劳动产出弹性。产出总量用各省份地区生产总值表示，劳动投入量用各省份就业人数表示，资本投入量使用永续盘存法计算，方法同上。根据上述计算方法，可以得出 2012～2019 年 30 个省份（我国香港、澳门、台湾及西藏地区除外）的资本错配指数和劳动力错配指数。

12.2.2 其他变量

1. 中介变量

金融发展水平（fd）。第一，数字经济与金融发展相融合能够提高企业在金融领域的信息收集与处理能力，丰富了金融发展的服务范围，从而为经济发展提供了更多的融资渠道，进一步降低融资成本；第二，金融规模的扩大能够为经济发展带来更多的资本和信贷资金支持，为绿色信贷和绿色投资提供良好的环境，有利于形成更加清洁、有效的资源配置结构；第三，金融水平的快速发展进一步提升了金融效率，从而推动经济发展结构调整，为经济高质量发展赋能。本书借鉴杨友才（2014）的方法，采用各省金融存贷款的余额占 GDP 的比例来测算金融发展水平。

2. 控制变量

为了更加全面地分析数字经济对城市经济高质量发展的影响效应，还需要把可能对经济高质量发展产生影响的其他因素纳入模型中设定为控制变量。

财政支出（fin）。财政支出是政府影响宏观经济发展的主要途径之一，对推动经济高质量发展发挥着重要作用。一是财政支出有利于推动企业创新能力的提高，从而促进企业生产节能减排，提升绿色生产效率；二是政府在教育、医疗等方面的财政投入，能够吸引人才流入，从而提高地区人力资本水平，为经济高质量发展提供高质量的劳动力保障；三是政府通过加大在公共基础设施建设方面的财政支出，解决公共产品供给不足，从而使市场经济主体受益，提高经济发展质量；四是政府通过加大在数字技术方面的财政投入，能够促进知识和技术在不同领域之间流动，实现经济高质量发展成果共享。本书借鉴江红莉（2022）的方法，以各地方财政支出与地区生产总值的比值来衡量各地区财政支出水平。

对外开放程度（open）。经济全球化提高了我国对外开放程度，推动了国际贸易的发展。一是国际贸易的发展使得国际分工更加专业化，这将促进我国生产资源向优势生产部门流动，从而扩大优势产业的生产规模，推动企业创新和资源优化配置，为经济发展提供动力；二是产品对外出口可以增加其他国家消费者对本国产品的需求，这不仅可以为本国提供更多的就业岗位，还能为市场发展引入资金，加速国内资本积累，推动经济增长；三是随着出口额的增加，我国人均收入也随之增加，从而对进口产品的需求增加，从而推动我国贸易进口，在提高我国消费者福利的同时，推动国内经济发展。本书参考陈昭（2022）的方法，采用进出口总额与地区生产总值之比衡量我国对外开放程度。

科技支出水平（tech）。一是科学技术通过向经济发展的各个领域渗透，进而推动生产要素与生产结构重新组合，这不仅能够加快传统产业升级改造，还能够催生新技术和新产品，推动新部门和新业态；二是科学技术能够加强产业间的内在联系，科学技术的提高能够在提高生产效率的同时降低生产成本，提高资源配置效率；三是科学技术带来的先进生产要素推动生产者追求新的竞争优势和经济利益，进而不断扩展新的生产领域，扩大了消费者的消费选择范围，实现了经济的持续增长。本书参照于井远（2022）的方式，使用科技财政支出占 GDP 的比重来测度地区科技支出水平。

人口密度（url）。一是区域内人口密度的增加会带来多样化的消费需求，这就推动区域内企业加大研发投入，满足消费者多元化的消费偏好，从而提升市场份额；二是人口高度聚集不仅为企业生产提供高技能劳动力，也存在着低技能劳动力，这两种劳动力相互补充，大幅度提高了劳动生产率，从而提升经济发展效率。本书借鉴林梨奎（2019）的方法，直接使用地区常住人口数量来衡量地区的人口密度。

技术进步（tp）。先进技术能够为地区经济发展带来更多的资源和发展机会，在经济竞争中处于有利位置，另外，技术进步改变了产业间的要素流动和资源配置方式，推动了产业结构的升级和更新换代，是重塑地区经济发展格局的重要力量。借鉴田皓森（2021）的方法，技术进步用各省份专利申请授权数来表示。

12.2.3 数据来源

基于样本数据的可得性，本书选取我国 30 个省份（我国香港、澳门、台湾和西藏地区除外）2012～2019 年的数据作为考察样本。样本数据主要来自《中国统计年鉴》《中国科技统计年鉴》《中国城市统计年鉴》及各省份统计年鉴和国家统计局公布的数据。对个别缺失数据，根据数据变化特征，通过趋势分析，得到相应趋势值替代缺失值。表 12 - 1 是对于本书计量模型检验的所有变量进行描述性统计的结果。

表 12 - 1　　　　　　　　变量描述性统计结果

变量类型	变量符号	观测数	均值	标准差	最小值	最大值
被解释变量	tfp	240	0.509	0.219	0.237	1.161
	stru	240	2.376	0.126	2.182	2.832
	kmis	240	0.281	0.224	0.001	1.547
	lmis	240	0.368	0.325	0.002	2.037
中介变量	fd	240	3.229	1.148	1.568	8.131

变量类型	变量符号	观测数	均值	标准差	最小值	最大值
控制变量	tech	240	127.7	158.5	7.180	1168
	fin	240	0.251	0.103	0.118	0.628
	open	240	0.249	0.262	0.011	1.357
	url	240	4574	2738	573.0	11521
	tp	240	55.06	78.63	0.502	527.3

12.3　实证检验结果及分析

12.3.1　基准回归分析

为了检验数字经济对高质量发展的直接影响效应，本书选择个体固定效应模型和时间固定效应模型进行检验。表 12-2 为数字经济影响各省份全要素生产率的线性回归结果。为了防止地域因素对模型产生的影响，模型（1）中加入个体固定效应，结果显示数字经济发展对全要素生产率的估计系数为 0.173，在 1% 的水平上显著为正；在模型（2）加入时间固定效应，数字经济发展水平的估计系数也在 1% 的水平上显著为正，数字经济发展水平越高的地区全要素生产率的变动也就越高，数字经济发展水平每增长 1，全要素生产率水平将提高 0.926。

表 12-2　　　　　　数字经济影响全要素生产率的回归结果

变量	tfp	
	（1）	（2）
dige	0.173*** (0.000)	0.926*** (0.000)
tech	-0.000 (0.289)	0.000 (0.216)

续表

变量	tfp	
	（1）	（2）
fin	− 0. 771 *** （0. 000）	− 0. 783 *** （0. 000）
open	− 0. 303 *** （0. 001）	0. 305 *** （0. 000）
url	0. 000 （0. 593）	− 0. 000 *** （0. 000）
tp	− 0. 000 （0. 401）	− 0. 000 （0. 198）
个体固定效应	控制	未控制
时间固定效应	未控制	控制
样本数量	240	240
R^2	0. 940	0. 770

注：表中括号内为 t 值；*** 表示在 1% 水平下显著。

表 12 - 3 为数字经济影响各省份产业结构水平的回归结果。在控制个体固定效应的模型（1）中，核心解释变量数字经济发展指数的回归系数在 1% 的水平下显著为正，说明数字经济能够促进产业结构水平的提高；模型（2）加入时间固定效应之后，数字经济对各省份产业结构水平的提升作用依然在 1% 的水平下呈显著正相关。

表 12 - 3　　　　数字经济影响产业结构水平的回归结果

变量	stru	
	（1）	（2）
dige	0. 264 *** （0. 000）	0. 791 *** （0. 000）
tech	− 0. 000 ** （0. 045）	0. 000 （0. 137）

续表

变量	stru	
	（1）	（2）
fin	0.590 *** (0.000)	− 0.104 ** (0.040)
open	− 0.055 (0.231)	0.118 *** (0.000)
url	0.000 *** (0.000)	− 0.000 (0.121)
tp	− 0.001 *** (0.000)	− 0.000 ** (0.015)
个体固定效应	控制	未控制
时间固定效应	未控制	控制
样本数量	240	240
R^2	0.952	0.810

注：表中括号内为 t 值；** 、*** 分别表示在 5%、1% 水平下显著。

219

表 12 - 4 展示了数字经济影响地区资本错配水平的回归结果。可以看出，在控制个体固定效应的模型（1）中，数字经济对地区资本错配水平并未起到抑制作用，反而加重了各省份的资本错配程度；模型（2）为加入时间固定效应之后数字经济对各省份资本错配水平的影响，表现为不显著的抑制作用。理论上数字基础设施建设可以促进信息流动，缓解市场信息不对称，促进要素市场交易，降低主体搜寻、获取生产要素成本，从而提高生产要素投入使用效率，进而优化资源的配置效率，减少资本错配。但回归结果与预期相悖，这可能是因为数字产业集群集中在某些区域会引起新一轮地区发展不均衡，形成"数字鸿沟"现象。数字经济作为经济发展的新动能，生产率高于其他产业，相应的企业营收能力和工资水平也领先于其他行业。数字经济发展较快的地区数字项目建设密集，制度和政策保障更为完善。在数字经济驱动地区"虹吸效应"生成，资本要素向数字经济发展水平高的地区集聚，而数字经济发展水平低的地区要素资源流失，导致资本要素配置发生扭曲。

数字经济发展初期，数字基础设施建设投资规划不合理，过多不合理的投资对城市发展产生了"挤占效应"，也会导致部分资源错配。

表 12 – 4 数字经济影响资本错配指数的回归结果

变量	kmis	
	（1）	（2）
dige	0.451 *** （0.006）	− 0.095 （0.634）
tech	0.000 （0.563）	0.000 （0.569）
fin	− 1.205 （0.112）	0.038 （0.834）
open	0.228 （0.511）	− 0.005 （0.942）
url	0.000 （0.337）	− 0.000 （0.411）
tp	− 0.002 （0.182）	0.000 （0.649）
个体固定效应	控制	未控制
时间固定效应	未控制	控制
样本数量	240	240
R^2	0.121	0.238

注：表中括号内为 t 值；*** 表示在 1% 水平下显著。

表 12 – 5 为数字经济影响地区劳动力错配水平的回归结果。无论是加入个体固定效应还是加入时间固定效应，数字经济对各省份劳动力错配水平均呈现的不显著抑制作用。这可能是因为在数字经济发展初期对其他产业的渗透效应、融合效应不足，对劳动力错配指数的积极影响也具有传导的时间过程，存在一定的滞后性。随着数字经济的不断发展，共享经济、就业平台化等新模式的出现打破了原有劳动形式中时间和空间的壁垒，催生出大量无须本地就业的新型灵活就业形势，给予了劳动

者更多的择业灵活性，拓展了企业招聘的地域范围，优化了劳动力要素的配置效率，为劳动力的跨区域流动提供了极大便利。为了验证这一观点，本书进一步检验第 n + 1、n + 2 期的数字经济对第 n 期劳动力错配的影响。具体结果见表 12 - 6。可以看出，在滞后一期中，数字经济对劳动力错配指数的回归系数依然呈现出不显著的负向关系。随着时间的推移，数字经济广泛应用并充分发挥外部性，在第二期中，数字经济对劳动力错配指数的抑制作用在 1% 的水平下显著，两者间的积极影响开始显现，从而验证了数字经济对劳动力错配指数的积极影响存在滞后性。因此，长期来看，数字经济的确能减少劳动力资源错配，为劳动力生产要素自由转移流动提供了信息渠道和技术支持。

表 12 - 5　　　　　数字经济影响劳动力错配指数的回归结果

变量	lmis	
	（1）	（2）
dige	- 0. 144 （0. 489）	- 0. 215 （0. 432）
tech	- 0. 000 （0. 831）	- 0. 000 （0. 921）
fin	- 2. 113 ** （0. 031）	- 0. 941 *** （0. 000）
open	1. 248 *** （0. 006）	0. 091 （0. 365）
url	- 0. 000 （0. 312）	- 0. 000 * （0. 057）
tp	0. 002 （0. 138）	0. 000 （0. 546）
个体固定效应	控制	未控制
时间固定效应	未控制	控制
样本数量	240	240
R^2	0. 311	0. 318

注：表中括号内为 t 值；* 、** 、*** 分别表示在 10% 、5% 和 1% 水平下显著。

221

表 12 - 6　　　　　数字经济影响劳动力错配指数的滞后性检验结果

变量	lmis	lmis
dige	-0.197 (0.239)	-0.962 *** (0.006)
tech	0.000 (0.954)	0.000 (0.390)
fin	-0.875 *** (0.001)	-1.081 *** (0.002)
open	0.096 (0.510)	0.211 (0.219)
url	-0.000 * (0.088)	-0.000 ** (0.010)
tp	-0.000 (0.989)	-0.000 (0.754)
样本数量	210	180
R^2	0.072	0.124

注：表中括号内为 t 值；＊、＊＊、＊＊＊分别表示在 10%、5% 和 1% 水平下显著。

　　本书选用中介效应模型来检验上述回归结果，如表 12 - 7 所示。在得出数字经济对经济高质量发展具有积极影响的基础之上，模型（1）检验了数字经济的发展是否推动了金融发展水平的提升，其回归结果在 1% 的水平下显著为正，说明数字经济水平的提高对地区金融发展具有显著的推动作用。然后再将中介变量分别放到数字经济对全要素生产率、产业结构水平和资源配置效率的回归模型中，金融发展水平对经济高质量发展同样具有显著的促进作用。在模型（2）、模型（3）中数字经济对全要素生产率和产业结构水平的影响系数同样显著为正，这说明数字经济可以通过对金融发展水平的积极影响可以推动全要素生产率以及产业结构水平的提升。模型（3）中，数字经济通过金融发展水平的中介效应对地区资本错配指数产生了显著的抑制作用，原因可能在于数字经济与金融发展相结合导致金融机构创新了很多金融产品，解决中小企业融资难融资贵的问题，因而，金融业的快速发展可能对要素错配产生改善效果。模型（4）中，数字经济对劳动力错配指数的影响依然呈现出不显著的抑制作用，与基准回归相一致。数字经济在一定程度上能通过推动金融发展水平间接提升地区经济高质量发展，上述基准回归结果基本得到验证。

表 12 - 7　　　数字经济影响经济高质量发展的中介回归结果

变量	基本模型				
	(1) fd	(2) tfp	(3) stru	(4) res	
				kmis	lmis
dige	4.687 *** (0.000)	0.066 *** (0.000)	0.057 *** (0.000)	- 0.032 ** (0.049)	- 0.035 (0.139)
fd		0.445 *** (0.000)	0.356 *** (0.000)	0.409 *** (0.001)	0.059 (0.736)
观测值	240	240	240	240	240
R^2	0.404	0.361	0.754	0.048	0.012

注：表中括号内为 t 值；** 、*** 分别表示在 5% 、1% 水平下显著。

12.3.2　非线性效应分析

在进行门槛回归之前，首先对面板数据进行门槛的存在性检验。通过自助法反复抽样 300 次之后，结果显示，在以数字经济发展水平作为门槛变量的检验中，全要素生产率水平、产业结构水平、资本错配指数以及劳动力错配指数均显著通过了单一门槛检验。由此得到各个门槛变量的门槛值，进而得到了如表 12 - 8 所示的回归结果，不同的数字经济发展水平对各层面经济高质量发展水平的影响存在显著差异。

表 12 - 8　　　　　　　门槛模型回归结果

变量	dige			
	(1)	(2)	(3)	(4)
门槛值 Th	- 4.275	0.366	5.168	1.888
dige，t × I (Adj≤Th)	- 0.001 (0.978)	0.406 *** (0.000)	0.687 *** (0.000)	2.993 ** (0.035)

变量	dige			
	（1）	（2）	（3）	（4）
dige，t×I （Adj > Th）	0.053 * （0.065）	0.286 *** （0.000）	− 0.481 （0.166）	− 0.118 （0.567）
tech	0.039 （0.261）	− 0.000 ** （0.048）	0.000 （0.434）	− 0.000 （0.783）
fin	− 0.407 *** （0.000）	0.557 *** （0.000）	− 1.424 * （0.057）	− 1.648 * （0.096）
open	− 0.078 * （0.082）	− 0.050 （0.244）	− 0.294 （0.441）	1.275 *** （0.004）
url	− 0.137 （0.825）	0.000 *** （0.000）	− 0.000 （0.698）	− 0.000 （0.411）
tp	0.036 （0.363）	− 0.000 ** （0.014）	− 0.002 （0.214）	0.002 （0.158）
观测值	240	240	240	240
R^2	0.235	0.778	0.111	0.124

注：表中括号内为 t 值；＊、＊＊、＊＊＊分别表示在 10%、5% 和 1% 水平下显著。

在表 12 − 8 中，模型（1）是以数字经济发展水平作为门槛变量来探讨数字经济发展对全要素生产率水平的非线性关系。当数字经济发展水平低于门槛值 − 4.275 时，数字经济的估计系数为 − 0.001，这可能是因为在数字经济初始阶段，存在着投资成本高、回报周期长以及试错成本大等风险，加之数字经济发展快、规模小，导致推动全要素生产率的动力不足，另外，数字经济具有较强的滞后性，数字技术的应用会导致经济生产模式发生改变，导致数字经济的促进作用并不显著；当数字经济发展水平越过门槛值 − 4.275 时，其估计系数为 0.053，且在 10% 的水平上显著，这说明随着数字经济的进一步发展，逐渐破除了数字技术与传统经济发展模式的融合壁垒，对我国各省份全要素生产率水平的正向效应正在显现，这可能是因为数字经济的正向效应存在一个吸收融合的过程，当数字经济发展达到一个临界点之后，数字经济对全要素生产率的促进作用才得以显现，而数字经济的规模效应会进一步增强该促进作用。

模型（2）是来探讨数字经济发展对产业结构水平的非线性关系。门槛回归结果显示，当数字经济发展水平值小于等于 0.366 时，数字经济发展水平对产业结构的回归系数为显著正相关，这说明在此区间内数字经济发展显著提高了区域产业结构水平；当数字经济发展水平值大于门槛值 0.366 时，其回归系数依然通过 1% 的显著性水平检验，在此区间内数字经济的正向影响依然存在。数字平台一旦实现规模效应，其边际成本优势便得以凸显。技术共享速度加快，创新产品周期缩短，知识积累持续增加，创新成本降低，使得平台在推动产业结构升级中发挥的作用瞬间放大。因此，数字经济的正向且"边际效应"递增的非线性特征是存在的，随着数字经济水平提高，数字经济的边际效率持续提升。

模型（3）和模型（4）分别展示了数字经济对资本错配指数和劳动力错配指数的非线性影响。结果显示，随着数字经济发展水平的提高，其对资本错配和劳动力错配的抑制作用呈现出非线性边际递增特征。当数字经济发展水平低于门槛值 5.168 时，数字经济对于资本错配指数并未产生抑制作用，反而加重了各省份的资本错配程度。这可能是因为数字经济作为经济发展的一种新动能，政府调整管制策略、采用新的管制方法需要一定的时间，传统的管理理念较为落后，且缺乏科学规范意识，很容易就会管制过度，使社会成本增加，降低资源配置效率。这也再次说明了在基准回归中数字经济对抑制资本错配指数存在负向效应的原因。但随着数字经济的发展，越过门槛值 5.168 之后，数字经济发展水平对资本错配指数的抑制作用开始显现，但回归系数并不显著。当数字经济发展水平没有越过门槛值 1.888 时，数字经济对于劳动力错配指数也并未产生抑制作用，反而加重了各省份的劳动力错配程度。当越过门槛值 1.888 之后，数字经济发展水平对劳动力错配指数的也开始呈现出不显著的抑制作用。

12.3.3　空间效应分析

在确定运用空间计量模型进行实证检验之前，必须先识别各省份之间的数字经济以及经济高质量发展水平是否存在空间自相关性。本书基于标准化的邻接权重矩阵、地理权重矩阵和经济权重矩阵，使用Moran's I 指数法检验全要素生产率、产业结构水平以及资源配置效率的全局空间依赖性和局部空间依赖性。

全局 Moran's I 检验。表 12 – 9 ~ 表 12 – 12 分别列出了全要素生产率、产业结构水平、资本错配指数和劳动错配指数在 3 种权重矩阵下的全局 Moran's I 指数。表 12 – 9 为 2012 ~ 2019 年各省份全要素生产率水平在三种矩阵下的全局 Moran's I 指数，可以看出，在 3 种权重矩阵下，除个别年份不显著外，其余年份均通过 1% 或 5% 水平下的显著性检验，总体来说各地区之间的全要素生产率水平表现出非常明显的空间关联性，因此可以对其进行空间效应检验。表 12 – 10 为 2012 ~ 2019 年各省份产业结构水平在 3 种矩阵下的全局 Moran's I 指数，邻接权重矩阵和地理距离权重矩阵下 Moran's I 指数值均大于 0 且 P 值均在 1% 或 5% 的水平上显著，这表明产业结构水平具有显著的空间正相关效应。从表 12 – 11 和表 12 – 12 中可以看出，除个别年份之外，2012 ~ 2019 年各省份资本错配指数和劳动力错配指数在 3 种权重矩阵下的 Moran's I 指数均呈现为显著的正向相关性，这表明各省份资源配置水平具有空间相关性，表现为较为稳定的空间集聚状态，所以也进一步探究数字经济发展水平对资本错配指数和劳动力错配指数的空间效应。因此，各省份的经济高质量发展可能会受到关联城市的影响，在空间上出现集聚分布现象。

表 12 – 9 全要素生产率的全局 Moran's I 指数

年份	W1			W2			W3		
	Moran's I	Z 值	P 值	Moran's I	Z 值	P 值	Moran's I	Z 值	P 值
2012	0.175	1.935	0.027	0.287	3.460	0.000	0.038	1.483	0.069
2013	0.215	2.299	0.011	0.317	3.782	0.000	0.060	1.911	0.028
2014	0.218	2.331	0.010	0.320	3.806	0.000	0.056	1.848	0.032
2015	0.241	2.533	0.006	0.341	4.034	0.000	0.066	2.050	0.020
2016	0.236	2.475	0.007	0.320	3.785	0.000	0.057	1.868	0.031
2017	0.204	2.169	0.015	0.282	3.361	0.000	0.063	1.980	0.024

续表

年份	W1			W2			W3		
	Moran's I	Z 值	P 值	Moran's I	Z 值	P 值	Moran's I	Z 值	P 值
2018	0. 192	2. 066	0. 019	0. 269	3. 220	0. 001	0. 050	1. 711	0. 044
2019	0. 134	1. 576	0. 058	0. 130	1. 779	0. 036	− 0. 071	− 0. 743	0. 229

表 12 – 10　　　　　产业结构水平的全局 Moran's I 指数

年份	W1			W2			W3		
	Moran's I	Z 值	P 值	Moran's I	Z 值	P 值	Moran's I	Z 值	P 值
2012	0. 127	1. 596	0. 055	0. 233	0. 086	0. 001	− 0. 138	− 2. 108	0. 017
2013	0. 132	1. 641	0. 050	0. 235	0. 086	0. 001	− 0. 136	− 2. 062	0. 020
2014	0. 113	1. 460	0. 072	0. 218	0. 086	0. 002	− 0. 120	− 1. 747	0. 040
2015	0. 099	1. 314	0. 094	0. 214	0. 087	0. 002	− 0. 081	− 0. 941	0. 173
2016	0. 105	1. 364	0. 086	0. 246	0. 088	0. 001	− 0. 043	− 0. 179	0. 429
2017	0. 121	1. 529	0. 063	0. 275	0. 087	0. 000	− 0. 043	− 0. 171	0. 432
2018	0. 113	1. 449	0. 074	0. 266	0. 087	0. 000	− 0. 042	− 0. 145	0. 442
2019	0. 146	1. 794	0. 036	0. 292	0. 086	0. 000	− 0. 071	− 0. 743	0. 229

表 12 – 11　　　　　资本错配指数的全局 Moran's I 指数

年份	W1			W2			W3		
	Moran's I	Z 值	P 值	Moran's I	Z 值	P 值	Moran's I	Z 值	P 值
2012	0. 408	3. 992	0. 000	0. 385	4. 406	0. 000	0. 114	3. 017	0. 001
2013	0. 258	2. 666	0. 004	0. 209	2. 588	0. 005	− 0. 020	0. 295	0. 384
2014	0. 475	4. 656	0. 000	0. 560	6. 330	0. 000	0. 291	6. 609	0. 000
2015	0. 315	3. 073	0. 001	0. 286	3. 284	0. 001	0. 137	3. 492	0. 000
2016	0. 347	3. 446	0. 000	0. 323	3. 755	0. 000	0. 046	1. 644	0. 050
2017	0. 355	3. 526	0. 000	0. 515	5. 786	0. 000	0. 157	3. 898	0. 000
2018	0. 517	4. 961	0. 000	0. 530	5. 904	0. 000	0. 314	7. 085	0. 000
2019	0. 540	5. 084	0. 000	0. 471	5. 201	0. 000	0. 196	4. 691	0. 000

表 12 – 12　　　　　　　　劳动错配指数的全局 Moran's I 指数

年份	W1			W2			W3		
	Moran's I	Z 值	P 值	Moran's I	Z 值	P 值	Moran's I	Z 值	P 值
2012	0.649	6.038	0.000	0.438	4.857	0.000	0.209	4.947	0.000
2013	0.583	5.513	0.000	0.295	3.422	0.000	0.065	2.028	0.021
2014	0.408	3.984	0.000	0.401	4.565	0.000	0.171	4.166	0.000
2015	0.642	6.069	0.000	0.459	5.148	0.000	0.160	3.956	0.000
2016	0.459	4.384	0.000	0.290	3.350	0.000	0.135	3.443	0.000
2017	0.361	3.485	0.000	0.227	2.678	0.004	− 0.025	0.195	0.423
2018	0.458	4.366	0.000	0.388	4.358	0.000	0.134	3.423	0.000
2019	0.428	4.111	0.000	0.338	3.851	0.000	0.117	3.077	0.001

　　局部 Moran's I 检验。为了更进一步检验核心解释变量以及被解释变量的空间相关性，再对全要素生产率、产业结构水平、资本错配指数以及劳动力错配指数进行局部 Moran's I 检验。检验结果如图 12 – 1、图 12 – 2 和图 12 – 3 所示。2012 ~ 2019 年 30 个省份（我国香港、澳门、台湾和西藏地区）的全要素生产率、产业结构水平、资本错配指数以及劳动力错配指数在各象限的分布大致相同，局部 Moran's I 指数分别位于第一象限和第三象限内，表明经济高质量发展呈现高—高集聚和低—

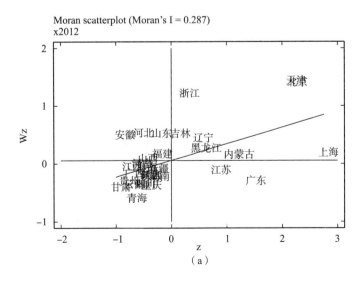

（a）

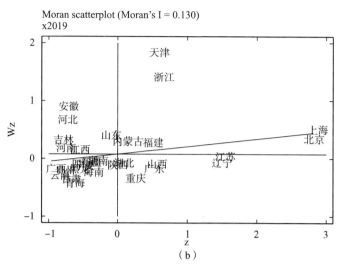

图 12-1　2012 年和 2019 年基于地理矩阵的全要素
生产率的局部 Moran's I 检验结果

低集聚特征，个别年份的 Moran's I 散点图位于第二象限和第四象限，在这一时间段内没有显著的空间集聚性。局部 Moran's I 指数检验再次说明我国各省份的经济高质量发展在空间上具有正相关性，因此可以采用空间计量模型研究数字经济对区域经济高质量发展的空间影响。

229

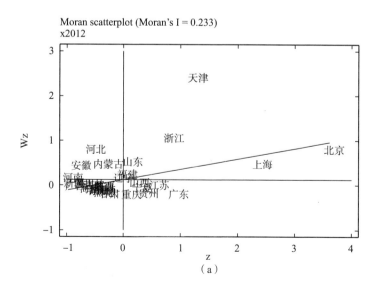

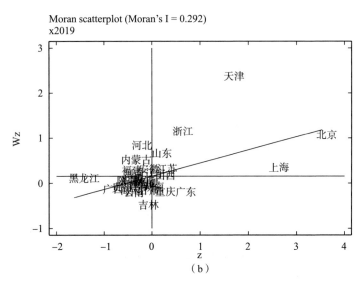

（b）

图 12 - 2　2012 年和 2019 年基于地理矩阵的产业结构
水平的局部 Moran's I 检验结果

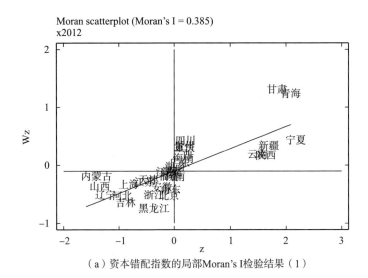

（a）资本错配指数的局部Moran's I检验结果（1）

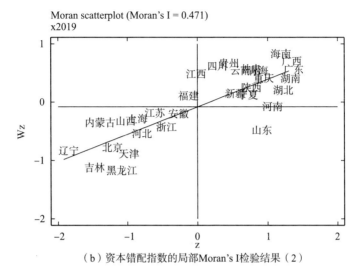

（b）资本错配指数的局部Moran's I检验结果（2）

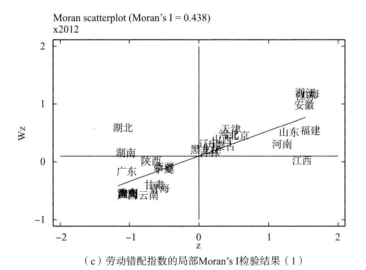

（c）劳动错配指数的局部Moran's I检验结果（1）

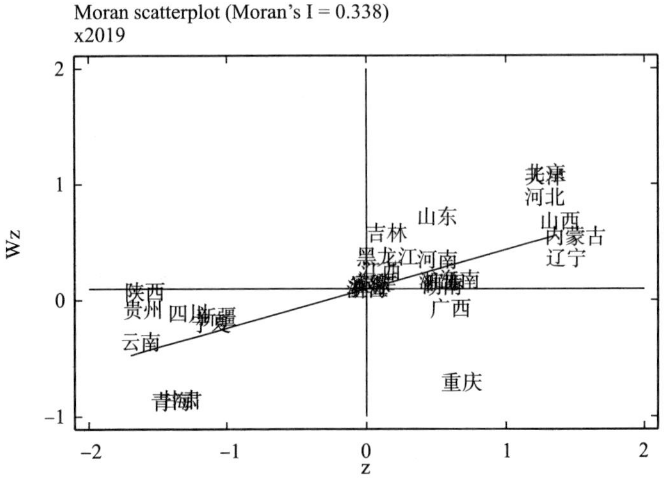

Moran scatterplot (Moran's I = 0.338)
x2019

（d）劳动错配指数的局部Moran's I检验结果（2）

图 12 - 3　2012 年和 2019 年基于地理矩阵的资源配置
效率的局部 Moran's I 检验结果

　　表 12 - 13 显示，数字经济在 3 种权重矩阵下均显著促进了全要素生产率水平，这说明数字经济的提高有利于地区全要素生产率水平的提升。数据要素可以通过提升企业运行效率，降低生产成本的方式提高全要素生产率。数据要素的互联互通可以对生产全过程进行实时监测，从而可以及时处理在生产过程中出现的问题，显著提高了生产效率；在生产过程中，数字技术还可以对各个环节的信息进行收集、处理，有效提高各环节之间的沟通效率，从而降低企业的生产成本和管理成本；数据要素的共享性可以打破企业边界，通过共享生产资料降低生产成本，从而缓解资金紧张问题，实现资源的优化配置。数据要素带来的产业关联性扩大了创新要素在不同产业间的共享与交流，实现产业协同创新，从而加速技术创新扩散，提高企业生产效率。从变量的空间滞后系数来看，在 3 种矩阵下均显著为负，表明数字经济对周边地区的全要素生产率的提升产生了阻碍作用。

表 12 - 13　　数字经济影响全要素生产率的空间计量回归结果

变量	SDM		
	W1	W2	W3
	(1)	(2)	(3)
ρ	0.192 ** (0.030)	0.048 (0.645)	-0.225 (0.265)
dige	0.308 * (0.083)	0.333 * (0.053)	0.399 *** (0.008)
W × dige	-0.244 (0.175)	-0.408 ** (0.025)	-0.481 *** (0.006)
tech	0.000 (0.239)	0.000 (0.418)	0.000 (0.476)
fin	-1.175 *** (0.000)	-1.206 *** (0.000)	-1.140 *** (0.000)
open	0.214 ** (0.023)	0.184 ** (0.022)	0.238 *** (0.002)
url	-0.000 *** (0.000)	-0.000 *** (0.001)	-0.000 *** (0.000)
tp	-0.000 (0.738)	-0.000 (0.780)	0.000 (0.830)
R^2	0.660	0.659	0.759

注：表中括号内为 t 值；*、**、*** 分别表示在 10%、5% 和 1% 水平下显著。

为了更加准确地解释数字经济对全要素生产率的空间溢出效应，利用效应分解的方法将空间溢出效应分解为直接效应和间接效应。表 12 - 14 报告了空间溢出效应的分解结果。在 3 种矩阵下，数字经济对全要素生产率的直接效应显著为正，间接效应在 3 种矩阵下均显著为负，这说明数字经济的提高能够促进本地区全要素生产率水平的提升，但抑制了周边地区全要素生产率水平的提升。原因可能在于在短期之内，各地区原有的组织结构和生产设备难以承受数字经济的全方位产业化革新，不适宜的技术匹配引致"破坏式创新"，加之数字经济监管制度有待完善，依托数字经济率先取得技术突破的产业部门加速创新资源集聚，推高了数据资源的流动壁垒，阻碍了地区间关联企业的协同发展，增加有限资源的协调配置难度，从而导致产业结构失衡，削弱了数字经济对全要素生产率的提升力度。

表 12 – 14　　　　　　　　　　　　空间溢出分解效应

变量	W1		W2		W3	
	直接效应	间接效应	直接效应	间接效应	直接效应	间接效应
dige	0.305 * (0.082)	− 0.229 (0.203)	0.337 * (0.054)	− 0.419 ** (0.027)	0.410 *** (0.008)	− 0.480 *** (0.006)
tech	0.000 (0.234)	0.000 (0.632)	0.000 (0.427)	0.000 (0.408)	0.000 (0.500)	0.000 (0.726)
fin	− 1.124 *** (0.000)	0.728 * (0.066)	− 1.178 *** (0.000)	0.944 ** (0.030)	− 1.131 *** (0.000)	0.683 (0.200)
open	0.208 ** (0.019)	− 0.143 (0.303)	0.183 ** (0.017)	− 0.213 (0.168)	0.244 *** (0.001)	− 0.481 *** (0.003)
url	− 0.000 *** (0.000)	0.000 (0.798)	− 0.000 *** (0.001)	− 0.000 (0.230)	− 0.000 *** (0.000)	− 0.000 ** (0.028)
tp	− 0.000 (0.786)	0.000 (0.908)	− 0.000 (0.843)	0.001 * (0.086)	0.000 (0.824)	0.001 (0.232)

注：表中括号内为 t 值；* 、** 、*** 分别表示在 10%、5% 和 1% 水平下显著。

　　在表 12 – 15 中，数字经济对产业结构水平的影响在 3 个矩阵下的回归结果均为正数，且在 1% 的水平上显著，表明各省份产业结构水平的提高受益于本地区数字经济水平的发展，数字经济发展水平越高，区域产业结构水平越高。数字经济具有通用性和高渗透性特点，通过与实体经济深度融合，催生了个性化定制、智能制造以及服务型制造等模式，极大地提高了传统产业的经济效率。另外，数字经济通过与劳动力、技术等传统要素融合，模糊了原有的产业边界，从而重塑产业结构和市场结构，推动产业结构转型升级。在邻接矩阵和地理距离矩阵下，数字经济发展的空间滞后项系数均在 5% 的水平下正向显著，这说明各地区间的产业结构水平打破了空间限制，具有较高的关联性，数字经济的发展对产业结构水平的提高存在着显著的空间溢出效应，由于数字经济的强关联性与正反馈效应，本地区数字产业与其他区域的传统产业之间具有紧密的技术关联和工序分工，从而形成联系紧密的产业集群，在降低其他产业使用新技术所需成本的同时，也推动了与邻近地区产业相融合。

表 12 – 15　　　　　　数字经济影响产业结构的空间计量回归结果

变量	SDM		
	W1	W2	W3
	（1）	（2）	（3）
ρ	0. 094 （0. 324）	0. 113 （0. 334）	0. 300 （0. 000）
dige	0. 829 *** （0. 000）	0. 845 *** （0. 000）	0. 699 *** （0. 000）
W × dige	0. 353 ** （0. 014）	0. 384 ** （0. 023）	− 0. 330 （0. 153）
tech	− 0. 000 （0. 731）	0. 000 （0. 222）	0. 000 （0. 877）
fin	0. 073 （0. 209）	− 0. 015 （0. 828）	− 0. 170 *** （0. 008）
open	0. 123 *** （0. 000）	0. 088 *** （0. 000）	0. 124 *** （0. 000）
url	− 0. 000 （0. 337）	− 0. 000 （0. 849）	− 0. 000 *** （0. 006）
tp	− 0. 000 （0. 946）	− 0. 000 （0. 171）	0. 000 （0. 972）
R^2	0. 588	0. 543	0. 767

注：表中括号内为 t 值；** 、*** 分别表示在 5% 、1% 水平下显著。

235

另外，从表 12 – 16 展示的空间溢出效应的分解结果可以看出，在邻接矩阵和地理距离矩阵下，数字经济对产业结构水平的直接效应均在

1% 的水平下显著为正, 再次说明数字经济对产业结构水平具有明显的促进作用, 其间接影响也均在 1% 水平下显著为正, 数字经济发展对周边地区产业结构升级存在溢出影响也再次得到验证。

表 12 - 16　　　　　　　　　　　空间溢出分解效应

变量	W1		W2		W3	
	直接效应	间接效应	直接效应	间接效应	直接效应	间接效应
dige	0. 840 *** (0. 000)	0. 467 *** (0. 000)	0. 857 *** (0. 000)	0. 535 *** (0. 000)	0. 700 *** (0. 000)	- 0. 161 (0. 664)
tech	- 0. 000 (0. 639)	- 0. 000 ** (0. 031)	0. 000 (0. 261)	- 0. 000 (0. 213)	0. 000 (0. 983)	- 0. 001 (0. 303)
fin	0. 073 (0. 188)	- 0. 327 *** (0. 000)	- 0. 007 (0. 917)	0. 014 (0. 929)	- 0. 175 *** (0. 004)	- 0. 821 (0. 209)
open	0. 119 *** (0. 000)	- 0. 183 *** (0. 000)	0. 086 *** (0. 000)	- 0. 061 (0. 396)	0. 119 *** (0. 000)	- 0. 343 * (0. 090)
url	- 0. 000 (0. 431)	0. 000 * (0. 053)	- 0. 000 (0. 948)	0. 000 (0. 371)	- 0. 000 ** (0. 011)	- 0. 000 (0. 222)
tp	0. 000 (0. 989)	0. 000 (0. 467)	- 0. 000 (0. 209)	0. 000 (0. 622)	0. 000 (0. 864)	0. 001 (0. 249)

注: 表中括号内为 t 值; *、**、*** 分别表示在 10%、5% 和 1% 水平下显著。

在表 12 - 17 中, 数字经济对资本错配程度的影响在地理距离矩阵和经济矩阵下为不显著的负向关系, 这说明随着数字经济水平的提高, 各地区资本错配程度呈下降趋势, 但这种抑制作用并不明显。数字经济的运用一定程度上消除了信息不对称, 大数据动态匹配能够及时精准更新用户的需求信息, 改变了传统交易中供给方主动搜索、需求方被动等待的局面, 不仅降低了交易双方的交易时间和搜索成本, 而且还满足了消费者的个性化需求, 提高了资源匹配效率和精确度, 但是地区间的 "数字鸿沟" 现象、"虹吸效应" 以及过多不合理的基础设施建设投资产生的 "挤占效应" 导致数字经济对地区资本错配产生抑制作用并不显著。在经济矩阵下, 变量的空间滞后系数在 5% 的水平下显著为正,表明地区间的资源配置也可以借助于数字经济跨越时空，相互影响。数据的开放共享、强大的网络基础设施使得数字经济可以压缩时空距离，在不同的平台、地区之间完全流动，越来越多的经济主体可以在更大范围内整合、共享经济要素，降低了资本错配程度，提高了资源配置效率，实现不同地区间的经济协同发展。

表 12 – 17 数字经济影响资本错配指数的空间计量回归结果

变量	SDM		
	W1	W2	W3
	（1）	（2）	（3）
ρ	0.797 *** （0.000）	0.907 *** （0.000）	0.797 *** （0.000）
dige	0.032 （0.780）	− 0.071 （0.509）	− 0.031 （0.829）
W × dige	− 0.021 （0.871）	0.034 （0.815）	0.526 ** （0.049）
tech	0.000 （0.952）	0.000 （0.460）	− 0.000 （0.697）
fin	0.140 （0.369）	0.054 （0.719）	0.187 （0.316）
open	0.006 （0.917）	− 0.055 （0.234）	− 0.058 （0.398）
url	− 0.000 （0.715）	− 0.000 （0.790）	− 0.000 （0.673）
tp	0.000 （0.560）	0.000 （0.922）	0.001 （0.284）
R^2	0.030	0.017	0.054

注：表中括号内为 t 值；** 、*** 表示在 5% 、1% 水平下显著。

另外，从表 12 – 18 的空间溢出分解效应来看，在地理距离矩阵下，数字经济对资本错配程度的直接效应和间接效应均呈不显著的负向相关，再次表明数字经济对地区资本错配程度具有不明显的抑制作用。

表 12 –18　　　　　　　　　　空间溢出分解效应

变量	W1		W2		W3	
	直接效应	间接效应	直接效应	间接效应	直接效应	间接效应
dige	0.037 (0.759)	0.000 (1.000)	−0.090 (0.493)	−0.509 (0.802)	0.055 (0.715)	2.640 (0.101)
tech	0.000 (0.584)	0.001 (0.287)	0.000 (0.597)	0.002 (0.783)	−0.000 (0.337)	−0.008 (0.247)
fin	0.114 (0.474)	−0.498 (0.579)	0.201 (0.486)	2.787 (0.682)	0.015 (0.964)	−6.343 (0.484)
open	−0.002 (0.975)	−0.105 (0.795)	−0.008 (0.944)	0.952 (0.687)	−0.061 (0.619)	−0.119 (0.963)
url	−0.000 (0.420)	−0.000 (0.367)	−0.000 (0.553)	−0.000 (0.625)	0.000 (0.911)	0.000 (0.585)
tp	0.000 (0.997)	−0.002 (0.468)	0.000 (0.810)	0.004 (0.837)	0.001 (0.270)	0.013 (0.464)

　　表 12 –19 为数字经济对劳动力错配指数的空间杜宾检验结果。在地理距离矩阵中，数字经济对劳动力错配指数的影响显著为负，这说明数字经济的提高有利于劳动力错配水平的降低。数字经济的空间滞后系数仅在邻接矩阵下呈现出不显著的正相关关系，说明数字经济对周边城市的劳动力错配的抑制作用产生并不明显。表 12 –20 展示了数字经济对劳动力错配指数的空间溢出效应分解结果。在地理距离矩阵下，数字经济对劳动力错配指数的直接效应显著为负，但间接效应在 3 种矩阵均呈现不显著的负向关系，这说明数字经济显著抑制了本地区的劳动力错配，但对周边地区劳动力错配的抑制作用不明显，原因在于当地数字基础设施的完善和数字经济的发展吸引了周边地区的人力资本流入该地区，从而对人力资本流出地区产生了不利影响。

表 12 – 19　　数字经济影响劳动力错配指数的空间计量回归结果

变量	SDM		
	W1	W2	W3
	（1）	（2）	（3）
ρ	0.770 *** （0.000）	0.726 *** （0.000）	0.746 *** （0.000）
W × dige	0.145 （0.464）	− 0.231 （0.598）	− 0.102 （0.794）
dige	− 0.186 （0.301）	− 0.884 *** （0.002）	− 0.173 （0.443）
tech	0.000 （0.556）	− 0.000 （0.847）	0.000 （0.651）
fin	− 0.304 （0.223）	− 0.446 * （0.086）	− 0.744 ** （0.012）
open	− 0.102 （0.223）	− 0.020 （0.823）	0.019 （0.858）
url	− 0.000 （0.587）	− 0.000 *** （0.007）	− 0.000 （0.103）
tp	− 0.000 （0.995）	0.001 （0.122）	0.000 （0.969）
R^2	0.261	0.077	0.227

注：表中括号内为 t 值；*、**、*** 分别表示在 10%、5% 和 1% 水平下显著。

表 12 – 20　　　　　　　　　　空间溢出分解效应

变量	W1		W2		W3	
	直接效应	间接效应	直接效应	间接效应	直接效应	间接效应
dige	− 0.181 （0.316）	− 0.000 （0.871）	− 1.057 *** （0.007）	− 2.994 （0.199）	− 0.200 （0.398）	− 1.163 （0.670）
tech	− 0.000 （0.871）	− 0.002 （0.234）	− 0.000 （0.187）	− 0.007 ** （0.012）	0.000 （0.707）	0.001 （0.889）

239

续表

变量	W1		W2		W3	
	直接效应	间接效应	直接效应	间接效应	直接效应	间接效应
fin	−0.000 (0.871)	−1.947 (0.117)	−0.854 *** (0.003)	−7.130 *** (0.003)	−0.932 ** (0.021)	−7.511 (0.427)
open	−0.000 (0.871)	0.163 (0.761)	0.039 (0.751)	0.957 (0.305)	0.078 (0.654)	1.986 (0.564)
url	−0.000 (0.871)	−0.000 (0.124)	−0.000 *** (0.002)	−0.000 ** (0.010)	−0.000 (0.197)	−0.000 (0.449)
tp	−0.000 (0.871)	0.005 (0.187)	0.002 ** (0.030)	0.015 ** (0.020)	0.000 (0.755)	0.010 (0.594)

注：表中括号内为 t 值；** 、*** 分别表示在 5% 、1% 水平下显著。

12.3.4　区域异质性分析

由于我国各地区在资源条件和发展阶段等方面存在着不同，数字经济发展水平和经济发展能力也存在着明显的区域异质性。因此，数字经济对经济高质量发展的促进作用也应该存在区域异质特征。为了验证这一假设，本书将我国 30 个省份分为东部、中西部两个区域，如表 12 −21 所示，然后对数字经济是否对经济高质量发展存在区域异质性进行回归分析。

表 12 −21　　　　　　　30 个省份东部、中西部地区划分

划分	地区
东部地区	北京、天津、河北、辽宁、上海、江苏、浙江、福建、山东、广东、海南
中西部地区	山西、内蒙古、吉林、黑龙江、安徽、江西、河南、湖北、湖南、广西、四川、贵州、云南、西藏、陕西、甘肃、青海、宁夏、新疆

表 12 −22 为数字经济影响全要素生产率的区域异质性检验结果。可以看出，无论是东部地区还是中西部地区，数字经济的回归系数均在

1% 的水平下显著为正，即数字经济在所有地区均显著地提升了全要素生产率水平。同时也表明了研究样本具有较强的稳健性，区域异质性较小。另外，从回归系数来看，东部地区的数字经济系数要高于中西部地区，表明数字经济对东部地区的全要素生产率水平的提升作用更加明显。这可能是因为我国东部省份数字经济起步早，数字经济的红利能够得到更加充分的释放。

表 12 - 22　　　数字经济影响全要素生产率的区域异质性检验

变量	东部地区	中西部地区
dige	0.486 *** (0.000)	0.168 *** (0.006)
tech	0.001 *** (0.001)	- 0.001 *** (0.004)
fin	- 2.064 *** (0.000)	- 0.845 *** (0.000)
open	0.288 *** (0.000)	- 0.303 *** (0.008)
url	- 0.000 *** (0.000)	- 0.000 *** (0.000)
tp	- 0.001 *** (0.001)	0.002 ** (0.019)
观测值	88	152
R^2	0.684	0.486

注：表中括号内为 t 值；** 、*** 分别表示在 5%、1% 水平下显著。

表 12 - 23 结果显示，无论是东部地区还是中西部地区，数字经济均显著地提升了产业结构水平。另外，从回归系数来看，东部地区的数字经济系数要稍高于中西部地区，我国数字经济发展对产业结构升级存在不明显的区域异质性。近几年，我国东部省份第三产业迅速发展，其中生产性服务业是驱动第三产业发展的主要动力，而生产性服务业也是数字经济的主要应用领域。数字经济通过与物流、金融等相关部门融

合，从而提升第三产业的竞争力。由于这些地区当前的生产性服务业的提高效率较为迅速，加上数字经济的应用所带来的生产率增长，能够推动生产要素向该部门流动，从而推动第三产业快速发展，实现产业结构升级。对于中西部地区来说，第三产业发展相对落后，经济结构以第二产业为主。由于数字经济在各产业的应用依托于当地的产业基础，这说明在以上地区中，数字经济对第二产业的促进作用更为显著，从而导致数字经济对第二产业生产率的影响大于第三产业，不利于产业结构水平的提高。

表 12-23　　　　数字经济影响产业结构水平的区域异质性检验

变量	东部地区	中西部地区
dige	0.561 *** (0.000)	0.321 *** (0.000)
tech	0.000 *** (0.006)	-0.000 (0.144)
fin	-0.635 *** (0.001)	-0.103 * (0.080)
open	0.132 *** (0.000)	-0.237 *** (0.003)
url	-0.000 *** (0.001)	-0.000 *** (0.000)
tp	-0.001 *** (0.002)	0.002 *** (0.001)
观测值	88	152
R^2	0.775	0.507

注：表中括号内为 t 值；＊、＊＊＊分别表示在 10%、1% 水平下显著。

表 12-24 和表 12-25 为数字经济影响资本错配指数和劳动力错配指数的区域异质性检验结果。经检验，数字经济对东部和中西部地区的资本错配指数均未呈现抑制作用，对劳动力错配指数均呈现为不显著的抑制作用。

表 12 – 24　　　　数字经济影响资本错配指数的区域异质性检验

变量	东部地区	中西部地区
dige	0.204 (0.373)	0.376 ** (0.024)
tech	– 0.000 (0.871)	0.000 (0.344)
fin	– 0.522 (0.427)	0.101 (0.662)
open	0.056 (0.629)	0.088 (0.774)
url	– 0.000 (0.675)	– 0.000 (0.882)
tp	0.000 (0.733)	– 0.000 (0.837)
观测值	88	152
R^2	0.041	0.072

注：表中括号内为 t 值；** 表示在 5% 水平下显著。

表 12 – 25　　　　数字经济影响劳动力错配指数的区域异质性检验

变量	东部地区	中西部地区
dige	– 0.058 (0.856)	– 0.152 (0.504)
tech	– 0.000 (0.520)	0.000 (0.480)
fin	– 1.894 ** (0.041)	– 1.157 *** (0.000)
open	0.254 (0.115)	– 0.365 (0.389)
url	– 0.000 (0.327)	– 0.000 (0.454)

变量	东部地区	中西部地区
tp	0.000 (0.753)	-0.003 (0.208)
观测值	88	152
R^2	0.113	0.109

注：表中括号内为 t 值；** 、*** 分别表示在 5% 、1% 水平下显著。

12.3.5 稳健性检验

为了进一步保证上述回归结果的可靠性，本书通过以下两种方法进行稳健性检验：

（1）数字经济不断赋能高质量发展，而高质量发展水平的提高也会为数字经济发展提供良好的环境，因此数字经济与高质量发展之间具有双向因果关系，另外，影响各地区高质量发展的因素较多，目前样本所考虑到的控制变量还不足以防止遗漏变量的产生，以上这些因素增加了内生性问题存在的可能性。本书使用系统广义矩估计（GMM）来进行下一步检验，以减缓内生性带来的影响。具体来看，本书参照刘强的研究思路，将数字经济的一阶滞后作为代理变量，采用系统两阶段 GMM 进行检验，结果见表 12-26。

在估计结果中，核心解释变量数字经济对全要素生产率和产业结构水平的影响均在 1% 的水平下显著，证明了前文回归结果的稳健性。但对资本错配指数和劳动错配指数来说，系统 GMM 的结果为显著正相关，说明数字经济发展对资本错配水平和劳动错配水平的降低并不稳健，或者说影响程度较弱。

表 12-26　　数字经济影响高质量发展的 GMM 回结果

变量	hqd			
	tfp	stru	kmis	lmis
dige	1.106 *** (0.000)	1.046 *** (0.000)	1.059 *** (0.000)	1.063 *** (0.000)

变量	hqd			
	tfp	stru	kmis	lmis
控制变量	控制	控制	控制	控制
AR（1）	0.002	0.003	0.001	0.003
AR（2）	0.140	0.135	0.123	0.128
Sargan	0.000	0.000	0.000	0.000
样本数量	210	210	210	210

注：表中括号内为 t 值；*** 表示在 1% 水平下显著。

（2）采用面板分位数回归方法，检验在不同发展水平下数字经济对的影响是否存在差异。25%、50%、75% 三个分位点分别表示全要素生产率、产业结构水平、资本错配指数和劳动力错配指数的低、中、高水平。表 12-27 检验了在不同全要素生产率水平下数字经济对我国全要素生产率的影响，可以看出，在不同状态下数字经济回归系数均呈显著状态，由此证实了上述实证结果的稳健性。表 12-28 检验了在不同产业结构水平下数字经济对产生的影响，在不同状态下数字经济回归系数也均呈显著状态。表 12-29 和表 12-30 分别为数字经济对资本错配指数和劳动力错配指数的面板分位数回归结果，在不同状态下，数字经济的回归系数并不显著，再次说明数字经济发展对资本错配水平和劳动错配水平的抑制作用并不稳健。结合中国数字经济发展的实践，可以发现上述情况的原因：对于资本错配来说，在数字转型初期，由于规模效应的存在，数字成果转化周期长，风险高，且收益不可预测，而基础设施建设则。在官员晋升锦标赛的制度背景下，政府官员存在经济性激励和政治性激励把更多的财政支出运用能在短期内促进 GDP 快速增长的基础设施领域，造成资源错配。对劳动力错配来说，虽然企业会通过各种网络渠道发布就业信息，但相对来说，各地对劳动力具体信息的采集和数字化工作关注得较少，仅仅关注劳动力总量、年龄分布以及文化程度等表层信息，而对劳动力具备的特长，就业意向、地域以及工作经历等信息的数据化工作较为缺乏。同时由于对个人隐私的保护，即使已经信息化的劳动力信息也很难实现有效共享。对很多普通劳动力来说，当他们有外出工作意愿时，主要依靠熟人或劳务公司，对通过网络寻找高收入工作的意愿和能力都比较有限。也就是说，数字经济对劳动力产生的影响主要集中在消费领域，从劳动供给角度的数字技术渗透率严重不足，因此，数字经济发展对劳动力错配的抑制效应并未呈现出理想效果。

表 12-27　　　　数字经济影响全要素生产率的面板分位数回归

变量	tfp		
	25%	50%	75%
dige	0.327 *** (0.000)	0.332 ** (0.011)	0.305 * (0.055)
tech	0.000 (0.394)	0.000 (0.353)	0.001 (0.150)
fin	-0.701 *** (0.000)	-0.816 *** (0.000)	-1.006 *** (0.000)
open	0.349 *** (0.000)	0.401 *** (0.000)	0.276 *** (0.000)
url	-0.000 *** (0.001)	-0.000 *** (0.000)	-0.000 *** (0.000)
tp	-0.000 (0.424)	-0.000 (0.239)	-0.000 (0.914)
观测值	240	240	240

注：表中括号内为 t 值；*、**、*** 分别表示在 10%、5% 和 1% 水平下显著。

表 12-28　　　　数字经济影响产业结构水平的面板分位数回归

变量	stru		
	25%	50%	75%
dige	0.415 *** (0.000)	0.429 *** (0.000)	0.500 *** (0.000)
tech	0.000 (0.127)	0.000 * (0.095)	0.000 (0.144)
fin	-0.016 (0.798)	-0.124 * (0.099)	-0.164 * (0.086)

续表

变量	stru		
	25%	50%	75%
open	0. 107 ** (0. 017)	0. 168 *** (0. 000)	0. 122 *** (0. 004)
url	- 0. 000 (0. 826)	- 0. 000 (0. 122)	- 0. 000 *** (0. 001)
tp	- 0. 000 (0. 516)	- 0. 000 (0. 151)	- 0. 000 ** (0. 040)
观测值	240	240	240

注：表中括号内为 t 值；＊、＊＊、＊＊＊分别表示在 10%、5% 和 1% 水平下显著。

表 12 - 29　　　数字经济影响资本错配指数的面板分位数回归

变量	kmis		
	25%	50%	75%
dige	0. 343 ** (0. 020)	0. 415 *** (0. 000)	0. 578 *** (0. 000)
tech	- 0. 000 (0. 287)	0. 000 (0. 525)	0. 000 (0. 322)
fin	0. 000 (0. 999)	0. 031 (0. 843)	0. 189 (0. 490)
open	- 0. 006 (0. 944)	- 0. 069 (0. 122)	- 0. 102 * (0. 098)
url	0. 000 (0. 567)	0. 000 *** (0. 010)	0. 000 * (0. 060)
tp	0. 000 (0. 745)	- 0. 000 (0. 256)	- 0. 001 (0. 149)
观测值	240	240	240

注：表中括号内为 t 值；＊、＊＊、＊＊＊分别表示在 10%、5% 和 1% 水平下显著。

表12－30   数字经济影响劳动力错配指数的面板分位数回归

变量	lmis		
	25%	50%	75%
dige	−0.117 (0.432)	0.152 (0.259)	−0.131 (0.466)
tech	0.000 (0.441)	−0.000 (0.493)	−0.000 (0.530)
fin	−0.386* (0.062)	−0.411* (0.066)	−0.765** (0.041)
open	−0.011 (0.903)	0.073 (0.460)	0.299 (0.213)
url	−0.000* (0.059)	0.000 (0.933)	−0.000 (0.454)
tp	0.000 (0.684)	−0.000 (1.000)	0.000 (0.785)
观测值	240	240	240

注：表中括号内为t值；＊、＊＊分别表示在10%、5%水平下显著。

第13章 数字经济赋能高质量发展的实现路径

伴随着数字化时代的到来，应该发挥自身独有的传统产业优势，将数字化技术与传统产业相结合，借助于数字技术的便捷性、可拓展性、智能化等特征打造出一个更灵活、有效率的传统产业发展模式，产业数字化转型应该由单点应用向连续协同演进，利用平台赋能、网络赋能、技术赋能等推进产业数字化稳中向好发展。由于数据作为数字经济发展的重要构成元素，在数据的获取、分析、存储、处理、传输等过程中要形成严格的数据产业结构体系，增强对数据的管理与应用能力。数字化治理是数字经济发展的保障，能够引领生产关系进行深刻变革，数字经济在推动创新生产的同时加速了数字与传统产业的融合，使治理体系迈向了更高阶层，这使整体的治理能力与治理体系呈现出上升趋势，在治理主体、治理方式、治理手段、服务内容等多个方面均发生了创新性的改变。因此应着重构建现代化数字经济政策体系，探索利用新兴数字化技术带动经济高质量发展。

13.1 数字经济促进区域创新能力的路径

（1）随着大数据、云计算和人工智能等新一代信息技术的深入发展，数字技术与实体经济的深度融合，突出表现为数字技术的应用场景广泛，并以前所未有的广度和深度迅速渗透到生产生活和经济社会的方方面面，引发了深刻的产业革命和社会变革，成为新时代推动产业转型升级、企业提质增效和经济高质量发展的重要引擎，是新时代培育新动能、构筑新优势的有力抓手和核心竞争力。因此要大力发展数字经济，相关行业应主动拥抱互联网平台,借助数字经济这一新动能,促进实体经济与虚拟经济融合发展。数字平台作为新兴产业形态,具有需求多样性、网络外部性、范围经济性和长尾经济性等新特征。平台开放性的网络环境将改变企业获取信息的途径与运营方式,在提高企业生产效率的同时,实现商业模式创新与技术进步,推动线上线下共同发展。政府和企业要共同做好顶层设计,激发企业内生动力,夯实数字经济技术基础,用新动能推动新发展。要充分发挥数字经济的产业赋能效应和跨界融合效应,提升区域创新能力。一方面,要加快数字经济全面赋能传统产业的进程,在促进传统产业转型升级的同时,提升区域产业结构高级化水平,凭借新产业、新业态和新模式,直接拉动区域创新能力提升;同时,企业的创新研发活动需要大量的资金支持,中小型企业囿于资金不足很少选择进行自主创新,因此,这就要求政府加大对中小企业的金融扶持力度,激发中小企业的创新意识,进而间接促进区域创新能力提升。另一方面,数据要素的跨界流动拓宽了创新的广度和深度,数字要素的易流动性和共享性使得区域间产业的合作共赢成为可能,区域产业间的资源互通和信息共享促进了区域间产业创新能力的提升。

(2)要提升数字化治理能力,打破区域和行业垄断,加快资源流动与精准匹配。数字经济能打破时空限制,使企业进入全网平台竞争,这不仅能够激励企业创新,还能使各种要素在不同区域之间流动,实现了生产要素的跨区域流动和精准匹配,为区域间共享创新要素提供便利。数字化治理是数字经济创新快速健康发展的保障,要利用数字技术完善治理体系,提升综合治理能力,形成区域间创新协同发展的新格局。平台作为数字经济发展的重要载体,是数字化治理的核心主体之一,政府要加强对平台经济的多元共治和协同监管,规范平台市场化行为,优化平台生态,坚持发展和规范并重,促进平台经济有序健康发展,激发平台经济创新发展活力,促进数字平台高质量发展,充分发挥平台经济的辐射带动作用和龙头示范效应,提升区域间创新创造潜力和综合创新能力。政府部门要强化数字化治理能力,加快政府部门数字化转型,提升现代化治理水平和治理能力,打造数字政府,提升政务服务效能,优化营商环境,激发企业创新创造活力,提升区域创新发展能力。创新服务监管方式,探索"数字技术+治理"新模式,给予企业更多创新创造空间,促进数字经济健康发展,激发数字经济活力,带动区域创新协同发展。

（3）推动数字经济发展与区域创新能力相互协调。数字经济与区域创新的融合与人力资本、研发投入水平等潜在因素间接关联，因此高端智力人才保障、高质量的资本引进仍是我国提高区域创新能力的重要手段。数字经济发展在促进人力资本的提升的同时，也吸引了大量资本涌入新兴数字产业，人才支撑和资金支持共同促进了区域创新能力的提升，数字经济优化了区域创新环境，推动了企业的创新资源共享，实现了区域创新能力的新一轮跃升。

因此，政府部门在制定教育、金融等相关政策时要充分考虑到数字经济的积极影响，发挥中介因素对区域创新的催化作用。一方面，数字经济可以突破时空的局限，优化教育资源的合理配置，线上培训和学习等新模式大大降低了经济成本和时间成本，同时也拓展了学习的深度和广度，大大提升了人力资本水平，缩短并加速了人力资本积累的周期，进而促进了区域创新能力的提高。另一方面，区域创新研发需要大量资金投入和高水平的金融支持，数字经济提高了创新资源的时空配置效率，缓解了金融系统与创新主体间的信息不对称风险，数字经济的网络外部性也增强了创新主体的获利能力，使得创新主体有更多资金加大对科技研发的投入力度，深化了区域创新的发展水平，促进了区域创新能力的提升。

（4）利用数字经济的网络效应，实现用户协同创新。用户协同创新有利于实现消费者与企业的双赢。一方面，从企业角度而言，用户参与创新，可以降低企业在创新过程中的不确定性，缩短产品研发周期和信息搜寻成本，精准匹配用户需求；另一方面，从消费者角度而言，用户自身参与创新，提升了用户与产品交互的参与感和体验感，使用户有更强的购买意愿，产品适配度高，用户购买体验感更佳。因此，用户协同创新吸引了更多的用户参与，而数字平台作为一种双边市场，数字平台的网络效应使得一边用户的效用因另一边用户数量的增加而上升，从而实现了整体的帕累托改进，这种网络效应反过来又强化了用户的协同创新，形成良性循环。此外，随着居民消费的升级，消费者对产品和服务的个性化需求的偏好上升，用户的消费需求不断细分，逐渐向个性化、小众化和定制化演变。因此，为了迎合市场需求，平台企业要满足用户的个性化和多样化需求，更加精准地提供用户满意的产品和服务，增加用户黏性，激励用户参与创新。通过数字经济引领生产过程创新和商业模式创新，实现生产制造由大批量规模化生产向个性化和定制化的转变，精准匹配用户需求，提升用户产品和服务满意度，提升用户参与创新的意愿。

（5）各地区要实施差异化的数字经济发展策略。不同地区在要素禀赋、数字基础设施建设和数字经济发展水平方面存在差异，东部地区数字基础设施完备，数字应用场景广泛，具备良好的数字经济发展基础，发展势头强劲。因此，对于东部地区而言，要着重突破关键技术、优化数字经济创新环境，及时将创新成果转化为生产力，强化数字化治理体系建设，推动重点领域核心数字产业做大做强；中西部地区数字经济发展则相对滞后，数字基础设施建设尚不完备，数字经济尚具有较大的发展空间。因此中西部地区要加快补齐短板，夯实和完善数字基础设施，统筹推进数字配套设施建设，打破数字经济发展不平衡的约束。最后，中西部地区应该借助数字经济的溢出效应，促使邻近地区创新资源向本地输送，带动本地区创新能力提升。此外，要统筹推进"东数西算"工程，形成东中西部协调联动发展机制，东部地区要充分发挥资金、技术和市场优势，中西部地区则凭借资源和低成本优势，形成区域间优势互补、协同推进的发展格局。加快建设全国统一大市场，打破区域间信息孤岛和数字鸿沟，提升数据要素区域间流动和配置效率，实现资源的整合和数据要素的有效配置，缩小区域间的数字鸿沟。

13.2 数字经济促进产业结构优化升级的路径

（1）推动数字经济成为促进产业结构转型升级的持续性动力。加大传统实体经济与数字经济的融合深度，选择适宜的数字技术投入力度，提升数据资源、数字技术与传统实体产业的适配程度。以技术创新为引领，降低生产端与消费端的信息不对称，畅通供应链信息流渠道，提升信息与产业的流通效率，充分利用大数据降低平台企业运营成本；加大行业数据共享力度、强化标准化生产及数字技术标准化供给、优化数据价值化管理水平，为数字产业化和产业数字化的深度融合创造良好的环境和氛围。积极推广数字经济的应用范围，推动数字经济向我国经济欠发达区域的发展，缩小区域发展差异，强化产业间、区域间互动协作，实现资源存量动态转换，培育壮大数字化市场。深入实施创新驱动发展战略，有效平衡我国中部、东部、西部的互联网发展水平，不同地区利用数字化平台最大限度地克服空间与时间限制，推动区域间的资金、土地、技术等生产要素流动，实现产业结构转型升级。进一步深化要素市场化配置改革，数据作为数字时代的核心生产要素，与传统生产要素相比受重视程度仍然偏低，因此要充分重视数据要素市场的建设和发展，打通数据要素流通的堵点，加速数据要素在不同区域、行业和产业间的流动，促进区域协调发展和产业结构的优化升级。要以国内国际双循环的新发展格局为战略基点，以内循环拉动外循环，利用数字技术推动传统产业结构转型升级和企业提质增效，充分发挥数字经济的产业链重构效应和价值增值效应，提高我国在全球产业链和价值链中的地位和作用，进一步提升我国的国际竞争力和影响力。

（2）创新政策制度体系，推进数字经济稳健发展。抓住大数据发展机遇，通过促进数字经济与实体经济的深度融合赋能传统产业发展，政府要做好统筹规划，充分利用数字经济平台，优化产业供给体系，扩大内需，通过数字经济的创新效应发展战略性新兴产业，使数字经济在产业结构中发挥最大效应，带动经济高质量转型；在数字经济反垄断强监管下，政府在产业结构、政策支持、人力资本等领域进行全方位部署以提升数字经济的技术创新效率，积极引导数字经济价值遵循及基本原则的形成，划出具体边界以严格监管，审慎控制数据要素流入规模，防治恶意垄断现象，降低产业结构不合理的波动，着力推进金融体系的市场化改革，为推动数字经济发展的持续性提供便捷的融资环境；政府管理部门要做好宏观管控，强化技术激励政策，制定数字化平台企业的数据跨区域流动机制，使得技术创新要素能够在不同区域合理流动，经济欠发达区域要切实把握好互联网发展趋势，结合本地区产业特色、人力资本现状及互联网发展水平，找准产业定位，合理制定数字经济促进产业结构转型升级的发展规划，推动各地区形成优势互补的产业发展区域性经济性布局。要加大科研和教育研发力度，促进产学研深度融合，突破关键核心技术难关，强化自主创新能力和数字核心技术研发能力，建设和培育数字人才梯队，改善数字人才供需不匹配的现状，培育一批具有卓越的数字化素养、创新能力和管理能力的数字化人才，为数字经济发展的持续性提供有力的人才保障。

（3）加强云、网、端等新型基础设施建设部署，拓展数字经济发展的广度与深度。"宽带中国"战略的实施对建设完善的互联网基础设施提供了坚实基础，不断深化数字基础设施融合发展路径，构建新型数字基础设施体系，强化数字基础设施安全保障能力，带动中西部地区因地制宜利用数字化平台将当地特色产业、特色农业等转化为经济增长点，促进三产融合发展；坚持"全国一盘棋"，在全国范围内科学合理地进行产业转移，不断扩大内需，进而优化产业结构；完善经济欠发达区域的网络基础设施建设，为数字经济发展奠定设施基础。数字经济的促进作用相比于发达地区而言，对欠发达地区边际效用的提升效应更加明显，因此政府部门要强化对欠发达地区数字经济发展的政策引导，加大对资金、土地和用电等资源的倾斜力度，有针对性地放宽某些政策限制以支持欠发达地区的数字经济发展，进而改善区域间数字经济发展不平衡状况，更好地发挥数字经济对欠发达地区的产业赋能效应，加快欠发达地区的产业转型升级进程，协调发达地区和欠发达地区的产业发展水平，最终实现产业结构的整体优化升级。政府管理部门不但要在互联网等基础建设与研发方面进行完善，同时也要在数字技术人才培养技术创新能力上发力，为数字经济助推产业结构转型升级注入更加深入的动力。数字经济的高质量发展离不开人才支持，优化数字技术人才培养体系，政府及数字化平台企业加大教育投入与创新扶持力度，增强专业数字化人才培育力度，加速人力资本积累，增强数字化平台企业的技术创新水平，培育数字经济成为我国经济高质量发展的持续稳定增长点。

13.3　数字经济赋能农业绿色发展的路径

（1）要大力发展数字经济，传统农业要主动拥抱互联网平台，借助数字经济这一新动能，实现数字技术和农业生产融合发展。数字技术通过智能监测、效率提升不断完善现代农业产业链，在提高农业生产效率的同时，推动农业生产各环节数字化，进而实现农业绿色发展。数字经济在促进农业集约化生产、农产品品牌打造、农业产业链延伸和促进农产品数字溢价等方面发挥了积极作用，数字经济赋能农业绿色发展对提高农业生产效率和农产品质量，实现农业高质量发展和可持续性发展具有重要意义。相关部门要加强科学顶层设计，夯实数字技术基础，加大对数字经济的投资和扶持力度，鼓励数字企业创新发展智慧农业，进一步引导数字经济赋能"三农"发展，培育全面推进农业绿色发展新动能，推进农业全产业链优化升级，实现农业数字化转型，全面深化农产品生产、加工、流通和销售全过程，提升农产品生产和加工效率，改善农产品质量，拓宽农产品销售渠道，实现农业全流程的数字化。抓住数字经济发展新机遇，创造发展"数字经济＋农业"新模式，搭建农业数字化平台，助力农村三产融合深入发展。数字经济对农业的全面赋能不仅体现在生产环节的数字化，更突出表现为经营管理和销售环节的数字化。在这一过程中，诸如农村电商等数字化平台发挥了巨大的作用，电商兴农、直播助农等形式拓宽了农产品销售渠道，提升了农产品销售价格，更加有效地实现了农业反哺农民。因此，政府部门要加大对农村电商平台的扶持力度，积极发挥电商的促农效应的同时，也要规范电商平台的行为，确保农业发展真正惠及农民。

（2）促进数字经济发展与农业绿色发展相互协调。数字经济与区域农业绿色发展的融合并不是孤立存在的，而是与人力资本、政策支持以及居民消费水平等潜在因素间接关联。首先，数字技术对农业的全面赋能，诸如生产流程的数字化、经营管理的智慧化和网络销售的平台化等，都对新时代农民的人力资本素质提出了更高的要求。此外，在数字赋能农业的过程中，人才发挥着至关重要的作用。因此，要实现农业数字人才需求与农村人才有效供给相匹配的目标，必须双管齐下，内外共同发力。一方面，要通过政策引导和建立激励机制引进外部人才，吸引相关领域数字人才入驻乡村，助力本地区农业数字化高质量发展；另一方面，对于本地区农民则要通过加大数字技术培训力度，提升本土农民的数字化素养，培养其成为新时代的"数字化新农人"，进而充分发挥数字经济对农业赋能效应，使农民在学习和应用数字技术的同时，也成为数字技术的受益者。其次，数字经济促进农业高质量发展亦离不开相关政策的大力扶持，诸如技术、资金和人才引进等方面的政策支持等。最后，人民生活水平和收入的提高，使得新时代消费者对于农产品的需求更加多元化和有机化，居民消费升级使得数字技术赋能下的农产品更能迎合消费者的需求。因此高端智力人才保障、高质量的政策支持以及

255

多元化的消费需求仍是我国提高农业绿色发展水平的有效途径。政府部门在制定教育、消费等相关政策时要充分考虑到数字经济的积极影响，发挥中介因素对农业绿色发展的催化作用。

（3）发挥数字经济的辐射带动作用，共享数字经济红利。首先，数字平台的空间辐射作用加速了农业信息要素在不同区域间的传播，弱化了时空约束带来的技术溢出效应递减规律，强化了数字经济渗透的广度和深度，有力提升了相关知识和信息的普惠性。其次，数字经济的产业集聚效应促进了农业的绿色协同发展。一方面，数字经济的产业集聚效应提高了土地利用效率，促进了农业的集约化经营，深化了区域内农业产业链的分工协作，提高了农产品生产和加工效率，企业间交通运输成本的降低和知识累积效应也提高了区域创新能力，进一步促进了农业产业集群的发展。另一方面，数字经济的产业集聚效应也促进了农业绿色全要素生产率的提升，深化和拓展了农业产业链条，使农业产业结构布局更加合理化和集约化，延长了农产品深加工的链条，提高了农产品附加值。因此，要充分利用数字经济的网络效应，加强相邻地区间农业生产的联动性，释放其对农业绿色发展的空间贡献能力。尤其是中西部地区应该借助数字经济的溢出效应，充分利用地区间的比较优势，以东部地区数字经济发展带动中西部地区数字经济共同发展，形成区域间绿色农业协同发展新格局。

（4）各地区要实施差异化的数字经济发展策略，缩小数字鸿沟。东部地区数字基础设施建设相对完备，数字应用场景广泛，数字辐射带动作用强。因此，一方面，东部地区在巩固数字经济红利优势的同时，要承担起率先实现数字技术核心突破和商业模式重构的重任，积极探索和构建农业绿色低碳发展新样本和示范体系，为中西部地区提供可复制和可推广的经验借鉴。另一方面，东部地区在实现数字经济跨越式发展的同时，也要不断发挥其对落后地区的示范和带动作用，促进区域间的协同发展和共同进步。中西部地区则囿于基础设施建设和经济发展水平相对落后，数字经济发展仍有较大进步空间。因此，中西部地区要加快补齐短板，不断完善数字基础设施建设，打破数字经济发展不平衡的约束。此外，各地区在把握本地区要素禀赋和现实发展状况的基础上，要找准适合本地区数字经济发展的战略定位和比较优势，因地制宜，精准施策，打造具有本土优势的数字产业集群。地区间要素禀赋的不同决定了各地发展数字经济的模式也不能趋同，而是应该走出一条适合自身的差异化发展道路，聚焦细分领域，针对本地区的独特优势发展特色数字产业，通过发展优势数字产业带动其他相关数字产业发展，循序渐进实现区域数字经济的整体跃升。

（5）应充分利用"宽带乡村"这一政策工具，通过政策推动农村数字基础设施建设，促进数字经济与农业农村发展深度融合，提升农业全产业链条的数字化水平，优化和更新农业产业链全流程，充分发挥数字经济的技术优势和新动能优势，推进农业绿色园区发展，为农业绿色发展赋能。利用大数据手段和数字化融合，激发农业发展活力，建设农业现代化高质量发展体系，拓宽农民增收利润空间。"宽带乡村"工程作为农村数字经济发展新机遇，大幅提高了农村通信网络覆盖率和网络传输速度，弥合城乡数字经济发展鸿沟，为农业的数字化转型奠定了设施基础，为加快农村三产融合，推动农村产业高精尖发展做出了突出贡献。因此，要强化数字匹配机制建设，加大农村地区数字教育投入，通过优化数字培训体系培养数字农民人才，为落实农业数字化转型政策提供底层支持。同时，要进一步推进"宽带乡村"战略，逐步实现农村信息基础设施全覆盖，缩小城乡数字鸿沟差距，以县域经济为载体，以数字经济为抓手，实现"以工促农、以城带乡"，城市反哺农村，加快城乡要素双向流动和互通共享，统筹推进城乡数字化和信息化融合发展，畅通城乡数据要素流通通道，实现城乡基础设施互联网互通，促进城乡融合。

13.4　数字经济提升碳排放效率的路径

（1）加快发展数字经济助力碳排放效率提升。数字经济发展以其自身所具有的规模效应、结构效应在促进经济增长的同时，还通过降低碳排放强度，缓解气候变化、促进绿色发展等方式，为经济社会的可持续发展带来环境红利，也为新时期加快建设网络强国和数字中国提供了新的支撑。因此，应进一步加强数字基础设施建设和基础技术布局，加快实体经济与数字经济的深度融合，充分发挥数字经济的碳减排效应。在推动经济发展低碳转型的过程中，应加强对数字经济发展的政策扶持

257

和引导，加大对数字领域关键核心技术的研发投入，加快推动 5G、大数据、人工智能、工业互联网等新一代数字信息技术在企业间的创新应用，推动传统产业的数字化转型，通过产品创新、价值链改造升级、供应链效率提升、商业模式转变等方式，加快数字产业发展与传统产业的数字化转型，夯实数字经济发展基础。与此同时，还要提高 ICT 基础设施的绿色化水平，通过积极探索绿色低碳技术，加快技术成果的转化与应用，助力数字基建降本增效，进而赋能传统领域实现绿色生产与绿色制造，发挥绿色低碳产业的带动作用，推动产业整体向低碳化转型，实现数字化与绿色化的协同并进与高质量发展，助力经济发展与环境保护实现双赢。

（2）提高能源利用效率，优化能源消费结构。能源生产和消费活动是二氧化碳排放的一大源头，要努力实现能源革命和数字革命的融合发展，在能源供给端和需求端实现"开源节流"。在能源供应环节，要着力提高能源产业数字化水平，完善能源新型基础设施的规划布局，加强分布式能源体系建设，利用数字技术实现能源产业链和供应链的升级改造，构建新型电力系统，逐步解决可再生能源与传统发电系统消纳、并网运输与储能等问题，减少传输过程中的能源损耗，增强清洁能源的可持续供应，在供给侧提高能源供应的安全性、稳定性和清洁化水平。在能源消费环节，综合利用大数据、云计算、物联网、区块链等数字技术，实现能源供需的精准匹配与全过程监测，数据要素与传统生产要素的深入融合，能够提高能源配置和利用效率。依托数字技术加快企业数字化转型发展，将研发、生产、销售各环节连接起来，减少不必要的能源耗费，实现提质增效，不断提升资源利用效率。同时，还要借助移动互联网大力推行能源消费新理念，助力传统行业从单纯的能源消费者向能源产消者转变，增强居民低碳环保意识，普及绿色低碳行为，减少化石能源消费，不断提高清洁能源的使用比例，进一步优化能源结构，逐渐建立起绿色、清洁、低碳的现代化能源消费体系。

（3）加强区域间的交流合作与互联互通。相邻区域之间的数字经济发展与碳排放是相互联系且互相影响的，存在明显的空间依赖性特征，因此有必要建立完善的交流合作机制，实现区域经济发展与环境质量的协同提升。要加强数字经济领域的跨区域合作，促进数字产业的有效对接，进一步构建发展均衡、市场有序的数字产业体系，夯实数字经济发展的产业基础，并带来"结构红利"，不断促进资源配置优化、利用效率提升与环境质量改善。政府间应盘活现有的数据资源，借助数字技术进一步建设跨区域的数据平台，实现智能化、实时化的数据采集与开放共享，打破"数字孤岛"与"信息孤岛"，打造高效稳定的信息交流平台。与此同时，还应加快云计算、大数据分析等数据处理技术在减排方案制定、减排措施仿真模拟等治理决策中的应用，构建以大数据资源为基础的科学决策机制。此外，不同区域要结合自身禀赋特征，进行资源共享和优势互补，增加数字经济交流和技术学习，降低壁垒，相邻省份之间应加强产业合作、减排协作以及政策协商，碳排效率高的地区应发挥示范作用，推进减排技术与减排政策的应用与落实，避免以邻为壑的治理乱象，从而增强节能减排的系统性、协同性和联动性，促进碳排放效率的提升与区域环境的整体改善。

（4）因地制宜实施数字经济发展战略。要基于不同地区的禀赋差异以及数字经济发展对碳排放效率的影响差异，选择实施与本地区资源优势相适应的数字经济发展政策，逐步破除新业态、新模式的地域限制，实现区域数字经济的协同发展。东部地区具有良好的数字经济发展基础，应当注重低碳核心数字技术的研发攻关，发挥辐射带动作用，通过技术溢出进一步传统产业与数字技术的深入融合。同时，加快推进东数西算项目建设，优化东、中、西部的数据中心建设布局，制定区域数字经济产业技术的流动政策，进一步开发利用中西部地区的算能资源，引导数字经济空间集聚向中西部转移。鉴于中西部数字经济发展的整体水平与东部地区存在较大差距，数字经济发展政策制定应适当向中西部倾斜，通过积极财政政策、提高互联网应用能力、培育数字专业人才等方式支持中西部地区数字经济发展。中西部地区应当加快数字基础设施的建设进度，降低数字技术的使用门槛，逐渐缓解地区间数字经济发展水平差异，同时培育当地产业和数字技术相融合的数字产业试点，引导形成与地区特色相适应的产业发展新模式，为实现经济发展的低碳转型赋予更大动能，发挥中西部地区助力"双碳"目标实现的后发优势。通过动态化、差异化的数字经济发展策略，逐步改善区域间发展不平衡的现状，以数字化驱动绿色低碳转型。

13.5 数字经济优化就业结构的路径

（1）充分利用数字经济发展所带来的技术红利，带动就业向高质量水平发展。通过产业间的数字技术应用与数字成果转化，对生产要素资源进行重组，并促进数据要素与传统生产要素的深入融合，不断提高不同要素的合理流动与优化配置，在进行生产率的全面提升时也要强调各产业的产出质量。要打破制约生产力发展和数字经济建设的各项障碍，推动数字经济向各个行业的全方位渗透，实现产业结构优化升级。本书表明，数字经济发展对就业结构产生的影响存在显著区域异质性特征，沿海发达地区具备良好的数字经济发展基础，并带动生产要素的空间集聚，但也会出现人口过度集聚等一系列问题带来的负外部性影响，可能会妨碍数字经济推动就业结构优化升级。而中西部地区则因为自然环境、资源禀赋等条件限制，导致数字经济整体发展水平不足，对当地就业结构的优化作用亦不突出。因此，应加强区域间数字经济发展的交流与合作，通过政策引导促进数字经济的空间集聚向中西部地区转移。与此同时，中西部地区要重视经济发展面临的现实问题，根据自身资源优势与产业特征，实施与本地特色相适应的数字经济发展战略，抓住数字经济发展机遇，加快数字经济设施建设步伐，提高数字技术应用能力，缩小区域间数字经济发展水平差距导致的就业结构和就业质量差异。要紧跟形势的变化，建立人才培育基地，大力培养数字化人才，营造良好的创新氛围，推动产业链升级发展，努力提升本地区的数字经济实力，推动地区就业水平向高质量发展。

（2）在需求侧与供给侧两个方面强化数字经济对就业结构的优化作用。在需求侧，可以通过政策引导、专业人才的指导以及发挥龙头企业的"蒲公英效应"实现加快上中下企业及行业间的数字化转型。要发挥数字经济发展对产业结构的优化升级作用，促进第三产业的快速发展和劳动生产率的提升，不断吸纳高技能劳动者就业，并吸引不同技能劳动者向第三产业转移，逐步降低第一、二产业的就业比重，充分发挥服务业就业"蓄水池"的积极作用，进一步促进就业结构优化与就业质量提升。在供给侧，数字经济发展具有信息共享、知识共享的特点，互联网技术的应用能够整合全社会的教育资源，通过在线教育、网络培训等方式促进劳动者的人力资本积累，以此来提高劳动者的综合素质和职业技能提升。与此同时，数字经济发展对部分劳动力密集型就业者产生了替代作用，但是对于知识密集型的就业份额却大大增加，这与数字经济本身所具有的技术属性密不可分。因此，各大企业及部门应在自身进行数字化转型的同时，针对性地对劳动者进行转岗培训，建立相关的保障体系，提供相应的就业指导与就业服务，使劳动者本身可以实现技能的提升以适应岗位的需要。

（3）推动产业数字化与数字产业化持续健康发展。要加快传统产业的数字化改造，对资源要素实现最优匹配，数据要素与传统产业的结合将会产生乘数倍增效应，这对于就业发展将会展现出巨大的价值。促进农业部门的数字化转型，实现农业智能化生产和网络化经营相结合，改变粗放型的农业经营模式，不断提高务农人员的数字化农业技能。通过智能制造和工业互联网战略，进一步提高制造业的生产效率，改变资源密集型、劳动力密集型为主导的发展经营模式，推动制造业清洁化、智能化发展。发挥服务业数字化在拉动就业、优化就业结构和改善就业质量上的积极影响，不断增加知识和技术密集型服务业的就业份额，打造更多新型就业形态促进就业发展，并培育数字化新业态，充分利用数字技术整合线上线下的资源，发挥平台经济、共享经济对劳动力的吸纳作用，促进就业结构不断向第三产业演进。本书研究表明，数字经济发展会对部分产业造成就业萎缩状态，但是数字经济创造的更多的新业态会在服务业及其衍生行业催生出新的就业形态，所以当前社会各界应该顺应这一趋势，把握住时代机遇来进行创新创业活动。与此同时，也要持续推进数字产业化发展，通过数字技术延伸产业边界，加大核心技术、基础研究等方面的研究投入，努力补齐基础数字技术的短板，在基础软件等领域进行创新升级，不断完善包括信息通信、软件服务在内的数字产业链，推动大数据、人工智能等产业的发展，推进数字产业集群建设与就业结构的持续优化。

13.6　数字经济促进就业质量的路径

（1）不断优化完善数字基础设施建设。其中包括网络基础设施建设以及信息基础设施建设等，增强对 5G、人工智能、工业物联网、大数据中心等新型数字基础设施的建设与投资，推进基础设施与实体经济的融合发展，为数字产业以及新业态的出现和发展创造良好的市场环境，发挥数字经济的就业的需求效应与创造效应，进一步促进社会分工细化与产业链的延伸，发挥数字经济发展在提高增加劳动收入、工作弹性和增加就业选择等方面的积极影响。与此同时，要不断强化网络建设，进一步提高网速、降低上网费率，提高网络访问速度和稳定性，降低互联网的使用成本和接入成本，提高互联网在基础应用、公共服务、商务交易等领域的应用水平，搭建就业信息服务网络平台，拓宽劳动者对岗位信息的搜索渠道，降低劳动者工作搜寻成本，增强岗位信息获取效率，增强网络服务的便利化水平。要注重互联网应用的适老化改造升级，开发更多智能、简便的适老产品和服务，解决老年人的智能技术应用障碍，不断提高中老年群体的互联网渗透率，稳步提升中老年就业群体的就业质量。同时，还应重视云计算、大数据、区块链等数字技术与传统产业的融合应用，加快传统产业的数字化转型，促进劳动生产率提高和生产规模扩大，降低交易成本，提高企业经济效益，从而最大限度地发挥数字经济发展在提升工作效率、降低工作时长和提升劳动者工作满意度等方面的积极影响，持续促进就业环境改善与劳动者就业质量提升。

（2）重视数字经济发展带动就业过程中存在的社会保障缺失问题。社会保障缺失的原因之一在于伴随数字经济发展产生的去雇主化就业模式和偏离正规就业的灵活就业等新就业形态的出现，而现存的以劳动关系为基础的《中华人民共和国劳动合同法》《中华人民共和国社会保险法》《工伤保险条例》等相关法规政策并不适用于新就业形态。因此，政府与市场之间应协调配合，注重就业环境改善与社会福利体系构建，尝试跨越劳动者保险参保制的制度障碍与参保门槛。在新业态从业人员的社会保险权益问题上，应当适度放松社会保险与劳动关系之间的关联，弱化灵活就业与雇佣就业之间的差别，逐步促进传统就业形态与新就业形态之间的融合和权益共享，在法律层面应该明确新业态从业者同样具有参与社会保障项目的权力，将社会保险与劳动关系适当分离，拟定适用于新业态从业者的职业保障条例以及职业伤害制度，通过加强顶层设计为新业态从业者提供保障。与此同时，提高新业态就业群体的社会保障项目的参与水平亦会增加企业的用工成本，这对处于发展阶段、依靠投资存活的平台企业来说可能难以承受，政府可采取对该类企业进行政策扶持、财政补贴或者税收优惠等方式，以减轻平台类企业的经营负担，对新业态发展及劳动者社会保障水平提高具有积极影响。

（3）不断完善公共就业服务和保障体系。数字经济发展衍生了众多新型、灵活的就业模式，但当前的公共就业服务和社会保障体系还不够完善，需要积极探索与之相对应的就业服务保障体系，完善非正规就业的相关政策，还要根据不同劳动者的需求差异，开展就业指导，提高岗位的供需匹配度，并不断提高就业服务的质量。与此同时，要强化平台主体的责任意识，尽管当前对平台企业的雇主身份认定存在现实障碍，但对从业人员的行为约束、财务控制以及工作分派等方面也有一定程度的影响，因此平台企业对其从业人员因提供劳动而受到的职业伤害应承担相应的主体责任。要加大社会保险政策的宣传力度，弥补劳动者对社会保障权益和社会保险全责的认识不足，鼓励新就业形态从业者积极参保，不断提高劳动者的保险意识，明确保障内容及保障覆盖范围，增强劳动者的参保意愿，强化劳动保护，并结合新业态"平台化、网络化、分散化"的模式特点及工作特征选择适当的保险经办机构，提升劳动者的整体福利水平。此外，还应发挥各级工会组织的作用，吸纳非正规就业者加入工会组织，并构建工会组织提供投诉举报服务、行业协会制定权益标准、市场监督部门实施监察的多主体权益保障体系，为新业态劳动者的权益保护提供有力支持。

（4）加大教育培训以不断提高人力资本水平。在数字经济背景下，通过提高劳动者的综合素质，使人力资本与数字经济发展水平相适应至关重要，以受教育程度为代表的人力资本水平的提升现已成为促进劳动者就业质量提升的重要推动力之一，人力资本水平的提升能够明显降低工作时长，提高劳动者的单位收入、社会保障项目参与及工作满意度。因此，要优先高等教育改革，加快调整高等教育学科专业布局，发展通信技术、大数据、人工智能等新兴学科专业，鼓励创新实践教育，推进高效优质课程共享体系建设，培养具备数字化思维与能力的并与当前经济发展与产业结构相适应的复合型和应用型人才。借助"互联网＋教育"模式覆盖群体广、成本低的优势，利用网络平台整合社会教育资源，进行线上教育和在线培训，不断提高自身综合素质。要落实"互联网＋职业技能培训"计划，通过设立数字技能职业培训公开课或有针对性的付费课程，加强劳动力职业技能培训与数字技能培训，不断提高劳动者的数字素养与技能水平，实现从业人员的"数字化转型"，增进劳动者的人力资本与社会资本积累，增进就业群体的创业能力和就业机会，切实为实现高质量就业助力。

13.7 数字经济缩小城乡收入差距的路径

（1）加强农业技术创新，推动农业部门数字化转型。数字鸿沟的存在严重阻碍了城乡融合发展的进程，因此亟须强化技术创新、创造新需求。比如，提高农业部门的数字技术应用能力，使农业生产与数字化技术相互融合，促进农业信息技术融入农业生产、经营和管理等环节，不断提升农业生产效率，推动智慧农业发展，建立并完善现代化的农业产业链，逐步实现农业的数字化转型。加大农业部门技术研发，提升农业部门的创新活力，精准对接智能化技术，打造集农业生产、技术研发、产品销售于一体的综合农业信息交流平台，实现农产品产销环节的顺畅联通和快速响应，提高农产品流通效率，实现农业部门的高质量发展。大力发展农村教育，不断增强农村地区人力资本积累，提升农村居民的综合素质和专业技能，提高其收入水平和增收能力。鼓励"数字助农"新业态的发展，发展农村电子商务，鼓励农村居民进行电商创业，通过线上直播、动态讲解等方式，推广特色农产品、塑造地方品牌、展示农村生产生活、带动文旅产业发展，利用数字化技术打通城乡市场并不断扩大市场范围，推动线上线下整合营销，促进农村居民创业就业，进而增加农村居民收入，进一步缩小城乡收入差距。

（2）政府部门出台相应政策，破除劳动力流动阻碍。例如，推进户籍制度改革，消除二元户籍制度对农村劳动力转移就业的阻碍，逐步解决农村务工人口的市民化问题，弱化户籍在社会资源分配中的影响，以此破除城镇与乡村就业者之间因户籍不同而导致的就业不平等现象，为外来务工人员进入更多行业就业提供公平的制度环境。合理规划铁路网和公路网的空间布局，通过完善基础设施建设，优化劳动力资源和其他生产要素的流动配置，吸引农村富余劳动力向发展水平较高的地区转移，进而提高农村居民的收入水平。解决城市倾向问题，借助数字化改革推动公共服务的高质量发展和公共服务均等化，政府提供平等优质的教育、医疗等公共福利项目来保障转移人口享受到与城市居民同等的待遇，保障农村务工人员的合法权益。适当降低人口落户门槛，放开放宽出个别超大城市外的城市落户限制，试行以经常居住地登记户口制度，推动稳定就业居住的农业转移人口有序落户。

（3）注意区域发展差异，因地制宜推进数字化建设。推进数字化发展进程时，需根据各地发展现状与现有条件来选择数字经济发展策略。中国东部地区具备大量高精尖人才、先进基础设施和良好的发展环境，且经济发展水平也领先于中西部地区，要充分利用自身优势发挥辐射、示范效应，通过技术溢出与创新扩散带动周边发展。中西部地区相较于东部地区而言，其新兴产业发展落后、传统产业所占比重较大、市场主体过于弱小，因此对于中西部地区，要制定区域数字经济产业技术的流动政策，引导资源要素流入，提高中西部地区的基础设施投资力度，强化电信业的基础支撑作用，夯实数字经济发展的硬件基础，结合当地禀赋特征发展特色数字产业，逐渐缩小区域间的数字差距，以此缓解资源配置方面存在的差距。

（4）强化农村地区数字基础设施建设，推广"宽带乡村"试点工程。深入实施信息进村入户工程，加快农村地区的光纤宽带网络、4G/5G通信网络以及无线局域网络等基础设施建设向农村地区的覆盖延伸，推动农村数字基础设施建设共建共享。推动智能设备优惠下乡政策，提高农村地区的网络普及率，降低互联网的接入成本与使用成本，提高农村网络质量与网络稳定性，让农村居民享受到互联网时代的发展红利。政府可以通过进行财政补贴、出台税收优惠政策来减少农村地区宽带建设的成本，并将互联网普及率、乡镇通光缆比率、宽带覆盖率等化为政府绩效考核的重要指标，纳入基层政府部门领导的考核范围之内。与此同时，还要对农村传统基础设施进行改造升级，推动农村地区公路、电力、物流运输以及农业生产加工等基础设施的智能化升级，加快实施快递进村工程，筑牢数字乡村的发展基础。

（5）提升农村居民的数字化技能，消弭数字鸿沟的"城乡使用差异"。提升农民数字素养与技能，是顺应数字时代要求，也是缩小城乡数字鸿沟、促进共同富裕的关键举措。政府要强化数字经济发展的包容性，采取多种措施鼓励数字人才下乡，鼓励支持各地加强与高校、科研院所协同合作，建立数字农业领域的人才培养和实训基地，培养一批高素质的复合型人才，更好地助力数字乡村建设。要把互联网、数字化知识技能纳入新型职业农民教育培训体系，借助"互联网＋教育"整合社会教育资源，并以较低的成本加强数字知识和技能的输出，加强农村居民数字化使用技能培训以及数字化思维培训。还应深入了解当地农村居民的数字化应用能力，有针对性地设置培训课程，设计喜闻乐见的方式和内容，提升农民掌握数字技术的意愿，提高数字技能培训的精准性和有效性，切实提高农民的数字化应用能力和综合素质水平。同时，政府通过补贴、税收优惠政策鼓励农村地区依托数字化技术进行创业，吸引农村青壮年劳动力回流，从而起到消弭城乡数字鸿沟的影响，有利于推进数字经济发展对农村居民收入的持续改善。

13.8　数字经济赋能高质量发展的总体路径

（1）建立健全数字经济制度体系，打牢数字经济引领高质量发展的制度基础。提高数字经济发展水平首先应具备良好的外部环境，应进一步完善数字经济发展的制度体系建设，为数字经济发展提供坚实的制度保障。要建立健全促进数字经济发展的相关法律法规，重点关注数字资源确权、开放、流通、交易、安全等相关领域，法律制度的制定不仅要为数据资源的安全使用与流通提供保障，同时也要避免条款规定严苛导致抑制数字经济发展创新性的问题；要强化顶层设计，加强数字经济发展战略规划，明确数字经济发展的目标定位、主导产业和空间格局，既要制定整体的发展规划，也要根据不同地域的发展特点因地制宜地出台具有针对性的发展政策；要完善数据要素市场化配置相关的法律法规，围绕制约数据市场化发展的关键领域和关键环节，发布一批规范性文件，突破制约数据要素市场化配置的障碍和瓶颈，建立统一、开放、规范、有序的数据要素市场；加快制定数据共享技术规范，提高数据共享标准化水平，反对垄断和不正当竞争，推动数字经济向标准化、法治化、绿色化方向发展；营造利于融合发展的环境，积极构建数字生态系统，扶持数字化转型企业，为其发展提供融资便利，推动新的数字技术快速融入产业核心业务之中，特别是应对中小微企业的设备更新、改造升级、业务模式数字化转型等予以财税支持，加大对数字技术研发投入资金支持力度。

（2）攻克数字经济关键核心技术，完善数字经济引领高质量发展的基础条件。技术创新是数字经济发展的重要引擎，进一步强化核心技术研发与创新能够为我国数字经济发展提供强大的动力支持，进而推动我国新旧动能转换并促进经济增长。我国具有较为良好的制造业基础，要加大对关键芯片、基础软件等核心技术的研发投入，以弥补目前我国经济发展存在的关键核心技术和产业劣势等问题，进行重点技术攻关，尽快解决关键技术、零部件和设备的"瓶颈"约束问题，补充基础研究不足，培育一批具有核心竞争力的数字经济企业。精准突破影响数字经济发展以及产业转型的技术断点和障碍，加大研发力度与研发投入，提升创新质量，逐步实现关键技术和产品的进口替代，充分利用数字经济技术带来的强劲势头，加快数字创新；要加大科技创新支持力度，重视数字技术和各领域技术的交叉融合，加强创新性数字技术的发展与普及应用，加速未来产业孵化，培育前沿领域；制定新基础设施建设战略发展规划，做好新基础设施建设顶层设计，进一步加大5G网络、大数据中心、工业互联网、物联网等新基础设施建设力度，探索新基础设施信息化运营机制、创新融资机制，增强对新基础设施的投资力度。加快物联网运营体系建设，重点培育创新型龙头企业，并积极发挥龙头企业对上下游企业的引领带动作用。

（3）培育数据要素市场，推动数字经济与实体经济深度融合，充分发掘市场需求潜力。数字经济发展使数据成为生产的关键要素，优化了资源配置及效率，推动产业结构的转型升级以及生产效率的提升，进而推动消费结构升级与消费方式的转变，并刺激人们的消费需求，为实体经济发展以及消费市场的扩大提供契机。加快建立要素市场化机制，进一步完善数据要素交易规则和配套服务体系，促进数据要素有序流通和高效利用，优化数据等要素的整合模式，释放大数据要素的生产潜力，提高资源配置效率，更好地发挥数据要素在推动产业转型与促进生产效率提升方面的重要作用；要以内需为导向，深化数字技术在制造业中的应用，完善数字产业化供给体系，推动我国数字产业化与企业的数字化转型，同时加快推进数字技术产业与服务业、制造业和农业的交叉应用与跨界融合，以市场需求为导向、以应用场景为核心，加快数字技术的创新应用，激发新业态与新商业模式，推动我国数字经济的创新发展；要切实推进医疗、交通、教育以及农业生产等领域数字化发展，拓展应用空间的同时也能引导数字技术的研发与创新，补齐短板，加强我国数字经济场景创新优势；还要激发广大农村地区数字消费潜力，推动各类涉农产品与生产要素信息平台建设，提升农村电子商务效率，使广大农民群众共享"数字红利"。

（4）加强数字技术基础设施建设，为数字化转型打好基础。数字基础设施建设是数字经济发展的基础，数字经济发展要顺应数字化、智能化的发展趋势和要求，利用新一代信息网络技术，加强数字化基础设施建设。需要强化大数据平台顶层设计，建成数据智能融合、产业生态完善、平台创新活跃的新型数字化基础设施，加快构建多元化、多层次、广覆盖的数字基础设施体系。政府可以通过加强与企业的合作或者向企业购买相关服务来推进省内的数字化建设；通过与相关行业协会合作等形势整合产学研优势搭建公共服务平台；政府鼓励创新主体发挥作用，强化对人工智能、大数据、工业互联网、物联网等现代信息技术的创新，达成多方协作、合作共赢、互惠互利的局面。政府应加大对数字化基础设施建设的投资力度，强化电信业的基础支撑作用，普及互联网的应用，降低城乡之间的数字鸿沟问题，将数字化技术发展红利覆盖到每一个群众身上。政府应加大对数字技术落后地区的教育强度，提高技术落后地区居民对数字技术的应用能力，比如通过普及电商发展知识、宣传电商成功案例等来强化群众的学习，使人们更好地适应数字社会的发展，借助当代数字技术获益，提高当地经济发展水平。政府还应该加大对先进数字技术的开发利用，为数字产业提供有力的资金支持、政策支持与基础设施，从而推动数字产业的良好发展。

（5）强化政府的数字化治理水平，完善数字经济治理体系建设。数字化转型发展过程中，政府既要努力实现自身的数字化转型升级，同时又要发挥催化剂作用来促成社会其他部门、行业的数字化转型，推动数字技术的广泛应用发展。为了推进新旧动能转换战略、营造新的营商环境，应该把推动数字政府建设成为引领当代数字时代政府改革与政府治理的突破口与着力点，如何推进数字政府建设成为一项重要工程，首先，实现政府的数字化转型升级需要正确地获取、筛选、处理数据要素，从海量数据中筛选出真实、有效的信息进行处理和加工，实现信息的高效利用。其次，在获取数据信息的基础上，利用先进的数字化技术预测社会的各项需求，提升政府提供公共服务的能力，提高社会整体运行效率，促进政府治理水平与治理能力的提升。最后，要打破多部门、多机构间"数据孤岛"，加强"政产学研用"合作共享，加大政府公共数据对公众公开，为数据运营企业及公众提供公平发展新机会，加快政府内部结构改革，加强政府数据共享和开放，提高政府监管和政府服务的准确性和智能化，提升政府治理能力和服务水平。完善数字经济体系建设，对于全面提高数字经济的体系化水平，加快推进经济高质量发展具有重大意义。我国数字经济发展已形成一定的规模和优势，更需要加快发展数字经济体系与之相适应，从而在更高水平上和更深层次上推动数字经济健康发展。要建立统一规范的数据管理制度，推动跨层级、跨地域、跨系统、跨组织、跨业务的数据互联互通，着力构建同一框架下的协同联动数据治理机制，提高各主体参与数据治理的自主性；要发挥互联网时代监管主体多元化特征，以协同监管模式与社会监管主体、第三方监管机构合作，构建数字政府体系，为数字经济发展提供必要的制度支撑；要开发利用数据信息，完善社会信用信息共享体系，建立数据安全和隐私保护体系，建立健全数据安全审查、数据安全风险评估、监控、预警、应急处置等基础制度，建立数据分类和分级保护体系，确保数据安全和关键信息可控，构建基于互联网的市场监管大数据平台。

（6）加快构建数字经济创新体系建设。强化数字化技术与实体产业的融合力度，大力发展智能化制造，深化数字技术在各产业中的应用，实现"互联网＋"农业、制造业、服务业的深入发展，积极培育新的经济发展形态，对农业进行创新发展，提高农作物生产率、拓宽农产品的营销渠道，对制造业来讲要努力实现智能制造，把握住数字赋能制造业的契机，充分发挥数字经济驱动制造业高质量发展的积极作用，着力提升省内数字基础研发能力，加快速度搭建产学研合作平台，引导数字化技术向制造业进行渗透，通过数字经济的赋能作用与强渗透性来辐射带动制造业各企业进行数字化改造升级，考虑到地区间经济发展与环境的不同，在经济发展水平较高的地区进行布局以人工智能、大数据、互联网等为支撑的产业链，强化数字经济发展水平较高地区的引领作用，在经济欠发达地区，强化数字基础设施建设，打好数字经济发展的坚固基础，培育新型数字产业，提升制造业的数字化水平。在服务业方面，使用数字化技术对传统服务业进行升级改造，实现多样化、定制化、精准化生产，更好地满足用户需求。加快实施服务业中信息服务系统的升级，提升企业在生产、运输、交易过程中的数字化水平，提高生产效率水平。

（7）大力发展数字金融。金融发展可以直接影响一个地区的经济发展，我国各省份应当加大推进数字金融发展的力度，通过借助区块链技术，实现线上线下经济的融合，创造数字普惠金融。政府应加大扶持当地财务、税务、工商等主要部门的数据协同作用，创造金融发展数据流，减少线下的审批渠道，同时，金融业应该加快形成网络聚合，为政府提供相应的服务，为群众与企业提供便捷的资金流；加快建立新一代金融数据中心，提高商业银行和其他金融机构自身的数据分析能力及公共服务能力，提升风控能力，降低运行成本，促进其差异化、自主化和协同化发展，满足个体一般性和个性化服务的金融需求，着力解决实体经济融资难的问题；政府也应当大力发展农村的网络金融服务，为农村地区的支付提供便利化条件，也有助于促进农产品的销售。同时，应加强省内不同地区间的金融协作，引导金融机构加强对经济欠发达地区的金融投入，提高金融要素的资源配置效率，缩小区域间金融发展水平的差距，促进数字金融水平的进一步提升。针对不同地区、地域的发展特征及发展定位，既要综合制定数字金融的整体规划与发展设计，也要充分利用国家政策因地制宜地探索适用于不同区域的发展政策，加大财政投入力度，牵头搭建数字金融服务平台、金融科技共享平台和行业信息平台，推动数字普惠金融行业持续创新发展。除此之外，还要充分发挥经济较发达地区的辐射带动作用，带动周边地区数字金融均衡发展，进而缩小区域间数字金融发展水平差异。

主要参考文献

[1] 白杰、李秀敏：《"十四五"时期中国数字经济网络空间结构优化路径》，载于《经济体制改革》2021年第5期。

[2] 白俊红、刘宇英：《对外直接投资能够改善中国的资源错配》，载于《中国工业经济》2018年第1期。

[3] 白雪洁、宋培、李琳、廖赛男：《数字经济能否推动中国产业结构转型？——基于效率型技术进步视角》，载于《西安交通大学学报（社会科学版）》2021年第6期。

[4] 边志强：《网络基础设施的溢出效应及作用机制研究》，载于《山西财经大学学报》2014年第9期。

[5] 蔡跃洲：《数字经济的增加值及贡献度测算：历史沿革、理论基础与方法框架》，载于《求是学刊》2018年第5期。

[6] 曹玉娟：《数字化驱动下区域科技创新的框架变化与范式重构》，载于《学术论坛》2019年第1期。

[7] 昌忠泽、孟倩：《信息技术影响产业结构转型升级的中介效应分析——来自中国省级层面的经验证据》，载于《经济理论与经济管理》2018年第6期。

[8] 钞小静、薛志欣：《以新经济推动中国经济高质量发展的机制与路径》，载于《西北大学学报（哲学社会科学版）》2020年第1期。

[9] 陈斌开、马燕来：《数字经济对发展中国家与发达国家劳动力市场的不同影响——技能替代视角的分析》，载于《北京交通大学学报（社会科学版）》2021年第2期。

[10] 陈林、张家才：《数字时代中的相关市场理论：从单边市场到双边市场》，载于《财经研究》2020年第3期。

[11] 陈诗一、陈登科：《雾霾污染、政府治理与经济高质量发展》，载于《经济研究》2018年第2期。

[12] 陈伟、魏楠、侯建、冯志军：《FDI 与区域创新能力关系中"门槛效应"的实证研究》，载于《软科学》2018 年第 9 期。

[13] 陈小辉、张红伟、吴永超：《数字经济如何影响产业结构水平?》，载于《证券市场导报》2020 年第 7 期。

[14] 陈晓斌、张玉荣、刘斌：《人工智能、技术创新与效率变革》，载于《生产力研究》2021 年第 8 期。

[15] 陈晓红：《数字经济时代的技术融合与应用创新趋势分析》，载于《中南大学学报（社会科学版）》2018 第 5 期。

[16] 陈鑫鑫、段博：《数字经济缩小了城乡差距吗? ——基于中介效应模型的实证检验》，载于《世界地理研究》2022 年第 2 期。

[17] 陈昭、陈钊泳、谭伟杰：《数字经济促进经济高质量发展的机制分析及其效应》，载于《广东财经大学学报》2022 年第 3 期。

[18] 程广斌、靳瑶：《创新能力提升是否能够增强城市经济韧性?》，载于《现代经济探讨》2022 年第 2 期。

[19] 丛屹、闫苗苗：《数字经济、人力资本投资与高质量就业》，载于《财经科学》2022 年第 3 期。

[20] 代玲玲：《大数据时代下企业财务管理的创新思考》，载于《当代会计》2020 年第 24 期。

[21] 戴魁早、刘友金：《要素市场扭曲如何影响创新绩效》，载于《世界经济》2016 年第 11 期。

[22] 丁述磊、刘翠花：《数字经济时代互联网使用对就业质量的影响研究——基于社会网络的视角》，载于《经济与管理研究》2022 年第 7 期。

[23] 丁志帆：《数字经济驱动经济高质量发展的机制研究：一个理论分析框架》，载于《现代经济探讨》2020 年第 1 期。

[24] 杜志雄、金书秦：《从国际经验看中国农业绿色发展》，载于《世界农业》2021 年第 2 期。

[25] 方昊炜、徐晔、袁琦璟：《数字贸易、产业结构升级与经济高质量发展——基于中介效应模型》，载于《价格月刊》2021 年第 6 期。

[26] ［法］菲利普·阿吉翁，赛利娜·安托南，西蒙·比内尔：《创造性破坏的力量》，余江、赵建航译，中信出版社 2021 年版。

[27] 冯华、陈亚琦：《平台商业模式创新研究——基于互联网环

境下的时空契合分析》，载于《中国工业经济》2016 年第 3 期。

[28] 干春晖、郑若谷、余典范：《中国产业结构变迁对经济增长和波动的影响》，载于《经济研究》2011 年第 5 期。

[29] 甘行琼、李玉姣、蒋炳蔚：《财政分权、地方政府行为与产业结构转型升级》，载于《改革》2020 年第 10 期。

[30] 高万龙：《推进农业科技创新加快发展现代农业》，载于《中国科技论坛》2007 年第 8 期。

[31] 葛世帅、曾刚、杨阳、苏灿、陈鹏鑫：《基于 DEA - Malmquist 和 Tobit 模型的长三角城市群绿色创新绩效研究》，载于《长江流域资源与环境》2022 年第 4 期。

[32] 宫瑜：《数字经济对我国就业总量的影响》，载于《中共青岛市委党校．青岛行政学院学报》2019 年第 6 期。

[33] 郭朝先、方澳：《人工智能促进经济高质量发展：机理、问题与对策》，载于《广西社会科学》2021 年第 8 期。

[34] 郭峰、王靖一、王芳、孔涛、张勋、程志云：《测度中国数字普惠金融发展：指数编制与空间特征》，载于《经济学（季刊）》2020 年第 4 期。

[35] 郭晗：《数字经济与实体经济融合促进高质量发展的路径》，载于《西安财经大学学报》2020 年第 2 期。

[36] 郭吉涛、梁爽：《数字经济对中国全要素生产率的影响机理：提升效应还是抑制效果？》，载于《南方经济》2021 年第 10 期。

[37] 郭家堂、骆品亮：《互联网对中国全要素生产率有促进作用吗？》，载于《管理世界》2016 年第 10 期。

[38] 郭晴、孟世超、毛宇飞：《数字普惠金融发展能促进就业质量提升吗？》，载于《上海财经大学学报》2022 年第 1 期。

[39] 韩文龙、刘璐：《数字劳动过程中的"去劳动关系化"现象、本质与中国应对》，载于《当代经济研究》2020 年第 10 期。

[40] 何大安、许一帆：《数字经济运行与供给侧结构重塑》，载于《经济学家》2020 年第 4 期。

[41] 何小钢、梁权熙、王善骝：《信息技术、劳动力结构与企业生产率——破解"信息技术生产率悖论"之谜》，载于《管理世界》2019 年第 9 期。

［42］何宗樾、宋旭光：《数字经济促进就业的机理与启示——疫情发生之后的思考》，载于《经济学家》2020 年第 5 期。

［43］贺俊：《技术创新、制度创新与产业升级——"产业政策与创新"两岸学术研讨会会议综述》，载于《中国工业经济》2014 年第 9 期。

［44］洪银兴：《完善产权制度和要素市场化配置机制研究》，载于《中国工业经济》2018 年第 6 期。

［45］胡冰：《互联网经济下我国产业创新溢出效应的实证研究》，载于《经济问题》2018 年第 9 期。

［46］胡放之、杨金磊：《数字经济对就业的影响研究——基于湖北新就业形态发展现状的调查》，载于《湖北社会科学》2021 年第 1 期。

［47］胡磊：《网络平台经济中"去劳动关系化"的动因及治理》，载于《理论月刊》2019 年第 9 期。

［48］黄炎忠、罗小锋、李兆亮：《我国农业绿色生产水平的时空差异及影响因素》，载于《中国农业大学学报》2017 年第 9 期。

［49］黄志、程翔、邓翔：《数字经济如何影响我国消费型经济增长水平》，载于《山西财经大学学报》2022 年第 4 期。

［50］惠宁、刘鑫鑫：《互联网发展对中国区域创新能力的影响效应》，载于《社会科学研究》2020 年第 6 期。

［51］霍丽、宁楠：《互联网发展对区域创新效率影响的动力机制研究》，载于《西北大学学报（哲学社会科学版）》2020 年第 3 期。

［52］纪园园、张美星、冯树辉：《数字经济对产业结构升级的影响研究——基于消费平台的视角》，载于《系统工程理论与实践》2022 年第 5 期。

［53］江红莉、胡林柯、蒋鹏程：《资本市场开放与企业劳动收入份额——基于"沪港通"的准自然实验》，载于《上海财经大学学报》2022 年第 1 期。

［54］江小涓：《高度联通社会中的资源重组与服务业增长》，载于《经济研究》2017 年第 3 期。

［55］姜琪、王璐：《数字经济市场结构决定因素、最优形式与规制启示》，载于《上海经济研究》2019 年第 11 期。

［56］荆文君、孙宝文：《数字经济促进经济高质量发展：一个理论分析框架》，载于《经济学家》2019 年第 2 期。

［57］康铁祥：《中国数字经济规模测算研究》，载于《当代财经》2008 年第 3 期。

［58］孔海东、张培、刘兵：《价值共创行为分析框架构建——基于赋能理论视角》，载于《技术经济》2019 年第 6 期。

［59］李昌浩、徐琪：《基于平台经济的服务创新模式研究——上海"四新"产业平台经济发展的国际比较》，载于《上海经济研究》2014 年第 12 期。

［60］李长江：《关于数字经济内涵的初步探讨》，载于《电子政务》2017 年第 9 期。

［61］李福夺、杨鹏、尹昌斌：《我国农业绿色发展的基本理论与研究展望》，载于《中国农业资源与区划》2020 年第 10 期。

［62］李广昊、周小亮：《推动数字经济发展能否改善中国的环境污染——基于"宽带中国"战略的准自然实验》，载于《宏观经济研究》2021 年第 7 期。

［63］李丽：《数字经济对就业的影响及应对策略》，载于《经济问题》2022 年第 4 期。

［64］李林汉、李建国：《数字普惠金融、经济开放对经济高质量发展的非线性效应》，载于《统计与决策》2022 年第 11 期。

［65］李敏、吴丽兰、吴晓霜：《平台经济发展对就业质量的影响研究——产业结构升级的中介效应》，载于《工业技术经济》2021 年第 10 期。

［66］李欠男、李谷成：《互联网发展对农业全要素生产率增长的影响》，载于《华中农业大学学报（社会科学版）》2020 年第 4 期。

［67］李天宇、王晓娟：《数字经济赋能中国"双循环"战略：内在逻辑与实现路径》，载于《经济学家》2021 年第 5 期。

［68］李伟：《中国农业现代化的空间溢出效应分析——基于空间面板模型的实证研究》，载于《技术经济与管理研究》2016 年第 8 期。

［69］李晓华：《数字经济新特征与数字经济新动能的形成机制》，载于《改革》2019 年第 11 期。

［70］李晓华：《"新经济"与产业的颠覆性变革》，载于《财经问题研究》2018 年第 3 期。

［71］李晓钟、李俊雨：《数字经济发展对城乡收入差距的影响研

究》，载于《农业技术经济》2021 年第 12 期。

［72］李雪、吴福象、竺李乐：《数字经济与区域创新绩效》，载于《山西财经大学学报》2021 年第 5 期。

［73］廉凯：《以数字山东建设为统领　加快实施国家大数据战略》，载于《软件和集成电路》2019 年第 8 期。

［74］梁琦、肖素萍、李梦欣：《数字经济发展、空间外溢与区域创新质量提升——兼论市场化的门槛效应》，载于《上海经济研究》2021 年第 9 期。

［75］林梨奎、江民星：《中国房地产交易真的是卖方市场吗？——基于双边随机边界模型的实证研究》，载于《审计与经济研究》2019 年第 2 期。

［76］刘诚：《数字经济与共同富裕：基于收入分配的理论分析》，载于《财经问题研究》2022 年第 4 期。

［77］刘翠花、丁述磊：《非正规就业对居民工作满意度的影响——来自中国劳动力动态调查数据的经验分析》，载于《当代经济管理》2018 年第 11 期。

［78］刘海荣：《天津市数字经济评价指标体系研究》，载于《环渤海经济瞭望》2021 年第 4 期。

［79］刘金旺、王娟：《山东省数字经济与实体经济融合发展浅析》，载于《山东工业技术》2020 年第 2 期。

［80］刘军、杨渊鋆、张三峰：《中国数字经济测度与驱动因素研究》，载于《上海经济研究》2020 年第 6 期。

［81］刘亮、胡国良：《人工智能与全要素生产率——证伪"生产率悖论"的中国证据》，载于《江海学刊》2020 年第 3 期。

［82］刘培林、钱滔、黄先海、董雪兵：《共同富裕的内涵、实现路径与测度方法》，载于《管理世界》2021 年第 8 期。

［83］刘淑春：《中国数字经济高质量发展的靶向路径与政策供给》，载于《经济学家》2019 年第 6 期。

［84］刘勇：《数字经济时代　金融科技发展趋势与思考》，载于《金融电子化》2019 年第 9 期。

［85］刘志彪、凌永辉：《结构转换、全要素生产率与高质量发展》，载于《管理世界》2020 年第 7 期。

［86］柳志娣、张晓：《互联网发展、市场化水平与中国产业结构转型升级》，载于《经济与管理研究》2021年第12期。

［87］陆铭、向宽虎：《破解效率与平衡的冲突——论中国的区域发展战略》，载于《经济社会体制比较》2014年第4期。

［88］路畅、王媛媛、于渤、刘立娜：《制度环境、技术创新与传统产业升级——基于中国省际面板数据的门槛回归分析》，载于《科技进步与对策》2019年第14期。

［89］伦晓波、刘颜：《数字政府、数字经济与绿色技术创新》，载于《山西财经大学学报》2022年第4期。

［90］罗小芳、王素素：《数字经济、就业与劳动收入增长——基于中国家庭追踪调查（CFPS）数据的实证分析》，载于《江汉论坛》2021年第11期。

［91］罗以洪：《大数据人工智能区块链等ICT促进数字经济高质量发展机理探析》，载于《贵州社会科学》2019年第12期。

［92］马骏、孟海波、邵丹青、朱亚珊：《绿色金融、普惠金融与绿色农业发展》，载于《金融论坛》2021年第3期。

［93］马蓝、王士勇、张剑勇：《数字经济驱动企业商业模式创新的路径研究》，载于《技术经济与管理研究》2021年第10期。

［94］马明、赵国浩：《交通基础设施和人力资本对区域创新能力影响研究》，载于《财经问题研究》2017年第8期。

［95］梅燕、鹿雨慧、毛丹灵：《典型发达国家数字乡村发展模式总结与比较分析》，载于《经济社会体制比较》2021年第3期。

［96］孟祺：《数字经济与高质量就业：理论与实证》，载于《社会科学》2021年第2期。

［97］闵路路、许正中：《数字经济、创新绩效与经济高质量发展——基于中国城市的经验证据》，载于《统计与决策》2022年第3期。

［98］慕娟、马立平：《中国农业农村数字经济发展指数测度与区域差异》，载于《华南农业大学学报（社会科学版）》2021年第4期。

［99］宁朝山：《数字经济、要素市场化与经济高质量发展》，载于《长白学刊》2021年第1期。

［100］裴长洪、倪江飞、李越：《数字经济的政治经济学分析》，载于《财贸经济》2018年第9期。

[101] 戚聿东、丁述磊、刘翠花：《数字经济时代互联网使用对灵活就业者工资收入的影响研究》，载于《社会科学辑刊》2022 年第 1 期。

[102] 戚聿东、丁述磊、刘翠花：《数字经济时代新职业发展与新型劳动关系的构建》，载于《改革》2021 年第 9 期。

[103] 戚聿东、刘翠花、丁述磊：《数字经济发展、就业结构优化与就业质量提升》，载于《经济学动态》2020 年第 11 期。

[104] 漆雁斌、韩绍奕、邓鑫：《中国绿色农业发展：生产水平测度、空间差异及收敛性分析》，载于《农业技术经济》2020 第 4 期。

[105] 齐文浩、张越杰：《以数字经济助推农村经济高质量发展》，载于《理论探索》2021 年第 3 期。

[106] 钱明辉、潘菲、齐悦：《后新冠疫情下我国农业农村数字经济发展——问题、趋势与对策》，载于《中国农业资源与区划》2021 年第 11 期。

[107] 任保平、杜宇翔、裴昂：《数字经济背景下中国消费新变化：态势、特征及路径》，载于《消费经济》2022 年第 1 期。

[108] 任保平、宋文月：《新一代人工智能和实体经济深度融合促进高质量发展的效应与路径》，载于《西北大学学报（哲学社会科学版）》2019 年第 5 期。

[109] 任洲鸿、王月霞：《共享经济下劳动关系的政治经济学分析——以滴滴司机与共享平台的劳动关系为例》，载于《当代经济研究》2019 年第 3 期。

[110] 单豪杰：《中国资本存量 K 的再估算：1952—2006 年》，载于《数量经济技术经济研究》2008 年第 10 期。

[111] 沈运红、黄桁：《数字经济水平对制造业产业结构优化升级的影响研究——基于浙江省 2008—2017 年面板数据》，载于《科技管理研究》2020 年第 3 期。

[112] 施炳展、李建桐：《互联网是否促进了分工：来自中国制造业企业的证据》，载于《管理世界》2020 年第 4 期。

[113] 石良平、王素云、王晶晶：《从存量到流量的经济学分析：流量经济理论框架的构建》，载于《学术月刊》2019 年第 1 期。

[114] 史健勇：《优化产业结构的新经济形态——数字经济的微观运营机制研究》，载于《上海经济研究》2013 年第 8 期。

［115］宋坤、林佳、柳晓倩:《直接融资、空间溢出与农业现代化——基于省际数据的实证分析》,载于《吉首大学学报(社会科学版)》2018年第1期。

［116］宋伟丽:《山东数字经济发展策略研究》,载于《山东纺织经济》2020年第7期。

［117］宋洋:《经济发展质量理论视角下的数字经济与高质量发展》,载于《贵州社会科学》2019年第11期。

［118］宋跃刚、郝夏珍:《数字经济对黄河流域经济高质量发展的门槛和空间溢出效应研究》,载于《河南师范大学学报(自然科学版)》2022年第1期。

［119］苏治、徐淑丹:《中国技术进步与经济增长收敛性测度——基于创新与效率的视角》,载于《中国社会科学》2015第7期。

［120］孙光林、李金宁、冯利臣:《数字信用与正规金融机构农户信贷违约——基于三阶段Probit模型的实证研究》,载于《农业技术经济》2021年第12期。

［121］唐红涛、陈欣如、张俊英:《数字经济、流通效率与产业结构升级》,载于《商业经济与管理》2021年第11期。

［122］唐要家、唐春晖:《数据要素经济增长倍增机制及治理体系》,载于《人文杂志》2020年第11期。

［123］田皓森、温雪:《金融一体化的区域经济高质量增长效应——基于全国12个重点城市群的实证研究》,载于《宏观经济研究》2021年第11期。

［124］童锋、张革:《中国发展数字经济的内涵特征、独特优势及路径依赖》,载于《科技管理研究》2020年第2期。

［125］童有好:《"互联网+制造业服务化"融合发展研究》,载于《经济纵横》2015年第10期。

［126］万佳璈、周勤、肖义:《数字金融、融资约束与企业创新》,载于《经济评论》2020年第1期。

［127］万晓榆、罗焱卿、袁野:《数字经济发展的评估指标体系研究——基于投入产出视角》,载于《重庆邮电大学学报(社会科学版)》2019年第6期。

［128］汪旭晖、张其林:《平台型网络市场"平台—政府"双元管

理范式研究——基于阿里巴巴集团的案例分析》，载于《中国工业经济》2015 年第 3 期。

[129] 王德平、秦铸清：《数字经济影响区域经济增长的空间效应——技术创新与 TFP 的双重视角》，载于《西南科技大学学报（哲学社会科学版）》2021 第 6 期。

[130] 王栋：《数字经济发展对就业影响研究——基于我国部分城市数据的实证分析》，载于《价格理论与实践》2020 年第 12 期。

[131] 王剑程、李丁、马双：《宽带建设对农户创业的影响研究——基于"宽带乡村"建设的准自然实验》，载于《经济学（季刊）》2020 年第 1 期。

[132] 王金杰、郭树龙、张龙鹏：《互联网对企业创新绩效的影响及其机制研究——基于开放式创新的解释》，载于《南开经济研究》2018 年第 6 期。

[133] 王娟：《高质量发展背景下的新就业形态：内涵、影响及发展对策》，载于《学术交流》2019 年第 3 期。

[134] 王军、朱杰、罗茜：《中国数字经济发展水平及演变测度》，载于《数量经济技术经济研究》2021 年第 7 期。

[135] 王兰平、王昱、刘思钰、逯宇铎、杜小民：《金融发展促进产业结构升级的非线性影响》，载于《科学学研究》2020 年第 2 期。

[136] 王磊、种墨天、谭清美：《"互联网＋"驱动产业创新机制及商业模式研究》，载于《科技管理研究》2020 年第 16 期。

[137] 王林辉、胡晟明、董直庆：《人工智能技术会诱致劳动收入不平等吗——模型推演与分类评估》，载于《中国工业经济》2020 年第 4 期。

[138] 王璐瑶、万淑贞、葛顺奇：《全球数字经济治理挑战及中国的参与路径》，载于《国际贸易》2020 年第 5 期。

[139] 王梦菲、张昕蔚：《数字经济时代技术变革对生产过程的影响机制研究》，载于《经济学家》2020 年第 1 期。

[140] 王姝楠、陈江生：《数字经济的技术——经济范式》，载于《上海经济研究》2019 年第 12 期。

[141] 王炜、张豪、王丰：《信息基础设施、空间溢出与城市全要素生产率》，载于《经济经纬》2018 年第 5 期。

［142］王文：《数字经济时代下工业智能化促进了高质量就业吗》，载于《经济学家》2020年第4期。

［143］王阳：《互联网快速普及对城镇失业的影响及建议》，载于《宏观经济研究》2020年第7期。

［144］温珺、阎志军、程愚：《数字经济驱动创新效应研究——基于省际面板数据的回归》，载于《经济体制改革》2020年第3期。

［145］温珺、阎志军、程愚：《数字经济与区域创新能力的提升》，载于《经济问题探索》2019年第11期。

［146］温忠麟、叶宝娟：《中介效应分析：方法和模型发展》，载于《心理科学进展》2014年第5期。

［147］文军、刘雨婷：《新就业形态的不确定性：平台资本空间中的数字劳动及其反思》，载于《浙江工商大学学报》2021年第6期。

［148］吴梦涵：《山东实现新旧动能转换的有效途径探析》，载于《现代商贸工业》2018年第32期。

［149］夏杰长：《数字贸易的缘起、国际经验与发展策略》，载于《北京工商大学学报（社会科学版）》2018年第5期。

［150］夏显力、陈哲、张慧利、赵敏娟：《农业高质量发展：数字赋能与实现路径》，载于《中国农村经济》2019年第12期。

［151］解春艳、丰景春、张可：《互联网技术普及对区域农业环境效率的影响》，载于《华东经济管理》2017年第11期。

［152］辛金国、方程：《信息经济对我国产业结构升级影响研究——基于面板数据分析》，载于《杭州电子科技大学学报（社会科学版）》2017年第5期。

［153］辛伟、任保平：《中国高品质消费引领高质量供给的机制和路径研究》，载于《消费经济》2021年第6期。

［154］徐德云、肖未末：《互联网基础设施建设对产业结构升级、经济增长作用机制的实证研究》，载于《长安大学学报（社会科学版）》2020年第6期。

［155］徐晋、张祥建：《平台经济学初探》，载于《中国工业经济》2006年第5期。

［156］徐梦周、吕铁：《赋能数字经济发展的数字政府建设：内在逻辑与创新路径》，载于《学习与探索》2020年第3期。

[157] 许宪春、张美慧：《中国数字经济规模测算研究——基于国际比较的视角》，载于《中国工业经济》2020 年第 5 期。

[158] 薛进军、高文书：《中国城镇非正规就业：规模、特征和收入差距》，载于《经济社会体制比较》2012 年第 6 期。

[159] 阎世平、武可栋、韦庄禹：《数字经济发展与中国劳动力结构演化》，载于《经济纵横》2020 年第 10 期。

[160] 杨彩艳、齐振宏、黄炜虹、陈雪婷：《效益认知对农户绿色生产技术采纳行为的影响——基于不同生产环节的异质性分析》，载于《长江流域资源与环境》2021 年第 2 期。

[161] 杨虎涛：《数字经济的增长效能与中国经济高质量发展研究》，载于《中国特色社会主义研究》2020 年第 3 期。

[162] 杨蕙馨、焦勇、陈庆江：《两化融合与内生经济增长》，载于《经济管理》2016 年第 1 期。

[163] 杨蕙馨、李春梅：《中国信息产业技术进步对劳动力就业及工资差距的影响》，载于《中国工业经济》2013 年第 1 期。

[164] 杨建利、郑文凌、邢娇阳、靳文学：《数字技术赋能农业高质量发展》，载于《上海经济研究》2021 年第 7 期。

[165] 杨路明、施礼：《"一带一路"数字经济产业聚集发展研究》，载于《中国流通经济》2021 年第 3 期。

[166] 杨曼：《基于区块链技术的群体协作信任模型研究》，载于《江苏科技信息》2019 年第 27 期。

[167] 杨青峰、李晓华：《数字经济的技术经济范式结构、制约因素及发展策略》，载于《湖北大学学报（哲学社会科学版）》2021 年第 1 期。

[168] 杨伟中、余剑、李康：《金融资源配置、技术进步与经济高质量发展》，载于《金融研究》2020 年第 12 期。

[169] 杨文溥：《数字经济促进高质量发展：生产效率提升与消费扩容》，载于《上海财经大学学报》2022 年第 1 期。

[170] 杨晓、刘益志、郭玉：《数字经济对我国就业结构的影响——基于机理与实证分析》，载于《软科学》2020 年第 10 期。

[171] 杨新洪：《"五大发展理念"统计评价指标体系构建——以深圳市为例》载于《调研世界》2017 年第 7 期。

［172］杨新铭：《数字经济：传统经济深度转型的经济学逻辑》，载于《深圳大学学报（人文社会科学版）》2017年第4期。

［173］杨友才：《金融发展与经济增长——基于我国金融发展门槛变量的分析》，载于《金融研究》2014年第2期。

［174］杨卓凡：《数字经济平台的规模效应、技术创新与"IT生产率悖论"解析》，载于《互联网天地》2018年第10期。

［175］叶胥、杜云晗、何文军：《数字经济发展的就业结构效应》，载于《财贸研究》2021年第4期。

［176］易宪容、陈颖颖、于伟：《数字经济的实质及运作机制研究》，载于《江苏社会科学》2020年第6期。

［177］易信、刘凤良：《金融发展、技术创新与产业结构转型——多部门内生增长理论分析框架》，载于《管理世界》2015年第10期。

［178］尹吉东：《适应与变革：数字经济时代的社会保障》，载于《改革与战略》2021年第4期。

［179］于井远：《税制结构优化与地区经济增长质量——基于包容性全要素生产率视角》，载于《经济评论》2022年第2期。

［180］于立、王建林：《生产要素理论新论——兼论数据要素的共性和特性》，载于《经济与管理研究》2020年第4期。

［181］余冬筠、金祥荣：《创新主体的创新效率区域比较研究》，载于《科研管理》2014年第3期。

［182］余文涛、吴士炜：《互联网平台经济与行业生产效率变革——基于第三次经济普查数据的实证研究》，载于《财经科学》2019年第8期。

［183］余文涛、吴士炜：《互联网平台经济与正在缓解的市场扭曲》，载于《财贸经济》2020年第5期。

［184］余文涛、邹敏：《电商数字经济对线下实体经济的影响——来自全国经济普查的经验证据》，载于《电子科技大学学报（社科版）》2020第2期。

［185］［美］约瑟夫·熊彼特：《经济发展理论》，郭武军、吕阳译，华夏出版社2015年版。

［186］岳经纶、刘洋：《"劳"无所依：平台经济从业者劳动权益保障缺位的多重逻辑及其治理》，载于《武汉科技大学学报（社会科学

版)》2021 年第 5 期。

[187] 曾小艳、祁华清：《数字金融发展对农业产出的影响机理及结构效应》，载于《贵州社会科学》2020 年第 11 期。

[188] 张宏、李拯非：《OFDI 逆向技术溢出、制度创新与中国经济高质量发展——基于 30 省际面板数据的空间效应分析》，载于《山东大学学报（哲学社会科学版)》2022 年第 3 期。

[189] 张鸿、薛舒心、侯光文：《"三个经济"助推陕西数字经济高质量发展对策研究》，载于《西部学刊》2019 年第 2 期。

[190] 张杰、高德步、夏胤磊：《专利能否促进中国经济增长——基于中国专利资助政策视角的一个解释》，载于《中国工业经济》2016 年第 1 期。

[191] 张俊英、郭凯歌、唐红涛：《电子商务发展、空间溢出与经济增长——基于中国地级市的经验证据》，载于《财经科学》2019 年第 3 期。

[192] 张抗私、李善乐：《我国就业质量评价研究——基于 2000—2012 年辽宁宏观数据的分析》，载于《人口与经济》2015 年第 6 期。

[193] 张鹏：《数字经济的本质及其发展逻辑》，载于《经济学家》2019 年第 2 期。

[194] 张淑辉：《异质性农村人力资本对农业绿色生产率的影响——基于中国省级面板数据》，载于《山西大学学报（哲学社会科学版)》2017 年第 5 期。

[195] 张顺、郭娟娟：《就业质量对城镇居民失业率的影响》，载于《中国人口科学》2022 年第 1 期。

[196] 张文、汪佳、徐小琴：《我国城乡就业结构演化的收入分配效应分析》，载于《商业经济研究》2015 年第 23 期。

[197] 张旭亮、史晋川、李仙德、张海霞：《互联网对中国区域创新的作用机理与效应》，载于《经济地理》2017 年第 12 期。

[198] 张雪娇、肖潇：《自由灵活与隐蔽剥削：平台经济劳动关系属性的再思考》，载于《改革与战略》2021 年第 11 期。

[199] 张雪玲、焦月霞：《中国数字经济发展指数及其应用初探》，载于《浙江社会科学》2017 年第 4 期。

[200] 张焱：《数字经济、溢出效应与全要素生产率提升》，载于

《贵州社会科学》2021年第3期。

[201] 张于喆：《数字经济驱动产业结构向中高端迈进的发展思路与主要任务》，载于《经济纵横》2018年第9期。

[202] 张增苗：《金融发展与经济增长之间的关系研究》，载于《上海商业》2021年第9期。

[203] 赵滨元：《数字经济对区域创新绩效及其空间溢出效应的影响》，载于《科技进步与对策》2021年第14期。

[204] 赵春江、高飞：《赵春江：加快数字技术应用于农业农村》，载于《农民日报》2020年12月19日。

[205] 赵慧娟、魏中龙：《数字经济发展对就业的影响机理及促进就业的路径研究》，载于《创新》2021年第6期。

[206] 赵涛、张智、梁上坤：《数字经济、创业活跃度与高质量发展——来自中国城市的经验证据》，载于《管理世界》2020年第10期。

[207] 郑江淮、荆晶：《基于技能偏向性技术进步的经济增长动能分解》，载于《南方经济》2022年第12期。

[208] 中国信息通信研究院：《中国数字经济发展与就业白皮书（2020年）》2021年版。

[209] 钟春平、刘诚、李勇坚：《中美比较视角下我国数字经济发展的对策建议》，载于《经济纵横》2017年第4期。

[210] 周清香、李仙娥：《数字经济与黄河流域高质量发展：内在机理及实证检验》，载于《统计与决策》2022年第4期。

[211] 周衍鲁、位文华：《"互联网+"：基于山东实践的促进信息动能转换策略研究》，载于《山东农业工程学院学报》2019年第1期。

[212] 朱金生、李蝶：《技术创新是实现环境保护与就业增长"双重红利"的有效途径吗？——基于中国34个工业细分行业中介效应模型的实证检验》，载于《中国软科学》2019年8期。

[213] 朱小玉：《新业态从业人员职业伤害保障制度探讨——基于平台经济头部企业的研究》，载于《华中科技大学学报（社会科学版）》2021年第2期。

[214] Aarstad J., Kvitastein O. A., Turok I., Enterprise R&D investments, product innovation and regional industry structure. *Regional Studies*, Vol. 54, No. 3, June 2020, pp. 366 – 376.

［215］Acemoglu D. , Restrepo P. , The race between man and machine: Implications of technology for growth, factor shares, and employment. *American Economic Review*, Vol. 108, No. 6, June 2018, pp. 1488 − 1542.

［216］Aghion P. , Howitt P. , A model of growth through creative destruction. *Econometrica*, Vol. 60, No. 2, March 1992, pp. 323 − 352.

［217］Ahvenniemi H. , Huovila A. , Pinto − Sepp I. , et al. , What are the differences between sustainable and smart cities? . *Cities*, Vol. 60, February 2017, pp. 234 − 245.

［218］Allen D. G. , Lee Y. T. , Reiche B. S. , et al. , The Global Platform Economy: A New Offshoring Institution Enabling Emerging − Economy Microproviders. *Journal of Management*, Vol. 45, No. 2, August 2019, pp. 567 − 599.

［219］Andrae A. S. G. , Edler T. , On global electricity usage of communication technology: trends to 2030. *Challenges*, Vol. 6, No. 1, April 2015, pp. 117 − 157.

［220］Anselin, L. , *Spatial econometrics: methods and models*. Springer Netherlands, 2004.

［221］Anser M. K. , Ahmad M. , Khan M. A. , et al. , The role of information and communication technologies in mitigating carbon emissions: evidence from panel quantile regression. *Environmental Science and Pollution Research*, Vol. 28, No. 17, January 2021, pp. 21065 − 21084.

［222］Anser M. K. , Khan M. A. , Awan U, et al. The role of technological innovation in a dynamic model of the environmental supply chain curve: evidence from a panel of 102 countries. *Processes*, Vol. 8, No. 9, August 2020, p. 1033.

［223］Arbache J. , Seizing the benefits of the digital economy for development. *International Centre for Trade and Sustainable Development*, September 2018.

［224］Armstrong M. , Competition in two-sided markets. *The RAND Journal of Economics*, Vol. 37, No. 3, September 2006, pp. 668 − 691.

［225］Arntz Melanie, Terry Gregory, Ulrich Zierahn, Digitization and the future of work: macroeconomic consequences. *Handbook of Labor*, *Human Resources and Population Economics*, December 2019, pp. 1 – 29.

[226] Asadullah A., Faik I., Kankanhalli A., Digital Platforms: A Review and Future Directions. *PACIS*, September 2018, p. 248.

[227] Atasoy, H., The effects of broadband internet expansion on labor market outcomes. *ILR Review*, Vol. 66, No. 2, April 2013, pp. 315 – 345.

[228] Autor, David, Anna Salomons, Is Automation Labor Share – Displacing? Productivity Growth, Employment, and the Labor Share. *Brookings Papers on Economic Activity*, No. 1, Spring 2018, pp. 1 – 87.

[229] Bai C., Yan H., Yin S., et al., Exploring the development trend of internet finance in China: Perspective from club convergence. *The North American Journal of Economics and Finance*, Vol. 58, November 2021, p. 101505.

[230] Balsmeier B., Woerter M., Is this time different? How digitalization influences job creation and destruction. *Research Policy*, Vol. 48, No. 8, October 2019, p. 103765.

[231] Barefoot K., Curtis D., Jolliff W., et al., Defining and measuring the digital economy. *US Department of Commerce Bureau of Economic Analysis*, 2018.

[232] Baron R. M., Kenny D. A., The moderator-mediator variable distinction in social psychological research: Conceptual, strategic, and statistical considerations. *Journal of Personality and Social Psychology*, Vol. 51, No. 6, December 1986, p. 1173.

[233] Bazzoun M., The Digital Economy. *International Journal of Social Science and Economics Invention*, Vol. 5, No. 9, September 2019, pp. 116 – 118.

[234] Bea K., *The formative years: 1950 – 1978*. Emergency management, 2019.

[235] Bloom N., Garicano L., Sadun R., et al., The distinct effects of information technology and communication technology on firm organization. *Management Science*, Vol. 60, No. 12, November 2014, pp. 2859 –

2885.

［236］ Bridges E. , Florsheim R. , Hedonic and utilitarian shopping goals: The online experience. *Journal of Business research*, Vol. 61, No. 4, 2008, pp. 309 – 314.

［237］ Bruce E. , Hansen, Threshold effects in non-dynamic panels: Estimation, testing, and inference. *Journal of Econometrics*, Vol. 93, No. 2, December 1999, pp. 345 – 368.

［238］ Buchi M. , Just N. , Latzer M. , Modeling the second-level digital divide: A five-country study of social differences in Internet use. *New Media & Society*, Vol. 18, No. 11, July 2016, pp. 2703 – 2722.

［239］ Bukht R. , Heeks R. , Defining, conceptualising and measuring the digital economy. *Development Informatics Working Paper*, No. 68, 2017.

［240］ Bukht R. , Heeks R. , Digital economy policy in developing countries. *DIODE Working Paper*, No. 6, February 2018.

［241］ Buller H. , Blokhuis H. , Lokhorst K. , et al. , Animal welfare management in a digital world. *Animals*, Vol. 10, No. 10, October 2020, p. 1779.

［242］ Chao P. , Biao M. A. , Zhang C. , Poverty alleviation through e-commerce: Village involvement and demonstration policies in rural China. *Journal of Integrative Agriculture*, Vol. 20, No. 4, April 2021, pp. 998 – 1011.

［243］ Chen J. , Rapid urbanization in China: A real challenge to soil protection and food security. *Catena*, Vol. 69, No. 1, January 2007, pp. 1 – 15.

［244］ Chen X. , Hu D. , Cao W. , et al. , Path of Digital Technology Promoting Realization of Carbon Neutrality Goal in China's Energy Industry. *Bulletin of Chinese Academy of Sciences (Chinese Version)*, Vol. 36, No. 9, 2021, pp. 1019 – 1029.

［245］ Chen Y. , Improving market performance in the digital economy. *China Economic Review*, Vol. 62, August 2020, p. 101482.

［246］ Chen Z. , Sarkar A. , Rahman A. , et al. , Exploring the driv-

288

ers of green agricultural development (GAD) in China: A spatial association network structure approaches. *Land Use Policy*, Vol. 112, January 2022, p. 105827.

[247] Cicerone G., McCann P., Venhorst V. A., Promoting regional growth and innovation: relatedness, Revealed comparative advantage and the product space. *Journal of Economic Geography*, Vol. 20, No. 1, January 2020, pp. 293 – 316.

[248] Clavier F., Ghesquiere F., Leveraging Digital Solutions to Fight COVID – 19. *World Bank Publications – Books*, No. 41, 2021.

[249] Codagnone C., Karatzogianni A., Matthews J., *Platform Economics: Rhetoric and Reality in the "Sharing Economy"*. Emerald Group Publishing, 2018.

[250] Couture V., Faber B., Gu Y., et al., Connecting the countryside via e-commerce: evidence from China. *American Economic Review: Insights*, Vol. 3, No. 1, March 2021, pp. 35 – 50.

[251] Cuenca J. S., Emerging Tax Issues in the Digital Economy. *Discussion Papers*, 2021.

[252] Dahlman C., Mealy S., Wermelinger M., Harnessing the digital economy for developing countries. *OECD Development Centre Working Papers*, 2016.

[253] Danish, Zhang J., Wang B., Latif Z., Towards cross-regional sustainable development: The nexus between information and communication technology, energy consumption, and CO 2 emissions. *Sustainable Development*, Vol. 27, No. 5, September 2019, pp. 990 – 1000.

[254] Daum T., Adegbola P. Y., Adegbola C., et al., Mechanization, digitalization, and rural youth – Stakeholder perceptions on three megatopics for agricultural transformation in four African countries. *Global Food Security*, Vol. 32, March 2022, p. 100616.

[255] David H., Autor, Why are there still so many jobs? The history and future of workplace automation. *Journal of economic perspectives*, Vol. 29, No. 3, Summer 2015, pp. 3 – 30.

[256] Deursen A. V., Helsper E. J., *The Third – Level Digital Di-*

vide：*Who Benefits Most from Being Online?*. Communication and Information Technologies Annual, 2015.

[257] Dneprovskaya N., Urintsov A., Afanasev M., Study of the innovative environment of the digital economy. *Proc. of the Int. Conf. on Intellectual Capital, Knowledge Management and Organisational Learning*, 2018, pp. 67 – 76.

[258] Domazet I., Lazić M., Information and communication technologies as a driver of the digital economy. *Glasnik Srpskog geografskogdruštva*, 2017, pp. 11 – 19.

[259] Du K., Li J., Towards a green world：How do green technology innovations affect total-factor carbon productivity. *Energy Policy*, Vol. 131, August 2019, pp. 240 – 250.

[260] Du M., Feng R., Chen Z., Blue sky defense in low-carbon pilot cities：A spatial spillover perspective of carbon emission efficiency. *Science of The Total Environment*, Vol. 846, November 2022, p. 157509.

[261] Du Q., Deng Y., Zhou J., et al., Spatial spillover effect of carbon emission efficiency in the construction industry of China. *Environmental Science and Pollution Research*, Vol. 29, No. 2, August 2022, pp. 2466 – 2479.

[262] Eom S. J., Lee J., Digital government transformation in turbulent times：Responses, challenges, and future direction. *Government Information Quarterly*, Vol. 39, No. 2, April 2022, p. 101690.

[263] Evans, D. S. *Platform Economics：Essays On Multi – Sided Businesses*. Competition Policy International, 2011.

[264] Ezenne G. I., Jupp L., Mantel S. K., et al., Current and potential capabilities of UAS for crop water productivity in precision agriculture. *Agricultural Water Management*, Vol. 218, June 2019, pp. 158 – 164.

[265] Fang L., Hu R., Mao H., et al., How crop insurance influences agricultural green total factor productivity：Evidence from Chinese farmers. *Journal of Cleaner Production*, Vol. 321, October 2021, p. 128977.

[266] Farboodi M., Matray A., Veldkamp L., et al., Where has all the data gone?. *The Review of Financial Studies*, Vol. 35, No. 7, April

2020, pp. 3101 – 3138.

［267］ Feng C. , Liao X. , An overview of "energy + internet" in China. *Journal of cleaner production*, Vol. 258, June 2020, p. 120630.

［268］ Feng – Zheng W. , Xiang – Long L. I. U. , Lei Z. , et al. , Does digitalization promote green technology innovation of resource-based enterprises? . *Studies in Science of Science*, Vol. 40, No. 2, 2022, p. 332.

［269］ Forero M. , P. B. , Mobile communication networks and Internet technologies as drivers of technical efficiency improvement. *Information Economics and Policy*, Vol. 25, No. 3, September 2013, pp. 126 – 141.

［270］ Freeman R. B. , The labour market in the new information economy. *Oxford Review of Economic Policy*, Vol. 18, No. 3, September 2002, pp. 288 – 305.

［271］ Frey C. B. , Osborne M. A. , The future of employment: How susceptible are jobs to computerisation? . *Technological forecasting and social change*, Vol. 114, January 2017, pp. 254 – 280.

［272］ Gao D. , Li G. , Yu J. , Does digitization improve green total factor energy efficiency? Evidence from Chinese 213 cities. *Energy*, Vol. 247, May 2022, p. 123395.

［273］ Gawer A. , Henderson R. , Platform owner entry and innovation in complementary markets: Evidence from Intel. *Journal of Economics & Management Strategy*, Vol. 16, No. 1, January 2007, pp. 1 – 34.

［274］ Ghazy N. , Ghoneim H. , Lang G. , Entrepreneurship, productivity and digitalization: Evidence from the EU. *Technology in Society*, Vol. 70, August 2022, p. 102052.

［275］ Gimmon E. , Levie J. , Founder's human capital, external investment, and the survival of new high-technology ventures. *Research Policy*, Vol. 39, No. 9, November 2010, pp. 1214 – 1226.

［276］ Goldfarb A, Tucker C. Digital economics. *Journal of Economic Literature*, Vol. 57, No. 1, 2019, pp. 3 – 43.

［277］ Graetz G. , Michaels G. , Robots at work. *Review of Economics and Statistics*, Vol. 100, No. 5, December 2018, pp. 753 – 768.

［278］ Guo J. , Li J. , Efficiency evaluation and influencing factors of energy saving and emission reduction: An empirical study of China's three major urban agglomerations from the perspective of environmental benefits. *Ecological Indicators*, Vol. 133, December 2021, p. 108410.

[279] Hampton S. E., Strasser C. A., Tewksbury J. J., et al., Big data and the future of ecology. *Frontiers in Ecology and the Environment*, Vol. 11, No. 3, March 2013, pp. 156 – 162.

[280] Hao X., Wen S., Li Y., et al., Can the digital economy development curb carbon emissions? Evidence from China. *Frontiers in Psychology*, Vol. 13, September 2022, p. 938918.

[281] Heo P. S., Lee D. H., Evolution of the linkage structure of ICT industry and its role in the economic system: the case of Korea. *Information Technology for Development*, Vol. 25, No. 3, May 2019, pp. 424 – 454.

[282] Higón D. A., Gholami R., Shirazi F., ICT and environmental sustainability: A global perspective. *Telematics and Informatics*, Vol. 34, No. 4, July 2017, pp. 85 – 95.

[283] Hosan S., Karmaker S. C., Rahman M. M., et al., Dynamic links among the demographic dividend, digitalization, energy intensity and sustainable economic growth: Empirical evidence from emerging economies. *Journal of Cleaner Production*, Vol. 330, January 2022, p. 129858.

[284] Hung K. P., Chou C., The impact of open innovation on firm performance: The moderating effects of internal R&D and environmental turbulence. *Technovation*, Vol. 33, No. 10 – 11, October – November 2013, pp. 368 – 380.

[285] Iftikhar Y., He W., Wang Z., Energy and CO2 emissions efficiency of major economies: A non-parametric analysis. *Journal of Cleaner Production*, Vol. 139, December 2016, pp. 779 – 787.

[286] Ishida H., The effect of ICT development on economic growth and energy consumption in Japan. *Telematics and Informatics*, Vol. 32, No. 1, February 2015, pp. 79 – 88.

[287] Ivanova M., Bronowicka J., Kocher E., et al., The App as a Boss? Control and Autonomy in Application – Based Management. 2018.

[288] Jackson M. O., Kanik Z., How automation that substitutes for

292

labor affects production networks, growth, and income inequality. *Growth, and Income Inequality*, Vol. 19, September 2019, p. 66.

[289] Jiang S. , Zhou J. , Qiu S. , Digital Agriculture and Urbanization: Mechanism and Empirical Research. *Technological Forecasting and Social Change*, Vol. 180, July 2022, p. 121724.

[290] Jiang Z. , Guo Y. , Wang Z. , Digital twin to improve the virtual-real integration of industrial IoT. *Journal of Industrial Information Integration*, Vol. 22, June 2021, p. 100196.

[291] Jänicke M. , Binder M. , Mönch H. , 'Dirty industries': Patterns of change in industrial countries. *Environmental and Resource Economics*, Vol. 9, No. 4, June 1997, pp. 467 – 491.

[292] Jurčević M. , Lulić L. , Mostarac V. , The digital transformation of croatian economy compared with Eu member Countries. *Ekonomski Vjesnik*, Vol. 33, No. 1, 2020, pp. 151 – 164.

[293] Kaihatsu S. , Koga M. , Sakata T. , et al. , Interaction between business cycles and economic growth. *Monetary and Economic Studies*, Vol. 37, No. 1, 2019, pp. 99 – 126.

[294] Kayad A. , Sozzi M. , Gatto S. , et al. , Ten years of corn yield dynamics at field scale under digital agriculture solutions: A case study from North Italy. *Computers and Electronics in Agriculture*, Vol. 185, June 2021, p. 106126.

[295] Ketteni E. , Information technology and economic performance in US industries. *Canadian Journal of Economics/Revue canadienne d'économique*, Vol. 42, No. 3, July 2009, pp. 844 – 865.

[296] Khan N. , Ray R. L. , Zhang S. , et al. , Influence of mobile phone and internet technology on income of rural farmers: Evidence from Khyber Pakhtunkhwa Province, Pakistan. *Technology in Society*, Vol. 68, February 2022, p. 101866.

[297] Kieti J. , Waema T. M. , Baumüller H. , et al. , What really impedes the scaling out of digital services for agriculture? A Kenyan users' perspective. *Smart Agricultural Technology*, Vol. 2, December 2022, p. 100034.

[298] Klerkx L. , Jakku E. , Labarthe P. , A review of social science

on digital agriculture, smart farming and agriculture 4.0: New contributions and a future research agenda. *NJAS – Wageningen Journal of Life Sciences*, Vol. 90, December 2019, p. 100315.

[299] Knickrehm M., Berthon B., Daugherty P., Digital disruption: The growth multiplier. *Accenture Strategy and Oxford Economics*, 2016.

[300] Koch T., Windsperger J., Seeing through the network: Competitive advantage in the digital economy. *Journal of Organization Design*, Vol. 6, No. 1, May 2017, pp. 1 – 30.

[301] Kolpak E., Borisova V., Panfilova E., Contour model of digital economy in the process of increasing competitiveness of countries and regions. *Journal of Talent Development and Excellence*, Vol. 12, No. 2s, 2020, pp. 1347 – 1357.

[302] Kovacikova M., Janoskova P., Kovacikova K., The Impact of Emissions on the Environment within the Digital Economy. Transportation Research Procedia, Vol. 55, 2021, pp. 1090 – 1097.

[303] Kovacikova M., Janoskova P., Kovacikova K., The Impact of Emissions on the Environment within the Digital Economy. *Transportation Research Procedia*, Vol. 55, 2021, pp. 1090 – 1097.

[304] Krugman P., *Geography and trade.* MIT press, 1992.

[305] Kylasapathy P., Hwa T. B., Zukki A. H. M., Unlocking Malaysia's Digital Future: Opportunities, Challenges and Policy Responses. *Bank Negara Malaysia Annual Report*, 2018.

[306] Laitsou E., Kargas A., Varoutas D., Digital competitiveness in the European Union era: The Greek case. *Economies*, Vol. 8, No. 4, October 2020, p. 85.

[307] Li M., Li Z., Huang X., et al., Blockchain-based digital twin sharing platform for reconfigurable socialized manufacturing resource integration. *International Journal of Production Economics*, Vol. 240, October 2021, p. 108223.

[308] Li Y., Yang X., Ran Q., et al., Energy structure, digital economy, and carbon emissions: evidence from China. *Environmental Science and Pollution Research*, Vol. 28, No. 45, July 2021, pp. 64606 – 64629.

［309］ Li Z. , Wang J. , The Dynamic Impact of Digital Economy on Carbon Emission Reduction: Evidence City-level Empirical Data in China. *Journal of Cleaner Production*, Vol. 351, June 2022, p. 131570.

［310］ Loh Y. X. , Hamid N. A. A. , Seah C. S. , et al. , The Factors and Challenges affecting Digital Economy in Malaysia. *CoMBInES – Conference on Management, Business, Innovation, Education and Social Sciences*, Vol. 1, No. 1, 2021, pp. 1843 – 1849.

［311］ Lordan G. , Neumark D. , People versus machines: The impact of minimum wages on automatable jobs. *Labour Economics*, Vol. 52, June 2018, pp. 40 – 53.

［312］ Madej – Kurzawa I. , Pieczarka K. , Wegrzyn G. , Professional and educational activity of youth in the digital economy. *Problems and Perspectives in Management*, Vol. 19, No. 3, August 2021, pp. 175 – 184.

［313］ Mao H. , Zhou L. , Ying R. Y. , et al. , Time Preferences and green agricultural technology adoption: Field evidence from rice farmers in China. *Land Use Policy*, Vol. 109, October 2021, p. 105627.

［314］ Miller P. , Wilsdon J. , Digital futures—an agenda for a sustainable digital economy. *Corporate Environmental Strategy*, Vol. 8, No. 3, 2001, pp. 275 – 280.

［315］ Mokyr J. , Vickers C. , Ziebarth N. L. , The history of technological anxiety and the future of economic growth: Is this time different? . *Journal of economic perspectives*, Vol. 29, No. 3, Summer 2015, pp. 31 – 50.

［316］ Morris J. , Morris W. , Bowen R. , Implications of the digital divide on rural SME resilience. *Journal of Rural Studies*, Vol. 89, January 2022, pp. 369 – 377.

［317］ Moyer J. D. , Hughes B. B. , ICTs: do they contribute to increased carbon emissions? . *Technological Forecasting and Social Change*, Vol. 79, No. 5, June 2012, pp. 919 – 931.

［318］ Nalebuff, Barry J. , and Adam M. , Brandenburger, Co-opetition: Competitive and cooperative business strategies for the digital economy. *Strategy & Leadership*, Vol. 25, No. 6, June 1997, pp. 28 – 33.

[319] Nan S. , Study on the Relationship of Grassroots Corruption and Government Expenditure Based On Panel Data. *Procedia Computer Science*, Vol. 199, 2022, pp. 1192 – 1197.

[320] Na W. E. I. , Feng Y. , Muthu B. A. , et al. , Human machine interaction-assisted smart educational system for rural children. *Computers and Electrical Engineering*, Vol. 99, April 2022, p. 107812.

[321] Niloofar P. , Francis D. P. , Lazarova – Molnar S. , et al. , Data-driven decision support in livestock farming for improved animal health, welfare and greenhouse gas emissions: Overview and challenges. *Computers and Electronics in Agriculture*, Vol. 190, November 2021, p. 106406.

[322] Nordhaus W. D. , Are we approaching an economic singularity? information technology and the future of economic growth. *National Bureau of Economic Research*, 2015.

[323] Ondrej M. , Jiri H. , Total factor productivity approach in competitive and regulated world. *Procedia-social and behavioral sciences*, Vol. 57, 9, October 2012, pp. 223 – 230.

[324] Ozili P. K. , Impact of digital finance on financial inclusion and stability. Borsa Istanbul Review, Vol. 18, No. 4, December 2018, pp. 329 – 340.

[325] Pagani M. , Pardo C. , The impact of digital technology on relationships in a business network. *Industrial Marketing Management*, Vol. 67, November 2017, pp. 185 – 192.

[326] Pan W. , Xie T. , Wang Z. , et al. , Digital economy: An innovation driver for total factor productivity. *Journal of Business Research*, Vol. 139, February 2022, pp. 303 – 311.

[327] Parker E. B. , Closing the digital divide in rural America. *Telecommunications Policy*, Vol. 24, No. 4, November 2014, pp. 281 – 290.

[328] Paunov C. , Rollo V. , Has the internet fostered inclusive innovation in the developing world? . *World Development*, Vol. 78, February 2016, pp. 587 – 609.

[329] Perez C. , Technological revolutions and techno-economic paradigms. *Cambridge journal of economics*, Vol. 34, No. 1, 2010, pp. 185 –

202.

［330］Phillips P. W. B. , Relf – Eckstein J. A. , Jobe G. , et al. , Configuring the new digital landscape in western Canadian agriculture. *NJAS – Wageningen Journal of Life Sciences*, Vol. 90, December 2019, p. 100295.

［331］Pisano P. , Pironti M. , Rieple A. , Identify innovative business models: can innovative business models enable players to react to ongoing or unpredictable trends? *Entrepreneurship Research Journal*, Vol. 5, No. 3, June 2015, pp. 181 – 199.

［332］Poggio S. L. , Chaneton E. J. , Ghersa C. M. , Landscape complexity differentially affects alpha, beta, and gamma diversities of plants occurring in fencerows and crop fields. *Biological Conservation*, Vol. 143, No. 11, November 2010, pp. 2477 – 2486.

［333］Prieger J. E. , The broadband digital divide and the economic benefits of mobile broadband for rural areas. *Telecommunications Policy*, Vol. 37, No. 6 – 7, 2013, pp. 483 – 502.

［334］Rijswijk K. , Klerkx L. , Bacco M. , et al. , Digital transformation of agriculture and rural areas: A socio-cyber-physical system framework to support responsibilisation. *Journal of Rural Studies*, Vol. 85, July 2021, pp. 79 – 90.

［335］Robinson S. V. J. , Nguyen L. H. , Galpern P. , Livin'on the edge: precision yield data shows evidence of ecosystem services from field boundaries. *Agric*, Vol. 333, August 2021, p. 107956.

［336］Rodrik D. , New technologies, global value chains, and developing economies. *National Bureau of Economic Research*, 2018.

［337］Romer P. M. , Endogenous technological change. *Journal of political Economy*, Vol. 98, No. 5, 1990, pp. 71 – 102.

［338］Roodman D. , Fitting fully observed recursive mixed-process models with cmp. *The Stata Journal*, Vol. 11, No. 2, July 2011, pp. 159 – 206.

［339］Salamatov A. A. , Gnatyshina E. A. , Gordeeva D. S. , The concept of sustainable environmental and economic development in the transition to the digital economy. *Proceedings of the International Scientific and*

297

Practical Conference on Digital Economy (*ISCDE* 2019), 2019, pp. 857 – 862.

[340] Sedik T. S., Chen S., Feyzioglu T., et al., The digital revolution in Asia and its macroeconomic effects. 2019.

[341] Shahbaz M., Li J., Dong X., et al., How financial inclusion affects the collaborative reduction of pollutant and carbon emissions: The case of China. Energy Economics, Vol. 107, March 2022, p. 105847.

[342] Shan Y., Huang Q., Guan D., et al., China CO_2 emission accounts 2016 – 2017. *Scientific data*, Vol. 7, No. 1, February 2020, pp. 1 –9.

[343] Shen Z., Wang S., Boussemart J. P., et al., Digital transition and green growth in Chinese agriculture. *Technological Forecasting and Social Change*, Vol. 181, August 2022, pp. 121742.

[344] She Q., Wu L., The Carbon Emission Reduction Effect of Digital Economy Development. *Economic Survey*, Vol. 39, No. 5, 2022, pp. 14 – 24.

[345] Shin D. H., Choi M. J., Ecological views of big data: Perspectives and issues. *Telematics and Informatics*, Vol. 32, No. 2, May 2015, pp. 311 –320.

[346] Skvarciany V., Lapinskait? I., Volskyt? G., Circular economy as assistance for sustainable development in OECD countries. *Oeconomia-copernicana*, Vol. 12, No. 1, 2021, pp. 11 –34.

[347] Smania G. S., de Sousa Mendes G. H., Godinho Filho M., et al., The relationships between digitalization and ecosystem-related capabilities for service innovation in agricultural machinery manufacturers. *Journal of Cleaner Production*, Vol. 343, April 2022, p. 130982.

[348] Soldatos J., Kefalakis N., Despotopoulou A. M., et al., A digital platform for cross-sector collaborative value networks in the circular economy. *Procedia Manufacturing*, Vol. 54, 2021, pp. 64 –69.

[349] Sorescu A., Schreier M., Innovation in the digital economy: a broader view of its scope, antecedents, and consequences. *Journal of the Academy of Marketing Science*, Vol. 49, No. 4, June 2021, pp. 627 –631.

［350］ Su C. W. , Yuan X. , Umar M. , et al. , Does technological innovation bring destruction or creation to the labor market? . *Technology in Society*, Vol. 68, February 2022, p. 101905.

［351］ Sutherland W. , Jarrahi M. H. , The sharing economy and digital platforms: A review and research agenda. *International Journal of Information Management*, Vol. 43, December 2018, pp. 328 – 341.

［352］ Swamy L. N. , The Digital Economy: New Business Models and Key Features. *International Journal of Research in Engineering, Science and Management*, Vol. 3, No. 7, July 2020, pp. 118 – 122.

［353］ Szalavetz A. , The digitalisation of manufacturing and blurring industry boundaries. *CIRP Journal of Manufacturing Science and Technology*, Vol. 37, May 2022, pp. 332 – 343.

［354］ Tang L. , Li K. , A comparative analysis on energy-saving and emissions-reduction performance of three urban agglomerations in China. *Journal of Cleaner Production*, Vol. 220, May 2019, pp. 953 – 964.

［355］ Tapscott D. , *The Digital Economy: Promise and Peril in the Age of Networked Intelligence*. New York: McGraw – Hill, 1996.

［356］ Thompson M. , Social capital, innovation and economic growth. *Journal of behavioral and experimental economics*, Vol. 73, April 2018, pp. 46 – 52.

［357］ Thompson P. , Williams R. , Thomas B. , Are UK SMEs with active web sites more likely to achieve both innovation and growth? . *Journal of Small Business and Enterprise Development*, Vol. 20, No. 4, October 2014, pp. 934 – 965.

［358］ Uberti M. S. , Antunes M. A. H. , Debiasi P. , et al. , Mass appraisal of farmland using classical econometrics and spatial modeling. *Land use policy*, Vol. 72, March 2018, pp. 161 – 170.

［359］ Valenduc G. , Vendramin P. , *Work in the digital economy: sorting the old from the new*. Brussels: European Trade Union Institute, 2016.

［360］ Van Ark B. , The productivity paradox of the new digital economy. *International Productivity Monitor*, Vol. 31, 2016, pp. 3 – 18.

［361］ Van der Aalst W. , Hinz O. , Weinhardt C. , Big digital platforms. *Business & Information Systems Engineering*, Vol. 61, No. 6, September 2019, pp. 645 – 648.

［362］ Vidas – Bubanja M. , Bogetić S. , Bubanja I. , International standards: An important component of a successful digital transformation of the national economy. *Journal of Engineering Management and Competitiveness (JEMC)*, Vol. 9, No. 1, January 2019, pp. 72 – 81.

［363］ Volkova N. , Kuzmuk I. , Oliinyk N. , et al. , Dankanych Development trends of the digital economy: e-business, e-commerce. *International Journal of Computer Science and Network Security*, Vol. 21, No. 4, 2021, pp. 186 – 198.

［364］ Wang A. , Lin W. , Liu B. , et al. , Does smart city construction improve the green utilization efficiency of urban land? . *Land*, Vol. 10, No. 6, June 2021, p. 657.

［365］ Wang C. , Zhan J. , Bai Y. , et al. , Measuring carbon emission performance of industrial sectors in the Beijing – Tianjin – Hebei region, China: A stochastic frontier approach. *Science of The Total Environment*, Vol. 685, October 2019, pp. 786 – 794.

［366］ Wang J. , Dong K. , Sha Y. , et al. , Envisaging the carbon emissions efficiency of digitalization: The case of the internet economy for China. *Technological Forecasting and Social Change*, Vol. 184, November 2022, p. 121965.

［367］ Wang J. , Dong X. , Dong K. , How does ICT agglomeration affect carbon emissions? The case of Yangtze River Delta urban agglomeration in China. *Energy Economics*, Vol. 111, July 2022, p. 106107.

［368］ Wang J. , Hu Y. , Zhang Z. , Skill-biased technological change and labor market polarization in China. *Economic Modelling*, Vol. 100, July 2021, p. 105507.

［369］ Wang K. , Wu M. , Sun Y. , et al. , Resource abundance, industrial structure, and regional carbon emissions efficiency in China. *Resources Policy*, Vol. 60, March 2019, pp. 203 – 214.

［370］ Wang L. , Chen Y. , Ramsey T. S. , et al. , Will researching digital technology really empower green development? . *Technology in Society*, Vol. 66, August 2021, p. 101638.

[371] Wang X. , Wang Q. , Research on the impact of green finance on the upgrading of China's regional industrial structure from the perspective of sustainable development. *Resources Policy*, Vol. 74, December 2021, p. 102436.

[372] Wen Q. , Chen Y. , Hong J. , et al. , Spillover effect of technological innovation on CO2 emissions in China's construction industry. *Building and Environment*, Vol. 171, March 2020, p. 106653.

[373] Wu H. , Xue Y. , Hao Y. , et al. , How does internet development affect energy-saving and emission reduction? Evidence from China. *Energy Economics*, Vol. 103, November 2021, p. 105577.

[374] Xiarewana B. , Civelek M. E. , Effects of covid – 19 on China and the world economy: Birth pains of the post-digital ecosystem. *Journal of International Trade, Logistics and Law*, Vol. 6, No. 1, May 2020, pp. 147 – 157.

[375] Xia T. , Pei J. , The Impact of Digital Economy on Employment—Thinking Based on the Epidemic Situation in 2020. *E3S Web of Conferences*, Vol. 235, February 2021, p. 03034.

[376] Xiong L. , Ning J. , Dong Y. , Pollution reduction effect of the digital transformation of heavy metal enterprises under the agglomeration effect. *Journal of Cleaner Production*, Vol. 330, January 2022, p. 129864.

[377] Xue Y. , Tang C. , Wu H. , et al. , The emerging driving force of energy consumption in China: Does digital economy development matter? . *Energy Policy*, Vol. 165, June 2022, p. 112997.

[378] Yang L. , Wang S. , Do fintech applications promote regional innovation efficiency? Empirical evidence from China. *Socio – Economic Planning Sciences*, Vol. 83, October 2022, p. 101258.

[379] Yao P. , OuYang J. , Liu C. , et al. , Improving burn surgery education for medical students in China. *Burns*, Vol. 46, No. 3, May 2020, pp. 647 – 651.

[380] Young A. , Structural Transformation, the Mismeasurement of

Productivity Growth, and the Cost Disease of Services. *The American Economic Review*, Vol. 104, No. 11, November 2014, pp. 3635 – 3667.

[381] Yousaf Z., Radulescu M., Sinisi C. I., et al., Towards sustainable digital innovation of SMEs from the developing countries in the context of the digital economy and frugal environment. *Sustainability*, Vol. 13, No. 10, May 2021, p. 5715.

[382] Yu T. K., Lin M. L., Liao Y. K., Understanding factors influencing information communication technology adoption behavior: The moderators of information literacy and digital skills. *Computers in Human Behavior*, Vol. 71, June 2017, pp. 196 – 208.

[383] Zatsarinnyy A. A., Shabanov A. P., Model of a prospective digital platform to consolidate the resources of economic activity in the digital economy. *Procedia Computer Science*, Vol. 150, 2019, pp. 552 – 557.

[384] Zhang J., Lv Y., Li Y., et al., Digital economy: An innovation driving factor for low-carbon development. *Environmental Impact Assessment Review*, Vol. 96, September 2022, p. 106821.

[385] Zhang W., Liu X., Wang D., et al., Digital economy and carbon emission performance: Evidence at China's city level. *Energy Policy*, Vol. 165, June 2022, p. 112927.

[386] Zhang Y., Influence of frequent flood disaster on agricultural productivity of rice planting and structural optimization strategy. *Microprocessors and Microsystems*, Vol. 82, April 2021, p. 103863.

[387] Zhang Y. J., Sun Y. F., Huang J. Energy efficiency, carbon emission performance, and technology gaps: Evidence from CDM project investment. *Energy Policy*, Vol. 115, April 2018, pp. 119 – 130.

[388] Zhang Y., Yu Z., Zhang J., Analysis of carbon emission performance and regional differences in China's eight economic regions: Based on the super-efficiency SBM model and the Theil index. *Plos one*, Vol. 16, No. 5, May 2021, p. e0250994.

[389] Zhao J., Dong X., Dong K., How does producer services' agglomeration promote carbon reduction?: The case of China. *Economic Modelling*, Vol. 104, November 2021, p. 105624.

［390］Zhao T. , Zhang Z. , Liang S. , Digital Economy, Entrepreneurship, and High – Quality Economic Development: Empirical Evidence from Urban China. *Journal of Management World*, Vol. 36, No. 10, 2020, pp. 66 – 76.

［391］Zhao Z. , Wang P. , Chen J. , et al. , Economic spillover effect of grass-based livestock husbandry on agricultural production—A case study in Hulun Buir, China. *Technological Forecasting and Social Change*, Vol. 168, July 2021, p. 120752.

［392］Zheng H. , Li X. , The impact of digital financial inclusion on carbon dioxide emissions: Empirical evidence from Chinese provinces data. *Energy Reports*, Vol. 8, November 2022, pp. 9431 – 9440.

［393］Zheng Y. , Zhu T. , Wei J. I. A. , Does Internet use promote the adoption of agricultural technology? Evidence from 1449 farm households in 14 Chinese provinces. *Journal of Integrative Agriculture*, Vol. 21, No. 1, January 2022, pp. 282 – 292.

［394］Zhong R. , He Q. , Qi Y. , Digital Economy, Agricultural Technological Progress, and Agricultural Carbon Intensity: Evidence from China. *International Journal of Environmental Research and Public Health*, Vol. 19, No. 11, May 2022, p. 6488.

［395］Zong Y. , Gu G. , The threshold effect of manufacturing Servitization on carbon emission: An empirical analysis based on multinational panel data. *Structural Change and Economic Dynamics*, Vol. 60, March 2022, pp. 353 – 364.

［396］Zou J. , Deng X. , To inhibit or to promote: How does the digital economy affect urban migrant integration in China? . *Technological Forecasting and Social Change*, Vol. 179, June 2022, p. 121647.

［397］Zscheischler J. , Brunsch R. , Rogga S. , et al. , Perceived risks and vulnerabilities of employing digitalization and digital data in agriculture – Socially robust orientations from a transdisciplinary process. *Journal of Cleaner Production*, Vol. 358, July 2022, p. 132034.

后　记

　　本书是团体协作的成果。本书在借鉴国内外相关文献的基础上，围绕数字经济赋能高质量发展的相关概念和理论基础、数字经济赋能高质量发展的机理分析、数字经济对区域创新能力的影响效应检验、数字经济对产业结构优化升级的影响效应检验、数字经济对农业绿色发展的影响效应检验、数字经济对提升碳排放效率的影响效应检验、数字经济对就业结构优化升级的影响效应检验、数字经济对就业质量的影响效应检验、数字经济对城乡收入差距的影响效应检验、数字经济对高质量发展的影响效应检验以及数字经济赋能高质量发展的实现路径等问题展开研究，不仅丰富了现有数字经济相关理论，而且提出了数字经济赋能高质量发展的实现路径。

　　本书得到山东财经大学《转型时代的中国财经战略论丛》项目的资助，感谢校领导与科研处领导们的支持！2022 年，恰值山财大 70 周年校庆，也是我来山财大工作的第 10 个年头，一路走来，颇多感慨。自入职山东财经大学以来，深受学校和学院领导们同事们的培养与关心，能心无旁骛做自己想做的事情，也无风雨也无晴，心怀感恩。见证了近 10 年来山财大的跨越式发展，遇到了很多优秀的学子，看到他们毕业后各自精彩，鲜衣怒马少年时，心生欢喜。"不忘初心，方得始终"，这是刚入职时学生鼓励我的话，我一直与学生们共勉。不囿于外物，不拘于眼前，不放弃远方。廓然大公，物来顺应。

　　令人感动的是经济科学出版社的编辑老师，他们在本书的出版过程中倾注了大量的心血。没有他们的全力支持和辛勤工作，本书难以如期出版。

　　最后，感谢团队所有的小伙伴们，他们是研究生李吉志、李祎涵、刘欣、单耀莹、宋鑫。没有他们的支持和付出，本书的出版工作不会如此顺利。教学相长，亦师亦友，是我喜欢的师生关系，很荣幸，我们做到了。"万里归来颜愈少。微笑，笑时犹带岭梅香。试问岭南应不好。却道，此心安处是吾乡。"为他们骄傲！

　　本书可能存有疏漏甚至错误之处，敬请专家学者和广大读者们批评指正。在此，我们对所有帮助、关心和支持本书写作和出版的各位专家和朋友们表示最衷心的感谢！

姜　琪

2022 年 12 月 6 日于济南